가르치기의 결

일러두기

∗ positive reinforcement와 negative reinforcement는 각각 국내에서 긍정 강화와 부정 강화로 번역되어 많이 사
용되고 있지만, 정확한 의미는 플러스(+)와 마이너스(−)의 의미입니다. 정적 강화(부적 강화) 또는 양성 강
화(음성 강화)가 더 적합한 번역이지만 학습이론을 처음 접하는 독자들의 쉬운 이해를 돕기 위해 이 책에서
는 포지티브 강화, 네가티브 강화로 옮깁니다. 한편 강화의 상대적인 개념인 punishment은 처벌로 번역되는
데, 물리적인 벌이나 체벌과 혼동을 일으키는 경향이 있지만 심리학에서 말하는 처벌이란 어떤 행동을 중단
또는 약화하는 개념임을 염두에 두어야 합니다.

∗ 띄어쓰기의 경우, 국립국어원 표준국어대사전, 교과서 편수 자료에 맞춤 띄어쓰기 편람을 따랐습니다. 단,
이미 통용되고 있는 전문용어의 경우 예외로 했습니다.

∗ 원저자가 특별히 대문자로 시작한 단어, 특히 명칭은 외래어를 그대로 사용했습니다.

∗ 기본적으로 외래어 표기 원칙에 따랐지만 이름 등 고유명사의 경우 국내에서 흔히 읽히는 대로 썼습니다.

∗ 지은이주 표시 이외의 각주들은 옮긴이의 주입니다.

THE NEW ART OF TEACHING AND TRAINING

가르치기의 결

카렌 프라이어 지음 　조은별 김소희 옮김

페티앙북스

목차

1장

강화,
보상보다 더 좋은
강화 교육의 기본 원리

2
장

행동형성,
압박과 고통 없이 최고의 성과 만들기
새 행동을 가장 빠르게 만드는 법

3
장

자극 통제,
강압 없이 함께 즐기는 교육
정확하게 행동하도록 가르치는 법

4장 언트레이닝, 강화를 사용해 행동 수정하기
원하지 않는 행동 없애는 법

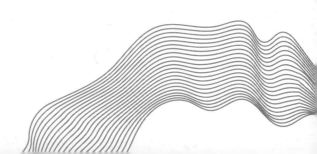

5장 일상생활 속 강화
변화하는 세상

6장 새로운 테크놀로지
클리커 트레이닝

모든 '가르치기와 배우기' 상황의 기저에는 강화 원리가 깔려 있다

행동 과학에서 탄생한 모두가 행복해지는 강화 교육법

이 책은 개나 고양이 같은 동물부터 모든 연령대의 다양한 사람들, 심지어 자기 자신에 이르기까지 누군가에게 '바람직한 어떤 것을 가르치는 방법'에 관한 것이다. 어떻게 하면 부엌 조리대 위를 어슬렁대는 고양이를 내려보내고 부모님의 성가신 잔소리를 멈추게 할 수 있을까? 반려동물, 자녀, 학생, 친구, 직장 상사의 행동에 영향을 줄 수는 없을까? 테니스나 골프 자세를 더 세련되게 가다듬거나 수학 실력을 높이고 기억력을 향상하려면 어떻게 해야 할까? 이 모든 질문에 대한 해답이 '강화 reinforcement' 교육 원리 속에 있다.

강화 원리는 물리 법칙 같은 것이다. 사과가 땅으로 떨어지는 현상의 기저에 중력의 법칙이 깔린 것처럼, 모든 '가르치기와 배우기' 상황의 기저에는 강화 원리가 내재한다. 사실 우리는 자기 자신이나 상대방의 행동을 바꾸려 할 때 알게 모르게 이 법칙을 사용하고 있다. 다만 대부분이 이 법칙을 부적절하게 사용하고 있다는 것이 문제다. 윽박지르고, 언쟁하고, 강요하고, 뭔가를 박탈하는 식으로 말이다. 일이 잘못되면 상대를 탓하고 일이 잘될 때는 칭찬해 줄 기회를 놓친다. 참을성 없이 아이를, 학생을, 남편을, 아내를, 직원을, 심지어 자기 자신을 거칠게 대하고 죄책감을 느낀다. 우리는 막연하게 고통 없이 더 나은 방법으로 더 빨리 목표를 이룰 수 있다는 것을 알지만 그 구체적인 방법까지 떠올리지는 못한다. '포지티브 강화positive reinforcement' 법칙을 이용하는 현대식 교육 전문가들과 달리 이에 익숙하지 않기 때문이다.

포지티브 강화 사용법만 알면 네 살 아이를 공공장소에서 얌전히 있게 하거나 강아지에게 올바른 장소에서 배변하게 하는 것은 물론, 영어 단어 암송이나 골프 등 내용이 무엇이든 간에 모든 종류의 교육을 빠르고 효과적으로 가르칠 수 있다. 심지어 재미까지 보장한다!

강화의 법칙은 간단하다. 10분이면 핵심 내용을 한눈에 파악할 수 있고 한 시간이면 누구나 내용을 충분히 익힐 수 있다. 다만 실제 상황에 이 법칙을 '적용'하는 것은, 민첩한 두뇌 회전을 해야 하는 게임 같아서 다소 어려울 수도 있다. 그렇다 하더라도 누구나 포지티브 강화 트레이너가 될 수 있고 심지어 어떤 사람들은 처음부터 아주 잘할 수도 있다. 남다른 인내심이나 단호한 기질도 필요 없고 동물이나 아이를 잘 다룰 필요도 없으며 동물을 제압하는 강렬한 카리스마는 더군다나 필요 없다. 그저 지금 '내가 무엇을 하고 있는지'만 알면 된다.

세상에는 이 교육 법칙의 사용법을 직관적으로 이해하는 사람들이 있다. 우리는 이들을 타고난 교사, 탁월한 군 지휘관, 최고의 스포츠 감독, 천재적인 동물 트레이너라 부른다. 나도 놀라운 강화 기술을 가진 무대 감독과 오케스트라 지휘자를 만난 적이 있는데 이런 타고난 전문가에게는 굳이 필요 없겠지만, 말썽만 부리는 개나 고양이, 제멋대로인 자녀 혹은 동문서답만 하는 직장 동료 때문에 고군분투 중인 대다수의 평범한 사람에게는 강화의 작용 원리를 알려 주는 이 책이 하늘에서 내려온 선물처럼 느껴질 것이다.

강화 교육은 단순히 보상reward과 처벌punishment로 이뤄진 시스템이 아니다. 강화 교육법을 사용하는 요즘 트레이너들은 이런 단어를 애초에 사용하지 않는다. 보상과 처벌이라는 개념은 기대감, 두려움, 죄책감, 의무감 같은 감정의 연상 및 해석을 수반한다. 예를 들어, 아이를 야단치고 불편해진 내 감정을 무마하려고 아이에게 아이스크림을 사주는 것처럼 우리 자신이 한 일을 놓고 다른 사람에게 보상을 준다. 게다가 보상은 아이스크림이나 칭찬 같은 것이어야 한다고 생각하는 경향이 있는데, 아이스크림을 안 좋아하는 사람도 있고 엉뚱한 사람에게 받는 칭찬이나 엉뚱한 이유의 칭찬은 오히려 상처가 될 수도 있다. 선생님에게 칭찬받은 학생이 교실에서 놀림거리가 되는 상황도 벌어진다.

우리가 바라는 것은 사람들이 보상 없이도 올바른 행동을 하는 것이다. 사춘기 자녀가 당연히 자기가 할 일이라며 설거지하는 것처럼 말이다. 자녀나 직원이 물건을 망가뜨리거나 훔치고 지각하고 무례하게 이야기한다면 화를 내며 벌을 주게 되는데, 감옥에 가는 범죄자들의 경우가 그렇듯 대체로 해당 행동이 일어나고 한참 지나서야 벌을 받게 되다보니 행동 개선에 별 효과가 없다. 그저 응징에 가까울 뿐이다. 그럼에도 우리는 이런 처벌을 '교육'으로 여기며 '중요한 가르침을 주었다'고 믿는다.

강화 교육은 관행으로 내려오는 사회적 속설이 아닌 행동 과학behavioral science에 근거를 두고 있다. 과학적으로 정의하자면, 강화는 1) 하나의 행동이 완성되는 도중에 혹은 행동이 완료되는 순간에 발생하는 사건이자, 2) 미래에 그 행동이 발생할 가능성을 높이는 사건이다. 여기서 핵심 요소는 두 가지다. 첫째, 강화는 어떤 행동이 원인이 되어 발생하고 이 두 사건은 시간상으로 연결된다. 둘째, 이 연결 관계가 명확할수록 그 행동은 이전보다 자주 일어난다.

강화물reinforcer은 강화를 위해 제공되는 온갖 방법을 말하는데, 환하게 웃어 주거나 어깨를 토닥이는 것 같이 학습자가 좋아하고 원하는 무언가는 포지티브 강화물positive reinforcer이라 하고, 눈살을 찌푸리거나 리드줄을 홱 당기는 것처럼 상대가 피하고 싶어 하는 것은 네가티브 강화물negative reinforcer이라 한다. 여기서 놓치지 말아야 할 중요한 점은 행동과 강화물 사이에는 '시간적 관계'가 있다는 점이다. 어떤 행동이 발생한다음 바로 강화물이 주어질 때 좋은 결과가 일어났거나 나쁜 결과를 피하게 해 준 행동은 더 자주 하게 된다. 즉 행동과 강화물은 피드백 회로처럼 서로 영향을 미친다. 따라서 그 행동이 증가하지 않았다면 강화물이 1) 시간상으로 너무 일찍 또는 너무 늦게 제시되었거나, 2) 적어도 그 대상에게는 강화물로서 효과가 없는 것이다.

나는 이 강화라는 '과학 이론'과 이를 실제 적용하는 강화 '교육' 간에는 중요한 차이가 있다고 생각한다. 학문적 연구 결과들은 행동 뒤에 일어난 유쾌한 결과가 그 행동을 증가시킨다는 것을 보여 준다. 물론, 이는 정말 맞는 말이다. 그런데 실제 교육 상황에서 더 뛰어난 결과를 얻으려면 특정 행동이 발생하는 바로 그 순간에, 즉시 강화물을 제공하는 것이 무엇보다 중요하다. 빙고! '바로 지금', '그 찰나'여야 한다. 그 즉시, 실시간으로 학습자는 '내가 바로 지금 하는 행동' 때문에 상을 받았다는 것을 알아야 한다.

이에 포지티브 강화를 사용하는 교육자 및 트레이너들은 순간적으로 행동을 강화할 수 있는 근사한 방법을 개발해 냈다. 핵심은 학습자가 학습할 행동을 쉽게 알아차릴 수 있도록 마커 신호marker signal를 사용하는 것이다. 이 책은 강화의 법칙과 이 법칙을 실제 적용할 수 있는 방법과 우리를 신세계로 이끌어 줄 클리커 트레이닝clicker training에 대해 다룰 것이다.

나는 1963년에 포지티브 강화 교육에 대해 처음으로 배웠다. 당시 하와이 해양생물공원Hawaii Sea Life Park의 해양 수족관에서 돌고래 수석 트레이너로 일하게 되었는데, 돌고래에게는 개나 말처럼 리드줄이나 굴레를 사용해 훈련하는 기존의 방식을 적용할 수가 없었다. 헤엄쳐서 물속으로 사라지면 끝이었다. 포지티브 강화물, 즉 생선 바구니가 나의 유일한 교육 도구였다.

한 심리학자로부터 강화 교육의 원리를 들은 이후로 나는 돌고래들을 교육하면서 그 원리를 적용하는 법을 터득했다. 생물학자로서, 그리고 평생 동물 행동에 관심을 가져온 사람으로서 강화 이론에 완전히 매료되었고 강화 교육법을 통해 사람과 소통하듯 돌고래와 소통하게 되었다. 돌고래 교육을 하며 터득한 것을 다른 동물에게도 적용했다. 그뿐만 아니라 이 새로운 시스템은 내 일상 속으로도 스며들었는데, 아이들에게 고함치는 것을 멈추게 되었다. 그래봐야 아무 소용이 없다는 것을 깨달았기 때문이다. 그 대신 내가 바라는 행동을 포착하게 되면 그것을 강화했다. 확실히 이 방법이 훨씬 더 효과가 좋았다.

내가 돌고래 교육을 통해 배운 것을 뒷받침하는 과학적 이론은 뼈대가 아주 견고하다. 이 책에서 나는 그 이론을 넘어 더 멀리 나가려 한다. 내가 아는 한, 이 이론을 '적용'하기 위한 규칙은 아직 과학으로 다 설명되지 않는 데다가 과학자들조차도 오용할 때가 많기 때문이다. 하지만 근본 법칙은 아주 견고하므로 교육 시 반드시 참고해야 한다.

이 이론의 기본 연구는 행동 수정, 강화 이론, 오페란트 조건화, 행동 심리학, 행동 분석 등 다양한 이름으로 알려져 있다. 이 심리학 분야 발전에는 하버드 대학의 스키너 박사B. F. Skinner가 공헌한 바가 크다. 하지만 안타깝게도 이 현대적 학습 과학 이론은 오랜 세월 동안 극심하게 비난받고, 곡해되고, 오역되고, 확대 해석 및 오용되었다. 인간과 짐승을 구분하는 특징으로 '자유 의지'를 옹호하는 소위 인문주의자들이 의도적 기술로 인간의 행동을 조종할 수 있다는 그의 이론에 경악을 금치 못하며 분노한 탓이었다. 사실 알고 보면 온갖 수단을 동원해 상대의 행동을 조종하려 들며 살아가는 존재가 바로 우리 인간인데 말이다.

인문주의자들이 이단 종교를 향해 그랬던 것처럼 행동주의behaviorism[1]
와 스키너를 매섭게 공격하는 사이, 행동주의는 대학 학부와 대학원 교
육 과정, 임상 심리 전문가, 학술지, 국제 학회, 대중 매체 및 문학 분야
등을 총망라하며 심리학계에서 확고한 위상을 차지하게 되었다. 그리고
자폐증 같은 일부 장애에서 다른 치료법들에 비해 행동형성shaping과 강
화가 높은 효과를 보이며 그 유용성이 확인되었다. 이제 수많은 심리 치
료사가 행동 기법을 이용해 환자들의 감정적 문제를 놀랍도록 성공적으
로 치료하고 있다. 또 근본 원인을 파고들기보다는 단순히 행동을 바꾸
는 것으로 나타나는 효능은 가족 치료 분야의 부흥에도 기여했다. 가족
치료는 가장 명확하게 고통받는 한 사람의 행동만이 아니라 전체 가족원
의 행동을 검토하고 수정할 때 효과적이기 때문이다.

스키너의 이론에 따라 개발된 자동 학습기나 프로그램화된 교과서[2]
는 행동형성 기법을 통해 단계별로 학습 과정을 진행하는 동안, 학습자
의 적절한 반응을 강화하기 위해 만들어졌다. 이 어설펐던 초기 메커니
즘은 이후 컴퓨터 보조 수업을 탄생시켰다. 폭죽이나 춤추는 로봇 같은
강화물이 갖는 유쾌한 속성 덕분에 교육 과정은 아주 즐거웠고 컴퓨터
고유의 완벽한 타이밍 덕에 학습 효과도 높았다. 정신 병원과 그 외 보호
시설에서도 사탕이나 어떤 특권과 교환할 수 있는 토큰token[3]을 이용한
강화 프로그램이 자리를 잡았다. 오늘날의 혼자 하는 체중 조절 및 습관

---

1 심리학의 대상을 객관적으로 관찰할 수 있는 행동에 두는 입장
2 행동주의 원리를 적용한 학습도구들. 학습자의 반응에 따라 학습 속도가 달라지
  고 즉각적인 피드백이 제공된다.
3 수업 중 교사가 포상으로 제공하는 스티커, 칩, 도장 등을 통칭한다.

개선 프로그램도 그렇다. 정밀 교수법Precision Teaching[4]과 직접 교수법Direct Instruction[5]처럼 행동형성과 강화 원리에 근거한 효과적 교육 시스템은 교실 안으로도 들어왔다. 바이오피드백biofeedback[6]도 생리적 반응 트레이닝에 강화를 적용한 흥미로운 사례다.

학자들은 조건화conditioning[7]의 가장 미세한 측면을 연구해 왔다. 예를 들면, 셀프 트레이닝 프로그램에서 참가자의 진행 상황을 기록하기 위한 차트를 만들 경우, 그냥 네모 칸 안에 간단히 V 표시 등으로 체크하는 것보다는 칸을 빽빽하게 색칠하는 것이 새로운 습관을 갖게 될 가능성이 더 높다는 식이다.

심리학 학술 연구에서 이런 세밀함에 치중하는 것은 합당한 일이긴 하지만 그 세밀함이 훌륭한 교육법의 핵심을 찾아 주는 것은 아니다. 인공지능의 피드백 시스템처럼 교육은 양방향으로 상호작용하는 순환 고리다. 따라서 순환 고리의 한쪽 끝에 있는 사건은 자연스럽게 반대편의 사건에 변화를 일으키게 된다. 그런데 많은 심리학자들이 자기 일을 대상과 '함께' 하는 것이 아닌, 대상'에게' 해야 하는 것으로 여긴다. 트레이너들에게는 교육 과정 중에 대상이 보이는 특이하고 예상치 못했던 반응이 가장 흥미롭고 잠재적으로 가장 유익한 사건인데 반해, 대부분의 실

---

4 학습자의 행동 빈도를 평가하여 다음 단계를 진행하는 교수법
5 학습에 필요한 행동 목록을 미리 정해 두고 하나씩 순서대로 완수하도록 안내하는 교수법
6 심박수, 혈압, 근육 긴장도와 같은 생리적 반응을 장비로 확인하면서 스스로 의식적으로 이를 조절하는 방법
7 반복되는 경험 및 교육에 의해 서로 연관이 없던 자극들이 연합되는 과정

험 연구들은 개별적 반응은 무시하거나 최소화하도록 설계된다. 행동의 점진적 변화, 즉 스키너가 이름 붙인 '행동형성'을 위한 방법들을 고안하고 실행하는 것은 창의적인 과정이다. 심리학 문헌은 상상력이 부족한 행동형성 프로그램에 대한 내용 일색이다. 내가 보기엔 잔인하고 이상한 처벌도 있다. 예를 들어 한 학술지에서는 야뇨증 치료를 위해 아이의 침대에 '습기'를 감지하는 센서를 설치하고 심리치료사가 밤새 아이 곁에 있으라고 제안했다. 친절하게도 센서 비용이 다소 비싸다는 말도 적혀 있었다. 이런 식의 '행동적' 해결법은 삽으로 파리를 죽이려는 것과 같다.

쇼펜하우어Schopenhauer는 새롭고 독창적인 아이디어는 처음에는 웃음거리가 되거나 맹렬한 공격을 받지만 결국은 당연하게 받아들여진다고 말한 바 있다. 내 경험상 강화 이론도 예외는 아니었다. 오래전 스키너는 탁구 치는 법을 배운 비둘기 한 쌍을 데리고 행동형성 개념을 시연해 보였다가 조롱을 받았다. 젖먹이 딸들을 위해 만든 따뜻하고 안락한, 자동 청소 및 놀이 기능까지 갖춘 유아용 침대도 비인간적인 '아기 상자'라는 비난을 받았다. 스키너의 딸들은 모두 유쾌한 성품을 지닌 성공한 전문가로 성장했음에도 미쳤다는 헛소문에서 평생 자유롭지 못했다. 마지막으로 오늘날 많은 지식인이 강화 이론을 원래부터 그다지 중요하지 않은 무언가로 취급한다. 정작 제대로 이해조차 하지 못하면서 말이다. 제대로 이해한다면 자기 주변 사람들에게 그렇게 나쁘게 행동하지 않을 테니까 말이다.

돌고래 교육을 시작하고 몇 년 후, 나는 일반 대중뿐만 아니라 학계나 전문가 집단을 대상으로 강화의 법칙에 대해 강의하고 책을 쓰기 시작했다. 고등학교·대학교·대학원 학생들, 부모, 직장인, 동물원 사육사, 가족이나 친구들 그리고 주말 세미나에서는 수천 명의 반려견 보호자들과 트레이너들에게 강화 교육법을 가르쳤다. 카우보이에서 스포츠 코치까지 모든 영역의 교육자 또는 트레이너들을 관찰하고 연구하면서 강화교육의 원칙이 차츰 우리의 일반적인 인식 속으로 스며들고 있음을 알아차렸다. 할리우드의 동물 트레이너들은 포지티브 강화를 '애정 트레이닝affection training'이라 불렀는데 이 테크닉을 이용해 영화 〈꼬마 돼지 베이브Babe〉에 출연한 돼지 및 다른 동물들로부터 수많은 행동을 유도해냈다. 무력 또는 강압적인 방법으로는 절대 얻어낼 수 없었을 행동들 말이다. 이제 수많은 올림픽 스포츠 종목 코치가 선수들을 윽박지르는 케케묵은 방식에 의존하는 대신 포지티브 강화와 행동형성을 통해 괄목할 만한 성과를 얻고 있다.

하지만 나는 실생활에서 당장 써먹을 수 있도록 강화 이론의 규칙을 정리해 둔 글이 없다는 것을 깨달았다. 그래서 내가 이해하고 확인한, 현실 속에서 사용되고 있는, 또는 잘못 사용되고 있는 것들에 대해 이 책을 통해 설명하려 한다.

강화 교육은 만병통치약은 아니다. 은행 잔고를 늘리거나 불행한 결혼 생활을 되돌려주거나 심각한 인격 장애를 고칠 수는 없다. 아이가 우는 것 같은 상황은 교육 문제가 아닌 다른 접근 방식의 해결법이 필요하다. 동물이건 사람이건 교육으로는 수정이 어렵거나 불가능한 유전적 문제에서 비롯된 행동도 있을 수 있다. 굳이 시간을 내서 교육할 가치가 없는 문제도 있다. 그렇지만 강화 이론을 정확하게 적용하면 인생에서 직면하게 되는 수많은 난관, 과제, 골칫거리를 해결할 수 있다.

한 상황에서 포지티브 강화물을 사용할 수 있다면 다른 상황에서도 사용할 수 있다. 나와 함께 근무했던 한 돌고래 연구 박사가 "닭을 먼저 교육해 본 적 없는 사람은 부모가 되지 못하게 해야 한다"고 강하게 말한 적 있다. 생명체는 무력으로 교육할 수 없다는 사실을 닭 교육을 통해 경험하게 되면 아이에게도 벌을 줄 필요가 없다는 것을 확실히 깨닫게 된다는 의미였다. 또한 그 경험을 통해 우리가 아이에게 바라는 행동을 강화하는 방법에 대한 아이디어도 얻을 수 있을 테고 말이다.

교육할 때 포지티브 강화물을 사용하는 기술을 단련해야 하는 돌고래 트레이너의 자녀들은 눈에 띄게 밝고 유쾌하다. 물론, 이 책 한 권으로 당신의 아이도 유쾌해질 것이라고 장담하지는 않는다. 사실, 구체적인 결과나 기술은 약속할 수 없다. 내가 줄 수 있는 것은 모든 트레이닝의 기본이 되는 기초적인 원리와 다양한 상황에서 이런 원리를 창의적으로 적용하는 방법에 대한 가이드라인이다. 수년간 당신을 괴롭혔던 골칫거리를 해소해 주거나 답보 상태에 머물러 있던 일을 상당히 진전시켜 줄 것이다. 또 원한다면 닭 교육쯤은 문제없이 해내게 될 것이다.

올바른 강화 교육에는 자연스러운 순서가 존재한다. 이 책의 순서도 교육 과정이 실제 발생하는 순서대로, 즉 단순한 것부터 복잡한 것으로 진행된다. 이는 교육자 또는 트레이너가 되고자 하는 사람들이 제일 쉽게 배우는 것부터 순차적으로 나열한 것이기도 하다. 포지티브 강화물을 사용하는 교육에 대한 포괄적인 이해를 돕기 위해 단계별로 다루겠지만 그 응용은 현실적일 것이다. 책 전반에 걸쳐 장마다 수많은 상황에서 일어나는 실제 사례들이 제공된다. 그 특정 방법들은 명확한 지시 사항이라기보다는 제안 또는 영감의 재료로 받아들이길 바란다.

카렌 프라이어

POSITIVE
REINFORCEMENT

*1*장

강화,
보상보다 더 좋은

강화 교육의 기본 원리

포지티브 강화물이란 무엇인가?

마음에 안 드는 행동에는 무반응,
원하는 행동을 보이면 좋아하는 것으로 보상한다

앞에서 강화reinforcement란 미래에 그 행동이 발생할 가능성을 높여 주는 것 또는 높여 주는 자극을 제시하는 것이라고 했다. 이때 주어지는 자극을 강화물이라고 한다. 즉 강화물reinforcer이란 어떤 행동과 함께 나타나서 그 행동이 다시 일어날 확률을 높여 주는 경향이 있는 무엇이다. 이 설명을 꼭 기억하자! 이것이 바로 훌륭한 교육의 비법이다.

강화물에는 포지티브 강화물positive reinforcer과 네가티브 강화물negative reinforcer[8] 두 종류가 있다. 포지티브 강화물은 음식, 칭찬 또는 쓰다듬기와

---

[8] 여기서 positive, negative의 의미는 각각 긍정과 부정의 의미가 아니라 더하고 빼는 플러스(+)와 마이너스(−)의 의미다.

같이 해당 대상이 원하는 것이다. 네가티브 강화물은 불쾌한 소리, 한 대 치기, 눈살 찌푸리기처럼 대상이 피하고 싶어 하는 것이다. 안전띠 미착용 시 차 안에서 울리는 경고음이 대표적인 네가티브 강화물이다.

어쩌다 한 번씩이라도 일어나고 있는 행동이라면 포지티브 강화positive reinforcement로 더 강하게 만들 수 있다. 만약 우리가 강아지를 불렀더니 강아지가 왔고, 그래서 쓰다듬어 주었다면 우리가 부를 때 강아지가 오는 행동은 별다른 교육 없이도 점점 더 자주, 확실하게 나타나게 된다. 자녀, 부모, 연인 등 누군가가 우리한테 더 자주 전화를 걸어 주길 원한다고 가정해 보자. 우선 그 사람이 전화를 아예 하지 않는다면 우리가 할 수 있는 일은 별로 없다. 일어나지 않은 행동은 강화할 수 없기 때문이다. 이것이 강화 교육의 주요 포인트다. 반면 사랑하는 사람이 전화할 때 우리가 항상 기뻐한다면 이 행동은 포지티브 강화가 되어 앞으로 그들이 우리에게 전화하는 횟수가 증가할 가능성이 높다.

반대로 네가티브 강화를 사용할 수도 있다. "왜 전화 안 했어? 늘 내가 먼저 전화해야 해? 당신은 나한테 절대 전화 안 하잖아!" 이렇듯 상대방의 짜증을 돋우는 말을 한다면 상대는 싫은 소리를 안 듣기 위해서 전화를 안 걸 가능성이 더 높아진다. 즉 상대방에게 전화 걸지 말라고 교육하는 셈이다.

간단히 말해 행동에 포지티브 강화물을 제공하는 것이 강화 교육의 가장 기본적인 부분이다. 과학 문헌에서 심리학자들이 "행동적 방법을 사용했다" 또는 "행동적 접근으로 그 문제를 해결했다"라고 표현한 것을 발견할 수 있는데, 이는 원래 사용하고 있던 방법이 무엇이었든 간에 그것을 포지티브 강화로 바꿨다는 뜻이다. 그렇다고 그들이 이 책에서 설명하는 모든 기법을 다 사용했다는 의미는 아니다. 이 기법들을 모를 수도 있다.

포지티브 강화로 바꾸는 것이 유일한 해결책이 되는 경우는 많다. 밤에 잠자리에 오줌을 싸는 아이의 행동을 고치는 가장 효과적인 방법은 이불에 실수하지 않은 날 아침에 아이를 조용히 칭찬하고 따뜻하게 안아 주는 것이다.

포지티브 강화는 심지어 자기 자신에게도 효과가 있다. 셰익스피어 스터디 모임에서 알게 된 40대 후반의 월스트리트 변호사는 강화 교육에 대한 내 이야기를 듣더니 스쿼시 시합을 할 때 자신에게 포지티브 강화를 시도해 봐야겠다고 말했다. 자신의 실수에 악담을 퍼붓는 대신 공을 잘 쳤을 때 스스로를 칭찬해 보겠다며 말이다.

2주 후, 그를 모임에서 다시 만나 "스쿼시 시합은 어땠어요?"라고 물었더니 그는 몹시 상기된 얼굴로 이렇게 말했다. "공을 잘 칠 때마다 '좋아, 잘하고 있어'라고 말하자니 처음에는 바보가 된 기분이었어요. 세상에, 혼자 연습할 때는 내가 내 등을 토닥거리기까지 했다니까요. 그런데 시합이 정말 잘 풀리기 시작하더라고요. 이전보다 클럽 순위가 네 단계나 올랐어요. 전에는 1점도 못 얻어 내던 상대를 이기고 있더라고요. 경기가 더 재미있네요. 나 자신에게 화를 내거나 실망감을 느끼면서 시합을 마치는 일도 없어요. 공을 잘 못 치더라도 다음엔 잘하겠지 생각하면서 개의치 않게 되었고요. 상대편이 자기 실수에 미친 듯 화를 내며 라켓을 내던지면 저는 그 상황을 즐겨요. 그런 행동이 시합에 전혀 도움이 되지 않는다는 것을 확실하게 알았기 때문이죠. 저는 그냥 웃어요." 이렇게 잔인한 적수가 되다니. 그저 포지티브 강화로 바꿨을 뿐인데 말이다.

강화물은 상대적이다

강화물은 절대적인 것이 아니라 상대적이다. 오리에게 비는 포지티브 강화물이지만 고양이에게는 네가티브 강화물이며 소에게는 적어도 온화한 날씨에서라면 사소한 문제가 된다. 또, 배부른 사람에게 음식은 더 이상 포지티브 강화물이 아니다. 당신을 화나게 만들고 싶은 누군가에게는 당신의 미소와 칭찬은 강화물로서 효과가 없다. 즉, 누군가의 행동을 강화하기 위해서는 그 사람이 원하는 것을 강화물로 선택해야 한다.

어떤 교육 상황이든 강화물은 여러 종류를 확보하는 것이 유용하다. 씨월드 해양수족관Sea World에서 공연을 하는 범고래들은 물고기, 몸통 여기저기 쓰다듬고 긁어 주기, 관심 보여 주기, 장난감 등 여러 종류의 강화물을 받는다. 그리고 범고래들이 다음에 어떤 행동이 강화될지 또는 여러 강화물 중 어떤 강화물이 주어질지 모르는 상태에서 공연이 진행된다. 이런 '깜짝 선물'은 범고래들에게 매우 흥미로운 것이어서 관례적으로 주는 물고기 강화물 없이도 전체 공연을 거의 완벽하게 해낼 수 있다. 공연을 마치면 범고래들은 결국 물고기를 받는다. 강화물을 계속 바꾸는 것은 트레이너에게도 도전적이고 흥미로운 일이다.

포지티브 강화는 인간관계에도 유익하다. 포지티브 강화는 '선물하는 기술'의 기본으로, 어떤 것으로 상대방을 확실하게 강화할 수 있을지 생각하는 것이다. '딱 맞는' 선물을 찾았다는 사실에 선물을 주는 사람도 강화된다. 미국에서는 선물 고르는 일은 주로 여성의 몫이었다. 심지어 내가 아는 한 가족은 가족들이 주고받는 크리스마스 선물을 모두 어머니 혼자 구입했다. 덕분에 크리스마스 아침에 재미있는 장면이 연출되는데 아이들이 선물을 확인하면서 "이것 좀 봐요. 이 선물은 앤이 빌리에게 주는 거예요"라고 말한다. 사실은 그렇지 않다는 것을 알면서도 말이다. 그런데 이렇게 하면 아이들이 다른 사람을 강화할 수 있는 기술을 배울 수 없다.

포지티브 강화에 대해 예리한 관찰력을 가진 사람은 그렇지 않은 이에 비해 여러모로 유리하다. 나는 두 아들이 어렸을 때부터 선물 주는 법을 가르쳤다. 일례로 다섯 살, 일곱 살인 아이들을 꽤 멋진 가게로 데려가서 여동생에게 줄 드레스를 각각 한 벌씩 고르게 했다. 아이들은 안락한 의자에 앉아 여동생이 입은 드레스를 보며 품평했다. 막내 역시 그 상황을 즐겼고 거부권도 행사했다. 이 경험을 비롯한 유사한 연습들 덕분에 우리 아이들은 모두 '다른' 사람들이 원하는 것에 진정으로 관심을 갖는 방법과 사랑하는 사람에게 효과적인 포지티브 강화물을 발견하는 것을 즐기는 법을 배울 수 있었다.

네가티브 강화

원하는 행동을 하는 즉시 잔소리를 중단한다

강화물은 어떤 행동을 '증가'시키는 것인데 꼭 학습자가 원하는 무엇일 필요는 없다. 싫어하는 무엇을 피하게 해 주는 것도 행동을 강화하는 방법이 된다. 실험 연구 결과, 어떤 행동상의 변화가 혐오 자극을 사라지게 할 경우 그 혐오 자극을 이용해 행동을 증가시킬 수 있음이 확인되었다. 이런 자극을 네가티브 강화물이라고 하는데 사람이나 동물이 회피하려고 하는 것을 일컫는다.

네가티브 강화물에는 어처구니없는 농담에 친구들이 보내오는 조소의 눈빛이나 자리를 옮기게 하는 차가운 에어컨 바람 같은 아주 약한 혐오 자극이 포함될 수 있다. 그러나 공개적인 망신부터 전기 충격에 이르는 아주 극단적인 혐오 자극도 힘겨운 경험이 되는 동시에 네가티브 강화물로 기능할 수 있다. 호통치기는 매우 가혹한 경험이 되기도 하지만 한편으로는 평소 호통을 치는 상사가 정문에 서 있을 때 뒷문으로 들어가는 것을 빠르게 배우게도 한다.

네가티브 강화물은 행동을 바꾸면 중단 또는 회피할 수 있는 혐오 자극이다. 새 행동이 시작되자마자 혐오 자극이 멈추면 이 새로운 행동은 강화된다. 당신이 고모 집 거실에 앉아 있다가 집에서 하듯 무심코 거실 테이블에 발을 올려놓았다고 상상해 보자. 못마땅하다는 듯 고모가 눈썹을 치켜들면 당신은 얼른 발을 내릴 것이다. 그러자 고모의 얼굴이 다시 부드러워지고 당신도 안심이 된다. 이때 치켜든 눈썹은 네가티브 강화물로 작용한 혐오 자극이다. 혐오 자극을 중단시킬 수 있기 때문에 발을 내려놓는 새 행동은 적어도 고모 집에서, 그리고 다른 집에서도 다시 나타날 가능성이 높다.

거의 전적으로 네가티브 강화물만 이용해 교육할 수도 있다. 전통적인 스타일의 동물 훈련이 대부분 정확히 이 방식으로 이루어진다. 말은 왼쪽 고삐가 당겨질 때 왼쪽으로 도는데, 그래야 입에 가해지는 성가신 압박감이 중단되기 때문이다. 또 서커스 공연의 사자는 코 앞에서 움직이는 위협적인 채찍질이나 의자를 피하고자 받침대 위로 물러난다.

그렇다 해도, 네가티브 강화와 처벌punishment은 같은 것이 '아니다.' 그렇다면, 대체 무엇이 다른 걸까? 나는 이 책의 초판에서 "형편없는 성적표를 받아 엉덩이를 맞은 아이는 앞으로 더 좋은 성적표를 받을 수도 있지만 그러지 못할 수도 있다. 어쨌든 아이가 이미 받은 성적을 바꿀 수 없다는 사실만은 분명하다"라는 예시를 들었다. 이 예시를 통해 처벌은 수정하고자 했던 행동이 발생한 '이후에' 주어지는 혐오 자극이므로 행동에 아무런 영향도 미칠 수 없다고 설명했다. 실제로 우리는 의도를 가지고 처벌하지만, 시기적으로 너무 뒤늦게 처벌하는 경우가 빈번하다.

오늘날 행동 분석가들은 처벌을 '행동을 '중단'시키는 어떤 사건'으로 구분한다. 예를 들어, 아기가 전기 콘센트에 머리핀을 쑤셔 넣는 위험한 행동은 '당장' 제지되어야 한다. 엄마는 콘센트에서 아기 손을 떼어 낸다. 아기의 행동이 멈춘다. 아기는 울고 엄마는 마음이 안 좋아지는 등 많은 다른 일들이 시작될 수 있으나 적어도 머리핀을 콘센트에 넣는 행동은 중단된다. '중단하는 것', 이것이 바로 '처벌이 하는 일'이다.

행동주의 심리학자 스키너가 처벌을 바라보는 관점은 더 정밀했다. 그는 처벌이란 어떤 행동의 결과로 원하는 것(아기들이 좋아하는 놀이인, 어떤 물건이 어떤 구멍에 잘 맞을지 맞혀 보며 탐색하는 즐거움)을 잃게 되거나, 이 행동의 결과로 원하지 않는 무언가를 받았을 때 발생하는 것이라고 정의했다. 그러나 두 경우 모두 진행 중이던 행동이 멈추긴 하지만 미래에 예측할 수 있는 결과는 없다. 따라서, 강화물은 미래에 그 행동을 강화하지만 처벌물punisher[9]은 '예측할 수 있는' 변화를 불러오지는 않는다.

---

9 강화물과 대조되는 개념으로, 처벌을 목적으로 쓰이는 어떤 것

예를 들어, 엄마가 완벽한 타이밍에 아기를 붙잡거나 손을 찰싹 쳤다 할지라도 아기가 앞으로도 물건을 콘센트에 집어넣지 않을 것이라 장담할 수 있을까? 그렇지 않다. 아기를 키우는 부모들에게 물어 보자. 보통 부모들은 작은 물건은 미리 치워 두고 벽면 콘센트에는 안전 덮개를 씌우거나 가구로 가려 놓고, 그러면 결국 아기는 그 특별한 충동에 흥미를 잃게 된다.

행동 분석가들은 이를 다음과 같은 방식으로 바라본다. 강화와 처벌은 둘 다 결과를 기준으로 정의되는 하나의 '과정'이다. 네가티브 강화물은 어떤 행동을 가르치기 위해 효과적으로 사용될 수 있으며, 혐오 자극이 포함되어 있더라도 그 과정은 비교적 평온할 수 있다. 예를 들어, 미국에서는 반려동물로, 다른 지역에서는 짐을 나르고 털을 얻기 위해 키우는 반 가축화된 동물인 라마에게 네가티브 강화물이 적절하게 사용되는 사례를 살펴보자. 라마는 말처럼 겁이 많고 수줍음을 탄다. 어려서 사람 손을 타지 않았다면 사람이 다가가기 힘들 수 있다. 먹이 강화물을 이용한 오페란트 조건화operant conditioning[10]는 라마 교육에 큰 효과를 보이지만, 겁이 너무 많아 먹이를 먹으려고 사람에게 가까이 다가가는 것조차 힘들어할 경우 현대적 교육 방식을 사용하는 라마 트레이너들은 다음의 방법을 쓴다. 트레이너들은 어떤 행동이 강화물을 받게 하는지를 라마에게 알려 주는 마커 신

---

10 학습이론으로, 동물은 긍정적인 결과를 가져오는 행동은 계속하고 부정적 결과를 낳는 행동들은 피하는데, 특정 행동에만 선택적으로 보상해 그 행동이 일어날 확률을 증가시키거나 그 외의 다른 행동은 감소시키는 방법을 말한다. 조작적 조건화 또는 조작적 조건형성으로도 번역된다.

호marker signal[11]로 클리커clicker[12]를 사용하는데, 이때의 일차 강화물primary reinforcer[13]이자 진짜 강화물은 네가티브 강화물, 즉 혐오 자극의 제거다.

사실상 라마에게 이렇게 말하는 셈이다. "내가 10미터 거리까지 다가가도 그대로 서 있을 거니? 그래? 잘했어. 내가 클리커를 한 번 딸깍 누르고 뒤돌아서 더 멀리 갈게. 자, 이제 7미터까지 다가가도 그대로 서 있을 거니? 그래? 좋아. 클리커를 한 번 또 누르고 다시 뒤돌아 갈게."

무서운 사람이 뒤돌아서 다시 멀어지는 것을 강화물로 사용하면서 라마가 그대로 서 있는 행동을 표시marking해 주기 위해 클리커를 쓸 경우, 대체로 5~10분 정도면 라마를 만질 수 있는 거리까지 다가갈 수 있다. 말하자면 라마가 통제권을 가진 상태다. 자리를 지키고 있는 한, 사람을 멀리 떠나게 할 수 있다니! 그래서 라마는 결국 사람이 바로 옆에까지 오더라도 가만히 서 있게 된다.

사람이 라마를 몇 번 쓰다듬고 물러서는 단계까지 이르면 분위기가 바뀐다. 이 사람은 더 이상 라마에게 무서운 존재가 아니다. 이제 먹이 바구니를 쓸 차례다. "네가 가만히 서 있는 동안 내가 만져 봐도 될까? 괜찮지? 클리커 소리를 한 번 낸 다음 맛있는 먹이를 줄게." 라마는 달아나는 대신 그

---

11 특정한 행동을 표시해 주는 신호로 클리커 소리, 호루라기 소리 등이 대표적이다. 손동작도 마커 신호로 사용될 수 있다.

12 버튼을 누르면 딸깍(click)하는 소리가 나는 도구로, 올바른 행동이 일어난 순간을 정확하게 표시해 주기 위해 사용된다.

13 유기체의 생리적(일차적) 욕구를 직접적으로 충족시켜 주는 강화물이며, 학습하지 않아도 본능적으로 확보하려는 것들이다. 굶주린 동물에게 먹이, 목마른 동물에게 물, 피로한 동물에게 잠 등은 대표적인 일차 강화물이다. 클리커는 학습 후 작동하므로 이차 강화물이다.

냥 가만히 서 있는 새로운 환상적인 행동을 통해 맛있는 먹이, 몸 긁어 주기, 쓰다듬어 주기 같은 포지티브 강화물을 얻을 수 있다.

원하는 행동이 일어났을 때 뒤로 물러나 주거나 상대를 편한 상태로 되돌려주는 것은 소위 '호스 위스퍼러horse whisperer[14]'들이 사용하는 기술 대부분에 중요한 요소로 사용된다. 이 방법을 사용하는 트레이너들은 제한된 공간에 말을 풀어놓은 채 일하면서, 도망 다니던 말이 비교적 짧은 시간 내에 차분하게 사람을 받아들이게 만든다. 야생마나 다름없던 말이 심지어 안장과 기수를 받아들일 정도로 차분해지는 전체 과정을 보고 있노라면 마치 마법 같다.

이런 기법을 사용하는 트레이너들은 트레이닝 중에 일어나는 일에 대해 미신적인 해명을 하곤 하는데, 많은 트레이너가 마커 신호 또는 조건화된 강화물conditioned reinforcer[15]의 기능을 하는 어떤 소리나 동작을 만드는 습관을 갖고 있으면서도 그 사실을 자각하는 경우가 드물기 때문이다. 어쨌든 이것은 마법이 아니라 오페란트 조건화의 법칙이다.

네가티브 강화는 유용한 과정이지만, 네가티브 강화의 각 사례에는 처벌물도 포함된다는 사실을 꼭 기억해야 한다. 말의 왼쪽 고삐를 당기면 말이 그 방향으로 고개를 돌리는 순간까지는 계속 벌을 주고 있는 것이니 말이다. 네가티브 강화물과 기타 혐오 자극을 과용하면 머레이 시드먼Murray Sidman 박사가 '낙진fallout'이라 부른 처벌의 부작용이 일어날 수 있다(4장 참고).

---

14 말과 소통 능력을 갖춘 사람을 의미한다.
15 원래는 아무 의미 없는 것이지만 기분 좋은 것(일차 강화물)과 계속 짝지어 제시되면서 자신도 강화물이 된 것. 이차 강화물이라고도 한다. 파블로프의 개에서 나오는 종소리도 조건화된 강화물이다.

강화물은
주는 타이밍이 중요하다

원하는 행동을 하는 그 순간에 보상한다

앞서 말했듯, 강화물은 반드시 수정하고자 하는 행동과 연계해 함께 제공되어야 한다. 학습자에겐 강화물이 주어지는 타이밍이 곧 정보이며 우리가 학습자에게 원하는 것이 무엇인지 '정확하게' 알려 준다. 뭔가를 배우려고 할 때는 강화물 자체보다 강화물이 담고 있는 정보가 훨씬 더 중요하다. 코치나 강사가 교육 중 특정 순간에 일어난 동작에 표시를 남기기 위해 외치는 "그래!", "좋아!" 같은 말이야말로 운동선수나 무용수에게 정말 필요한 정보를 주는 것이다. 교육이 다 끝난 뒤 탈의실에서 듣게 되는 평가는 그런 필요한 정보를 주지 않는다.

초보 트레이너들이 저지르는 가장 큰 문제는 강화를 늦게 주는 것이다. 예를 들어, 개가 앉아서 보호자가 "옳지!"라고 말하는데 그 찰나 개가 다시 일어났다면 "옳지!"라는 말은 어떤 행동을 강화했을까? 그렇다. 일어나는 행동이다. 트레이닝 중 문제에 부딪힌다면 그때마다 제일 먼저 강화를 너무 늦게 주고 있지는 않은지 자문해 봐야 한다. 마찬가지로 사람이나 동물을 트레이닝할 때 한창 하고 있는 행동에서 더 이상 진도가 나가지 않는다면, 강화물을 늦게 주고 있는 건 아닌지 다른 사람에게 관찰해 달라고 부탁하는 것이 도움이 될 때가 많다.

우리는 항상 서로를 너무 늦게 강화하고 있다. "당신, 어제저녁에는 정말 멋져 보였어"라고 지금 말하는 것은 어제저녁에 말했을 때와 완전히 다른 결과를 낳는다. 지연된 강화물은 심지어 해로운 결과를 가져올 수도 있다. "뭐가 문제야? 지금은 내가 안 멋져 보인다는 소리야?" 우리는 타이밍을 놓치고도 언어의 힘이 이것을 만회해 줄 것이라 믿어 의심치 않는다.

　너무 빠른 강화도 효과가 없긴 마찬가지다. 브롱크스 동물원Bronx Zoo의 고릴라 사육사들이 겪었던 문제가 그렇다. 실내 우리를 청소하기 위해 고릴라를 야외 방사장으로 이동시켜야 했는데, 고릴라가 통로의 미닫이문이 닫히지 않도록 괴력으로 막고는 꿈쩍도 하지 않았다. 사육사들이 먹이를 야외 방사장에 두거나 유혹하듯 바나나를 흔들면 고릴라는 사육사를 무시하거나 먹이만 낚아채서 문이 닫히기 전에 재빨리 돌아갔다. 결국 사육사들은 동물 트레이너에게 이 문제를 살펴봐 달라고 의뢰했다. 트레이너는 바나나를 흔들거나 먹이를 야외 방사장에 놓는 것이 아직 일어나지 않은 행동을 강화하는 시도였음을 지적했다. 이른바 '뇌물'이 된 셈이다. 해결 방법은 고릴라가 문에 앉아 있을 때는 무시하고 스스로 밖으로 나갈 때마다 먹이로 강화하는 것이었다. 그러자 문제는 바로 해결되었다.

　또 우리는 아이를 격려한다며 강화를 너무 빨리하곤 한다. "장하다! 우리 딸, 그렇지. 거의 맞췄어!" 이때 우리가 강화하는 것은 아이의 시도다. 무언가를 하려고 시도하는 것과 그것을 실제로 하는 것은 다르다. "난 못해!"라는 울부짖음이 때로는 사실일 수도 있지만, 그저 시도하는 것에만 너무 자주 강화를 받아서 나타나는 증상일 수도 있다. 일반적으로 아직 일어나지 않은 행동을 위한 선물 공세, 약속, 칭찬, 또는 그 외 무엇이든 간에, 이는 그 행동을 전혀 강화하지 않는다. 이런 것들이 강화하는 것은 그 순간에 일어나고 있던 것, 아마도 강화를 간청하는 행동일 가능성이 가장 크다.

네가티브 강화물로 트레이닝할 때도 마찬가지로 타이밍이 중요하다. 말은 왼쪽 고삐가 당겨질 때 왼쪽으로 도는 것을 배우지만 말이 왼쪽으로 돌았을 때 고삐 당김이 멈췄을 때만 그렇다. 즉 초점은 '당김'이 아니라 '당김의 중단'이 곧 강화물이라는 것이다. 말에 탄 뒤 말의 옆구리를 발로 툭툭 차면 말이 앞으로 움직이는데, 더 빨리 움직이길 원하는 것이 아니라면 그때 옆구리 차기를 멈춰야 한다. 승마 초보자들은 말을 움직이게 하려고 자동차 주유를 하듯 계속 말 옆구리를 차는 경우가 많다. 발차기가 멈추지 않으면 말에게는 아무 정보도 전달되지 않는다. 그래서 승마 교실에 가보면 옆구리를 차이건 말건 달팽이 속도로 움직이는 '강철 옆구리' 말들이 꼭 있다. 부모님, 직장 상사, 선생님, 강사의 잔소리나 호통에 꿈쩍하지 않는 사람도 같은 이유에서다. 원하는 결과를 얻은 순간 네가티브 강화물을 멈추지 않는다면 이는 강화도 정보도 아니다. 정보 이론 면에서 문자 그대로 '소음'일 뿐이다.

TV로 미식축구나 야구 중계 과정을 보고 있노라면 선수들에게 반복해서 주어지는 완벽한 타이밍의 강화물에 자주 감명받곤 한다. 터치다운이 터지거나 주자가 홈 터치를 하는 순간 울려 퍼지는 관중의 엄청난 함성과, 득점하거나 게임에서 이기는 순간 선수들이 광적으로 서로 주고받는 '인정'의 신호는 진정한 '강화물'이다. 그런데 배우들은 좀 다르다. 연극 무대에서는 역할이 다 끝나야 박수를 받을 수 있다. 영화배우들은 촬영 현장에서 감독이나 스태프들로부터 받게 되는 반응을 제외하면 적절한 타이밍에 강화를 받지 못한다. 몇 주 혹은 몇 달이 지나서야 도착하는 팬레터나 높은 평점의 리뷰 기사는 득점 순간 뉴욕 양키스 홈구장 전체가 광분의 현장이 되어 버리는 것에 비하면 아주 밋밋하다. 일부 배우들이 종종 과도한 찬사와 열광에 신경증적인 갈망을 보이는 듯한 것도 놀랄 일이 아니다. 강화물이 아무리 화려하더라도 항상 '늦기' 때문에 불만족스러울 수밖에 없다.

강화물의 크기

작게, 자주 준다
더 힘든 일이라면 더 좋은 것으로 준다

동물에게 먹이 강화를 사용하는 초보 트레이너들은 종종 강화물의 크기를 고민하는데, 정답은 전해 줄 수 있는 범위에서 최대한 작게 주는 것이다. 강화물이 작을수록 동물은 더 빨리 먹는다. 다 먹을 때까지 기다리는 시간도 줄여 줄 뿐만 아니라 동물이 포만감을 느끼기 전 트레이닝 세션당 줄 수 있는 강화물의 횟수도 더 많아지므로 교육 효과도 높다. 오래전, 워싱턴 D. C.의 국립 동물원에서 직원들에게 포지티브 강화 기법을 가르치는 컨설턴트로 근무했을 때의 일이다. 내 수업을 듣던 사육사 중 하나가 자이언트 판다의 트레이닝 습득 속도가 너무 더디다고 불평했다. 이상하다는 생각이 들었다. 판다는 몸집이 크고 욕심도 있고 활동적인 동물이니 먹이 강화물을 사용한 트레이닝이 어려울 리 없었다. 나는 그녀의 트레이닝 세션을 관찰했다. 그 사육사는 행동형성[16] 기법을 통해 판다의 동작을 한 단계씩 만들어 나가고 있었는데 강화할 때마다 당근을 통째로 주고 있었다. 판다는 당근 하나를 통으로 씹으며 행복한 시간을 만끽했으므로 15분의 트레이닝 세션 동안 강화물을 고작 세 번밖에 받지 못했고 동시에 당근에 곧 싫증을 느끼게 되었다. 강화할 때마다 얇게 자른 당근 조각을 하나씩 주었더라면 분명 효과적이었을 것이다.

보통 강화물은 동물이 한입에 먹을 크기여야 흥미를 유지할 수 있다. 예를 들어 닭에게는 옥수수 한두 알갱이, 고양이에게는 5밀리미터 남짓한 크기의 고기 조각, 코끼리에게는 사과 반 개 정도가 좋다. 말에게 곡물 알갱이 한 티스푼을 주듯 선호하는 먹이일 경우에는 훨씬 더 적게 줘도 된다. 국립 동물원의 사육사들은 북극곰을 다른 우리로 이동하게 하는 등 유용한 행동을 가르칠 때 건포도를 사용한다.

동물 트레이너들의 경험적 법칙에 따르면, 하루에 한 번 트레이닝 세션을 진행할 경우 동물이 평소 먹는 먹이의 4분의 1을 강화물로 쓰면 훌륭한 참여 태도를 볼 수 있다. 나머지는 그냥 공짜로 주면 된다. 하루에 3~4번 세션을 진행할 수 있다면 하루 먹이를 약 80개로 나누고 세션마다 20~30개씩 준다. 하루 동안 어떤 주제에 대해 흥미를 유지할 수 있는 최대치 강화물은 약 80개인 것 같다.

과제의 난이도도 강화물의 크기를 결정하는 데 영향을 미친다. 하와이 해양생물공원에서 일할 때 고래에게 올림픽 대회나 마찬가지인 약 56미터 수직

---

16 목표 행동을 몇 개의 작은 단계들로 쪼갠 뒤 한 단계씩 차근차근 배워 나가도록 하는 것. 쉐이핑이라고도 한다(2장 참고).

점프 묘기를 교육하려면 커다란 고등어가 한 마리씩 필요하다는 것을 알게 됐다. 일상적인 강화물, 즉 작은 빙어 두 마리에는 이 임무를 단박에 거부했다. 항상 그런 것은 아니지만 사람들도 일이 힘들수록 더 큰 보상을 받는다. 더 힘든 일을 하는데 더 큰 보상을 받지 못한다면 얼마나 싫겠는가.

잭팟

비약적 발전을 보인다면
잭팟을 터뜨려 준다

음식이나 그 외 다른 강화물을 사용해 동물이나 사람을 교육할 때 정말 유용한 기법의 하나가 잭팟jackpot이다. 잭팟은 일상적인 강화물에 비해 훨씬 큰 보상으로 열 배쯤 클 수 있으며 학습 대상에게는 깜짝 파티 같은 느낌을 준다. 내가 잠깐 일했던 한 광고 회사에서는 크리스마스가 되면 사무실에서 파티를 했고 큰 프로젝트가 끝나거나 새로운 고객사를 유치하면 비공식적인 축하 행사를 열었다. 회사 대표는 또 일 년에 한두 번은 전혀 예상치 못한 파티를 열곤 했다. 어느 날 오후 그가 느닷없이 하던 일을 그만두라고 소리치며 사무실 여기저기를 돌아다녔고 전체 전원이 꺼지며 출장 요리사, 연주자, 바텐더, 훈제 연어 스테이크가 사무실로 들어왔다. 오직 직원들을 위한 파티였다. 아무 이유도 없었다. 50명 직원 모두에게 예상치 못한 잭팟이었고 이 파티는 직원들의 사기 진작에 크게 기여했다.

잭팟은 갑자기 나타난 비약적 발전을 표시해 줄 때 사용할 수 있다. 내가 아는 말 트레이너는 어린 말이 어려운 동작을 처음으로 해내면 말에서 내려와 안장과 굴레를 벗기고 자유롭게 원형 경기장 안을 돌아다니게 해 준다. 이것은 완벽한 자유라는 잭팟으로 새 행동을 말에게 확실하게 각인시킨다.

때론 공짜 잭팟이 마중물이 되어 준다

역설적이지만 단 한 번의 잭팟이 고집 세거나, 겁먹었거나, 반항적이거나, 원하는 행동을 전혀 보이지 않는 교육 대상의 반응을 향상하는 데도 효과적일 수 있다. 하와이 해양생물공원에서 돌고래가 트레이닝 받은 지 오래된 이전의 행동 대신 새 반응을 보일 때 강화를 하는 연구를 진행할 때의 일이다. 우리의 연구 대상은 후Hou라는 이름의 온순한 돌고래였는데 좀처럼 새로운 반응을 보이지 않았다. 후는 자신이 보여 주는 여러 행동에 강화를 받지 못하자 소극적으로 변했고, 결국 한 세션 동안 아무런 반응을 보이지 않은 채 20분을 흘려보냈다. 결국 트레이너는 후에게 '공짜로' 물고기 두 마리를 던져 주었다. 이 넉넉한 선물에, 눈에 띄게 놀란 후는 다시 적극적으로 활동을 시작했고 곧 강화를 받을 수 있는 새 동작을 했으며 이어지는 몇 번의 세션 만에 우리가 원하던 성과를 이루어 냈다.

나도 후와 똑같은 경험을 한 적 있다. 열다섯 살 무렵 내 인생 최고의 즐거움은 승마 수업이었다. 내가 다니던 승마장은 교습 티켓을 팔았는데 한 장당 열 번의 수업을 들을 수 있었다. 내 용돈으로는 티켓을 한 달에 한 장 살 수 있었다. 당시 나는 아빠와 새엄마와 살았는데 두 분은 나에게 무척 잘

해 주셨지만 나는 점점 반항을 일삼는 사춘기에 접어든 상태였다. 어느 저녁, 사랑과 지혜가 넘치는 부모였던 두 분은 내 행동에 꽤 지쳤다면서 나에게 보상을 주기로 결심했다고 말씀하시더니 새로 나온 자유 승마 티켓을 선물로 주셨다. 어느 한 분이 승마장까지 직접 가서 티켓을 사는 수고를 하셨다는 의미였다. 야호! 나에게는 과분한 잭팟이었다. 돌이켜보면 그 순간부터 나의 행동에 변화가 있었던 것 같은데 수십 년이 지난 지금 이 책을 쓰면서 부모님께 여쭤보니 내 기억이 맞다고 하셨다.

왜 일하지 않고 얻은 잭팟이 그렇게 갑작스러운 효과를 보이는 동시에 오래 지속되는 효과를 가져오는 걸까? 나도 완전히 이해는 안 된다. 아마 언젠가는 누군가가 연구 논문으로 이 문제를 다루어 잘 설명해 줄 것이라 기대한다. 그날 부모님이 주신 승마 티켓은 억압과 분노로 가득 찼던 나의 감정을 해소했다. 후가 느낀 감정도 이런 것이지 않았을까?

조건화된 강화물의 강력한 힘

우리가 돈을 좋아하는 이유

장려하고 싶은 행동이 일어나고 있는데 교육 대상에게 강화물을 전해 줄 방법이 없는 경우가 있다. 먹이 강화물을 사용하는 트레이닝에서 종종 겪는 상황이다. 돌고래에게 점프 교육을 할 경우 돌고래가 공중에 솟아오른 상태에 딱 맞춰 물고기를 주는 것이 불가능하다. 어쩔 수 없이 점프할 때마다 뒤늦게라도 물고기를 던져 주다 보면 결국은 점프와 먹이 사이의 관련성을 이해하고 더 자주 점프를 하긴 한다. 그러나 점프의 어떤 부분이 좋았는지 알릴 방법은 없다. 점프의 높이? 아치 모양 만들기? 아니면 큰 물살을 튀기면서 입수하기? 그래서 트레이너가 마음에 둔 점프 종류를 동물에게 정확히 알려 주기 위해서는 수도 없이 반복해야 한다. 이 문제를 해결하기 위해 우리는 조건화된 강화물conditioned reinforcer을 사용한다.

조건화된 강화물은 처음에는 아무 의미 없는 신호(소리, 빛, 동작)로, 강화물을 주기 직전이나 주는 동안 의도적으로 함께 제시된다. 돌고래 트레이너들은 조건화된 강화물로 호루라기를 주로 사용하는데 물속에서도 소리가 잘 들리고 손이 자유로워 수신호를 쓰거나 물고기를 던져 주기에도 편하기 때문이다. 다른 동물들을 트레이닝할 때 내가 자주 사용하는 조건화된 강화물은 누르면 딸깍click 소리가 나는 저렴한 장난감 클리커, 또는 "굿 도그good dog", "굿 포니good pony"처럼 조건화된 강화물로만 사용할 목적으로 고민 끝에 따로 빼놓은 특별 칭찬 단어다. 할 일을 마치고 선생님의 반응을 열심히 기다리는 아이들을 위해 교사들도 의례적이면서도 신중하게 "잘했어", "아주 좋아" 같은 칭찬의 말을 사용한다.

조건화된 강화물은 일상에서 흔히 볼 수 있다. 사람들은 걸려 오는 전화의 절반이 그다지 좋은 소식이 아니고 우편물 대부분이 광고지라는 것을 알면서도 전화벨 소리를 듣거나 꽉 찬 우편함을 보면 좋아하는데, 이는 전화나 우편물이 좋은 일과 연결되었던 적이 많았기 때문이다. 보통 사람들은 크리스마스 캐럴은 좋아하지만, 치과에서 풍기는 냄새는 싫어한다. 우리가 집 안 곳곳에 사진, 기념품, 트로피 같은 것을 놓아두는 것도 예쁘거나 쓸모가 있어서가 아니라 행복했던 순간이나 사랑하는 사람이 떠오르기 때문이다. 이 모두가 '조건화된' 강화물이다.

포지티브 강화를 활용하는 실제 동물 트레이닝은 거의 대부분 조건화된 강화물을 설정하는 작업에서부터 시작된다. 행동 트레이닝을 시작하기에 앞서 교육 대상이 특별히 할 줄 아는 게 없는 상태일 때, 트레이너는 먹이, 쓰다듬기, 또는 그 외 다른 진짜 강화물과 조건화된 강화물을 계속 짝지어 제시하는 과정을 통해 조건화된 강화물의 중요성을 깨닫게 만든다. 적어도 동물 트레이닝에서는 그 동물이 이 신호를 '좋은 것'으로 인식하게 되는 순간을 바로 알아차릴 수 있다. 동물은 조건화된 강화물이 무슨 의미인지 인지하게 되면 눈에 띄게 놀라며 그때부터 진짜 강화물을 찾기 시작한다. 일단 조건화된 강화물을 설정하면 동물이 하는 행동 중 우리가 원하는 것이 무엇인지를 정확하게 전달할 수 있는 진짜 방법이 생긴다. 이제는 동물에게 말하기 위해 닥터 두리틀Dr. Dolittle이 될 필요가 없다. 조건화된 강화물만 있으면 놀랍도록 '말'을 잘할 수 있다.

조건화된 강화물의 힘은 엄청나게 강력하다. 나는 해양 포유동물들이 조건화된 강화물을 얻기 위해 충분히 포만감을 느낀 뒤에도 한참을 트레이닝에 참여하고, 말과 개가 얼마 안 되는 일차 강화물만으로 한 시간 이상 교육받는 모습을 목격했다. 물론 사람도, 결국은 사고 싶은 것으로 바꿀 수 있는 교환권, 즉 조건화된 강화물에 지나지 않는 돈을 위해 끝도 없이 일하지 않는가? 실제 쓸 수 있는 것보다 훨씬 더 많은 돈을 벌어 놓은, 즉 조건화된 강화물에 중독된 사람들은 특히 더 그렇다.

조건화된 강화물은 여러 가지 일차 강화물들과 짝지어 사용하면 더 강력하게 만들 수 있다. 교육 대상은 어떤 순간에는 음식을 원하지 않을 수 있는데, 같은 강화음이나 단어가 의도적으로 물이나 다른 욕구 또는 즐거움과도 연결되어 왔다면 여전히 유용성을 유지하고 더 나아가 추가적인 효과를 발휘한다. 나는 내 고양이들에게 밥을 줄 때, 쓰다듬어 줄 때, 고양이를 들여오고 내보낼 때, 그들이 간단한 재주를 부려서 먹이를 줄 때, "굿 걸good girl"이라고 말한다. 그 결과 나는 "굿 걸"이라는 말로 고양이가 식탁에서 내려오는 것을 강화할 수 있다. 진짜 강화물을 주지 않고도 말이다. 아마도 돈이 강화 효과가 몹시 뛰어난 것은 거의 모든 것과 연관될 수 있는 실용성 때문일 것이다. 돈은 극도로 일반화된 조건화된 강화물이다.

일단 조건화된 강화물을 설정했다면 그 조건화된 강화물을 의미 없이 남발하지 않도록 주의해야 한다. 안 그러면 그 힘이 희석된다. 나의 웰시 포니welsh pony로 승마 수업을 받던 아이들은, 행동을 강화하고 싶을 때만 "굿 포니good pony"라는 단어를 써야 한다는 사실을 금방 배웠다. 단순히 조랑말에게 애정을 표현하고 싶을 때는 이 단어 외에 자기들이 좋아하는 다른 방식으로 말했다. 어느 날, 승마 수업에 새로 막 합류한 한 아이가 조랑말의 얼굴을 쓰다듬으면서 "유 아 어 굿 포니you are a good pony"라고 말하자 나머지 세 아이가 즉시 그 아이에게 말했다. "왜 '굿 포니'라고 하는 거야? 말이 아무것도 하지 않았잖아." 이와 마찬가지로 우리는 특정 행동과는 무관하게 아이들, 배우자, 부모, 연인, 친구들에게 사랑과 관심을 아낌없이 줄 수 있고 또 그래야 한다. 그러나 우리가 원하는 진짜 행동에 사용할 조건화된 강화물로서의 특별 칭찬은 별도로 남겨 놓아야 한다. 행복한 가정에서는 칭찬받을 만한 진짜 사건이 계속해서 일어나고 가족 간에 강화물도 수없이 오간다. 그러나 거짓이거나 의미 없는 칭찬은 어린아이들도 금방 화나게 만들고 강화가 가진 힘을 모두 잃게 한다.

조건화된 강화물의
여러 가지 기능

조건화된 강화물은
구체적인 정보를 전달해 의사소통을 가능하게 한다

해양 포유동물 트레이너들은 고래, 돌고래, 물개, 북극곰을 트레이닝하기 위해 조건화된 강화물로 대개 호루라기 소리를 사용한다. 이 개념은 1960년대, 스키너의 대학원생이었던 켈러 브레랜드Keller Breland에 의해 처음으로 여러 해양 포유동물 공원과 미 해군 돌고래 트레이너들에게 소개되었다. 브레랜드는 호루라기 소리를 '연결 자극bridging stimulus'이라고 불렀는데, 호루라기 소리가 1) 돌고래에게 방금 물고기를 '벌었다'는 사실을 알려줄 뿐 아니라, 2) 물탱크 한가운데서 뛰어오른 순간, 즉 강화를 받을 행동부터 이 행동에 대한 보상을 받기 위해 물탱크 가장자리로 헤엄쳐 오기까지의 '시간' 간격을 연결해 주기 때문이었다.

조건화된 강화물의 이 두 가지 기능은 수많은 행동 분석 연구 문헌에서 확인할 수 있다. 그러나 아직 밝혀지지 않은 가치들이 훨씬 더 많다. 1990년대에는 보다 많은 동물 트레이너들이 오페란트 조건화, 행동형성, 포지티브 강화, 조건화된 강화물을 사용하기 시작했고, 반려견 보호자들을 필두로 한 대중들도 마찬가지였다(6장 참조). 반려견 보호자들은 조건화된 강화물로 작은 플라스틱 상자 안에서 금속판이 딸깍 소리를 내는 클리커를 사용했기 때문에 자신들이 하는 것을 '클리커 트레이닝clicker training'이라 하고 스스로를 '클리커 트레이너'라고 부르기 시작했다.

클리커 트레이너가 사용하는 클릭 소리는 조건화된 강화물로, 먹이를 '벌은' 순간과 먹이를 받는 순간을 이어 주는 연결 자극 역할 외에 몇 가지 탐구되지 않은 기능을 가지고 있다. 가장 중요한 기능은 오그덴 린슬리 Ogden Lindsley 박사가 '이벤트 마커event marker[17]'라고 이름 붙인 것이다. 클릭 소리는 학습자에게 어떤 행동이 강화되고 있는지를 정확하게 확인시켜 주는 동시에 그 이상의 일을 한다. 클릭 소리는 학습자의 손, 앞발, 지느러미, 그 외 무엇이든지에 통제권을 준다. 얼마 지나지 않아 학습자는 더 이상 그 행동을 단순히 반복하지 않고 의도를 나타내기 시작한다. "이봐! 내가 당신이 클리커를 누르게 했어. 잘 봐, 다시 클리커를 누르도록 해 볼게!" 클리커 트레이너들은 이런 전환 상태를 '전구에 불이 들어오는' 순간이라 부른다. 이 순간은 트레이너와 학습자 모두를 똑같이 강력하게 강화한다.

엘렌 리스Ellen Reese 박사는 나에게 클리커 트레이너들이 그렇게 사용하듯 조건화된 강화물은 종료 신호termination signal이기도 하다고 말한 적 있다. 즉, '일이 끝났다'는 의미이다. 개 행동학자인 개리 윌크스Gary Wilkes도 말했

---

17 클릭 소리로 원하는 '사건'에 표시를 해 주는 것. 이벤트 표시로도 번역된다.

듯, "클릭 소리는 그 행동을 끝낸다." 그 자체로 강화 역할을 하는 것이다. 그러나 전통적인 방식의 훈련법을 쓰는 훈련사에게는 이 사실이 충격적이다. 예를 들어, 개에게 계속 덤벨을 물고 있는 것을 가르치고 싶은데 덤벨을 물고 있는 동안 클릭을 하면 이제 덤벨을 떨어뜨리고 먹이를 먹어도 된다는 신호가 되기 때문이다.

하와이 해양생물공원에서 수년간 근무했던 철학자 그레고리 베이트슨 Gregory Bateson은 오페란트 조건화는 외계 생명체와도 소통할 수 있는 시스템이라고 주장했다. 정말 그렇다. 마커 신호의 또 다른 중요한 가치는 구체적인 정보를 소통하는 데 사용될 수 있다는 것이다. 한번은 경찰관 스티브 화이트Steve White가 자신의 저먼 셰퍼드 경찰견에게 거의 2미터 높이의 덤불 꼭대기 위로 던진 물건을 찾아오게 한 이야기를 들려준 적 있다. 그 개는 한참 동안 부질없이 땅만 탐색했다. 그러다가 개가 우연히 고개를 든 순간 스티브는 클리커를 눌렀다. 개는 즉시 얼굴 높이에서 냄새를 맡기 시작했고 자기가 찾아야 할 목표물의 냄새를 알아챘다. 이어서 더 강한 냄새가 나는 위쪽 주변을 탐색하기 시작하더니 아예 뒷다리로 일어서서 냄새를 맡았다. 결국 그 경찰견은 더 이상 스티브의 도움 없이 스스로 목표물의 위치를 파악했고 덤불 꼭대기로 뛰어올라 물건을 찾아냈다.

잘하고 있어! '계속해' 신호 설정하기

앞에서 스티브는 클릭 소리를 종료 신호가 아니라, '계속해'를 신호하는 강화물로 사용했다. 클릭 소리는 위쪽의 냄새를 맡은 것을 강화했고 탐색 행동을 계속하는 것도 강화했다. 개가 물건을 아직 찾지 못했기 때문이었다. 나는 이 책의 초판에서 진짜 강화물 없이도 행동이 끝날 때까지 조건화된 강화물을 여러 차례 사용할 수 있다고 소개했었다. 하와이 해양생물공원에 있을 때 오래 지속되는 행동이나 행동 체인behavior chain[18]을 교육할 때 돌고래들에게 적용한 적이 있기 때문이었다. 그 당시 나는 내가 적어도 두 가지의 조건화된 강화물 또는 마커 신호를 사용하고 있다는 사실을 미처 깨닫지 못했는데, 하나는 앞서 언급한 모든 의미를 가진 호루라기 소리로 "바로 그거야. 곧 먹이를 받을 거야. 저쪽으로 가서 먹이를 받아. 이제 일은 끝났어"를 뜻했고, 또 다른 하나는 약한 호루라기 소리로 "그래 그거야. 하지만 아직 일이 끝난 건 아니야"를 의미했다.

1990년대에 나와 함께 일했던 수많은 초보 클리커 트레이너는 '크로스오버crossover' 트레이너에 속했다. 즉, 교정correction[19] 중심의 전통적 방식의 훈련법에 능통하면서 행동형성과 포지티브 강화로 방법을 바꾸려고 시도하는 사람들이었다. 그들이 클리커는 정말 열심히 누르지만, 클릭 소리의 중요성이 사라져 버릴 정도로 먹이는 주지 않으려 한다는 점을 발견한 뒤로 나는 효과적으로 행동을 만드는 법을 사람들에게 가르치기 위해서는 '클릭 한 번에 먹이도 한 번'이라는 기본 규칙을 강조할 필요가 있었다.

그러나 현실에서는 스티브가 경찰견에게 그랬던 것처럼 중간에 한 번씩 강화해 주는 자극이 매우 유용한 상황들이 많다. 교육 대상에게 "바로 그거

---

18 여러 행동이 특정 순서에 따라서 연속되는 것. 앞선 행동이 그다음 행동을 유발하는 자극이 되어 마지막 행동까지 연쇄적으로 이어지며 나타나는 것을 말한다. 행동 연쇄라고도 한다.
19 주로 혐오 자극이나 벌을 사용해 행동을 고치는 것을 의미하는 경우가 많다.

야. 계속해!"라는 걸 알려 주기 위해 다른 강화 자극을 사용하는 것이 한 가지 해결책이 될 수 있다. 흥미롭게도 '계속해' 신호는 일차 강화물과 직접 연결될 필요가 없다. 종료를 뜻하는 클릭 소리를 주기 전의 어디쯤 이 신호를 집어넣기 시작하면 학습자는 곧 그것을 최종 강화물을 향해 가는 신호로 인식하게 될 것이다.

그러면 행동 체인을 중간에 끊지 않고도 그 과정 내에서 유용한 정보를 전달하는 마커 신호로 멋지게 사용할 수 있다. 예를 들어, 반려견 어질리티 대회dog agility competition[20]에서는 개가 최단 시간 내에 장애물 코스들을 하나씩 통과해야 하는데 보호자가 개와 함께 전력 질주하면서 계속 다음 장애물이 무엇인지 알려 줘야 한다. 한번은 어떤 개가 장애물 하나를 가뿐히 넘은 뒤 보호자의 다음 신호를 분명하게 듣지 못한 듯 혼란스러워하는 걸 본 적 있다. '이 터널로? 아니면 저 점프대로?' 고개를 이리저리 돌리던 개가 점프대 쪽을 바라보자, 보호자가 "예스yes!"라고 외쳤다. 그 즉시 개는 방향을 틀어 올바른 장애물을 통과했다.

종료를 뜻하는 클릭 소리와 마찬가지로 '계속해' 신호도 클리커, 호루라기, 외침 소리, 손짓 등 사용되는 자극이 무엇이냐는 중요하지 않다. 중요한 것은 그 자극이 동물의 주의를 빼앗거나 우연히 잘못된 행동을 강화하는 단순히 기대에 찬 격려나 응원이 아니라, 제대로 설정되고 정확하게 사용된 조건화된 강화물이라는 사실이다.

---

20 보호자가 반려견과 함께 뛰면서 각종 장애물을 정확하게 빠른 시간 내에 통과하는 능력을 경쟁하는 대회

조건화된 혐오 신호

능숙한 학습자들에게는
'틀렸어'라는 신호도 가르칠 수 있다

정확한 타이밍에 주어지는 조건화된 포지티브 강화물은 상대에게 "네가 지금 하는 그거 잘하는 거야. 이제 뭔가 좋은 걸 받게 될 거야. 그러니까 그걸 좀 더 해"라고 말해 주는 것이다. 한편, 조건화된 혐오 자극conditioned aversive stimuli[21]이나 조건화된 처벌물conditioned punisher도 설정할 수 있는데, 이것은 "네가 지금 하는 것은 안 좋은 거야. 멈추지 않으면 뭔가 안 좋은 일이 생길 거야"라고 말해 주는 것이다.

조건화된 혐오 자극은 위협보다 더 효과적이다. 어떤 교육 대상은 고함을 치고 꾸중해도 별 반응이 없다. 내 친구 중 하나는 정말 우연히 "안 돼No!"가 조건화된 혐오 자극으로 설정되는 바람에 소파를 긁는 고양이의 행동을 고친 적 있다. 어느 날 이 친구가 부엌에서 큰 황동 쟁반을 떨어뜨렸는데 마침 고양이 바로 옆에 떨어졌다. 친구가 "안 돼!"라고 소리치는 순간 쟁반이 굉음을 내며 땅에 떨어졌고 고양이는 소스라치게 놀라 털을 쭈뼛 세운 채 공중으로 뛰어올랐다. 그 이후 고양이가 소파를 긁어 대는 모습을 본 친구가 "안 돼!"라고 소리쳤는데 고양이가 겁에 질린 표정으로 즉시 행동을 멈췄

---

21 원래 특별한 의미가 없는 자극(소리, 빛, 말, 동작 등)이 혐오감을 주는 네가티브 강화물(악취, 신체적 고통, 굉음 등)과 우연히, 또는 의도적으로 함께 제시된 이후, 이전과 달리 혐오감을 유발하는 자극이 된 것이다.

다. 이런 상황이 고작 두 번 더 반복되자 고양이가 소파를 긁는 행동은 영원히 사라졌다.

사실 질책이나 꾸짖음은 살아가는 데 필요한 부분이다. 포지티브 강화를 주요 교육 도구로 사용한다고 해서 필요할 때, 예를 들어 아이가 콘센트 구멍에 손가락을 넣을 때도 '안 돼'를 사용할 수 없다는 뜻은 아니다. 그런데 전통적 방식을 사용하는 일부 훈련사들은 이런 일상생활 속 상황을 들먹이며 훈련 중 '교정'을 일반적으로 그리고 아주 많이 사용하는 자신의 방식을 정당화하려 든다. 이럴 때 그들은 세 가지를 잘못하는 셈이다. 하나는 학습자에게 미치는 다른 영향은 고려하지 않은 채 교정을 포지티브 강화와 동등한 가치를 가진 것처럼 여기는 것이고(4장의 '처벌하기' 참고), 또 하나는 경고 신호나 조건화된 혐오 자극을 미리 설정해 두지 않은 상태로 질책이나 처벌물을 사용하는 것이다.

"안 돼!"라는 말을 효과 있게 만드는 비결은 이를 조건화된 네가티브 강화물로 설정하는 것이다. 예를 들어, 만약 개에게 초크 체인choke chain[22]을 사용할 필요가 있다고 느끼는 사람이 있다면, 그 사람은 개가 잘못된 행동을 하면 '항상' "안 돼"라고 먼저 말한 다음 체인을 잡아채기 전에 잠시 멈춰야 한다. 개에게 스스로 행동을 바꿔서 혐오 자극을 피할 기회를 줘야 한다는 말이다. 경고도 없이 그냥 체인을 홱 잡아채는 것은 그냥 벌을 주는 것에 지나지 않는다. 미래 행동에 예측할 수 있는 효과도 없고 교육에 임하고자 하는 개의 의지 면에서도 잠재적 누적 효과가 없다. 세 번째 흔한 잘못은 개가

---

22 쇠사슬처럼 생겨서 당기면 조여지고 놓으면 풀어지는 올가미식 목줄로, 순간적으로 숨통을 조이는 고통을 주거나 상처를 입힐 수 있어서 사용이 권장되지 않는다.

원하는 위치로 돌아와 있는 동안에도 계속 체인을 잡아채는 것인데 이렇게 하면 두 가지 행동, 즉 리드줄을 잡아당기는 행동과 리드줄을 당기지 않고 원하는 위치로 돌아온 행동 둘 다에 벌을 주는 것이 된다.

조건화된 네가티브 강화물을 사용하지 않으면 교정 중심의 훈련 방식에서는 실제 혐오 자극의 발생 건수가 증가한다. 학습 속도 역시 느려진다. 전통적 훈련 방식을 사용하는 개와 말 훈련사는 강화 기반의 교육을 하는 트레이너에 비해 행동을 안정적으로 만들기까지 더 오랜 시간이 걸린다. 몇 달, 심지어는 몇 년씩 소요되기도 하는데, 이는 특정 행동을 시작하는 것보다 금지에 역점을 두는 처벌에 의존하는 것은 물론, 조건화된 네가티브 강화물 없이 단순 혐오 자극을 사용하기 때문이다. 이 방법으로는 수백 번 반복하지 않는 한 동물이 스스로 자기가 해야 하는 옳은 행동을 구분해 내기 어렵다.

최근 반려견 트레이너들 사이에서 인기를 끌고 있는 특별한 조건화된 혐오 신호conditioned aversive signal가 있는데, 무보상 마커no-reward marker로 중립적인 어조의 '틀렸어wrong'라는 단어다. '그건 강화 받지 못할 거야'를 뜻하는 신호를 만든 다음, 개가 시도하는 여러 행동 가운데 효과가 '없는' 것을 알려 줘서 우리가 의도하는 행동을 더 빨리 찾을 수 있게 돕는 것이다.

처벌을 '대상이 원하는 어떤 것을 없애는 것'이라고 본 스키너 박사의 정의에 의하면, '틀렸어'라는 신호도 강화물을 받을 수 없다는 의미이기 때문에 불가피하게 조건화된 처벌물이 된다. 그렇다면 이 신호도 정보를 제공하고 결국 그로 인해 강화도 하게 될까? 나는 반려견 교육 커뮤니티에서 '틀렸어' 신호가 유용하게 사용되는 특별한 사례들을 자주 접한다. 개가 제대로 잘 형성된 행동 레퍼토리를 꽤 많이 가지고 있다면, 즉 교육을 매우 잘 받은 학습자라면 '틀렸어'라는 단어를 '힘을 아껴. 그건 가망이 없어. 다른 걸 시도해 봐'를 의미하는 신호로 설정할 수 있다.

이 방법은 학습자가 이미 강화를 통해 다양한 행동을 배워 왔고 클릭 소리를 듣게 해 줄 새 행동을 적극적으로 찾는 것도 강화 받았을 경우에만 효과를 볼 수 있다. 교육 경험이 없어 트레이너가 원하는 것이 무엇인지 이해하지 못하는 개를 상대로 할 때는 이 까다로운 자극을 사용했다가는 문제가 일어난다. 이 경우, 사람들은 이 신호를 마치 앞에서 말한 초크 체인처럼 사용하는 경향이 있다. 개에게 앉으라고 말했는데 개가 앉지 않으면, 탕! 즉, "틀렸어"라고 한다. 이 신호가 강화물 없음을 의미한다고 정확하게 설정된 상태라면 '앉지 않는 것'은 처벌받게 된다. 하지만 그렇다고 이것이 개가 곧 앉을 것을 의미하지도 않는다. 사실 그 결과는 다른 처벌물을 사용할 때와 똑같아지기 쉽다. 매우 예측 불가능하다는 것이다. 개는 반응하기를 완전히 그만두고 다른 곳으로 슬그머니 빠져나가거나 완전히 포기하고 자기만의 강화물을 찾기 시작할 것이고, 결국 짖기, 끈 물어 당기기, 땅 냄새 맡기, 긁기, 다른 데 관심 두기 같은 적합하지 않은 행동이 발생할 것이다.

변동 강화 계획

어쩌다 한 번씩 주는 보상이
행동을 더 강하게 만든다

흔한 오해 중 하나가 일단 포지티브 강화로 행동을 가르치기 시작하면 평생 포지티브 강화물을 사용해야 하고, 안 그러면 교육받은 행동이 사라진다고 생각하는 것이다. 물론 잘못된 생각이다. 지속적인 강화는 '학습' 단계에서만 필요하다. 걸음마 중인 아이에게 화장실 교육을 하는 동안 부모는 반복적으로 칭찬을 한다. 하지만 일단 아이가 변기 쓰는 법을 제대로 배우면 그 뒤로는 알아서 잘 해결한다. 우리는 초보 학습자에게는 강화물을 많이 주고 또 그래야만 한다. 예를 들면, 아이에게 자전거 타기를 처음 가르치는 동안은 "바로 그거야, 지금처럼 해, 잘했어, 좋아!"라며 쉴 새 없이 칭찬을 쏟아 낸다. 그러나 아이가 자전거를 잘 타게 된 후에도 계속 이런 식으로 칭찬한다면 아주 바보같이 보인다. 아이는 우리가 미쳤다고 생각할 테고 말이다.

이미 학습한 행동을 안정적으로 유지하기 위해 매번 그 행동을 강화할 필요는 없다. 오히려 규칙적으로 강화해서는 '안' 되며 어쩌다 한 번씩만 무작위로 또는 예상치 못한 순간에 강화하는 방식으로 바꾸어야 한다.

이를 심리학자들은 변동 강화 계획variable schedule of reinforcement이라고 부른다. 변동 계획은 일관되고 예측할 수 있는 강화 계획보다 행동을 유지하는 데 '훨씬' 효과적이다. 한 심리학자는 내게 이렇게 설명해 주었다. 자동

차를 새로 샀다면 차는 늘 당연하게 시동이 잘 걸릴 것이다. 어느 날 시동이 걸리지 않는다면 몇 번 더 시도해 보다가 뭔가가 잘못됐구나 싶어 곧장 정비소에 전화를 걸 것이다. 기대했던 즉각적인 강화가 없으면 시동을 거는 행동은 재빨리 끝나거나 사라진다. 반면, 시동이 한 번에 걸린 적도 거의 없고 가끔은 아예 시동이 걸리지 않는 날도 있는 낡은 고물차를 갖고 있다면 30분쯤 동안은 계속해서 시동을 걸어 볼 것이다. 시동 거는 행동이 오랫동안 변동 계획으로 강화를 받아왔기 때문에 강하게 유지되는 것이다.

만약 점프할 때마다 물고기를 주면 돌고래는 형식적인 점프를 최소한의 높이로 매우 빠르게 해치운다. 이때 물고기 주기를 중단하면 돌고래는 금세 점프를 그만둔다. 하지만 일단 그 돌고래가 물고기를 받기 위해 점프하는 것을 완벽하게 배운 상태에서, 이제부터는 첫 번째 점프, 그다음은 세 번째 점프를 강화하는 식으로 무작위로 강화하기 시작하면 점프 행동이 훨씬 더 강력하게 유지된다. 매번 주어지던 보상을 받지 못한 돌고래는 쉽게 말하자면 카지노에서 행운의 숫자가 나오길 바라듯이 점점 더 자주, 심지어 더 힘차게 뛰어오르게 된다. 그러면 그때부터는 더 활력 넘치는 점프만을 골라서 선택적으로 강화할 수 있다. 이처럼 향상된 수준의 행동을 형성하고자 할 때 변동 계획을 사용할 수 있다. 하지만 전문적인 동물 트레이너조차도 변동 계획에 맞춰 포지티브 강화를 제대로 사용하지 못하는 경우가 많다. 많은 사람들이 어려워하는 개념이다. 우리는 잘못된 행동이 중단되면 그 행동을 계속 처벌할 필요가 없다는 것은 알면서도, 올바른 행동 역시 지속해서 보상할 필요가 없다는 것, 심지어 계속해서 보상하는 것이 바람직하지 않다는 것은 이해하지 못하는 것 같다. 우리는 포지티브 강화물을 통해 잘 학습된 반응을 끌어내는 것을 목표로 할 때는 스스로 확신이 별로 없어 보인다.

왜 도박이나 나쁜 남자에게 빠질까

모든 도박의 바탕을 이루는 힘도 변동 계획에서 나온다. 5센트 동전을 슬롯머신에 넣을 때마다 10센트 동전이 떨어진다면 사람들은 금방 흥미를 잃을 것이다. 물론 돈이야 벌겠지만 그렇게 지루할 수가 없다. 사람들이 슬롯머신에 빠지는 이유는 돈을 탕진할지, 푼돈이라도 건질지, 대박이 터질지, 처음에 나올지 아니면 '언제' 그 강화물이 나올지 예측할 수 없어서다. 왜 누구는 중독되고 누구는 아닌지에 대한 논의는 접어 두고, 어쨌든 도박에 중독된 사람들은 모두 변동 강화 계획의 마수에 걸려든 것이다.

변동 계획에 오래 노출될수록 행동은 더욱 강력하게 유지된다. 그러나 그 행동을 없애고자 할 경우에는 장기적 강화 계획은 역효과다. 어떤 행동이든 강화를 받지 않으면 저절로 사라지는 경향이 있지만, 담배 한 개비, 술 한 잔, 잔소리꾼이나 투덜이의 하소연 한 번 들어주기 등 어쩌다 한 번씩이더라도 때때로 강화를 받으면 그 행동은 사라지기는커녕 장기간에 거친 변동 계획에 의해 강력하게 유지된다. 금연에 성공한 뒤 어쩌다 한 번씩 담배 한 개비를 슬금슬금 피우던 사람이 한순간에 다시 골초로 되돌아가는 이유도 마찬가지다.

주변에서 자신을 함부로 대하는 배우자나 연인의 곁을 도무지 떠나지 못하는 사람들의 이야기를 쉽게 접해 볼 수 있는데 그때마다 우리는 으레 거칠고, 배려심 없고, 이기적이며, 심지어 난폭하기까지 한 남성에게 잘못 빠진 채 여전히 그를 사랑하는 여성들에게만 일어나는 일이라 생각하지만, 사실은 남성에게도 일어난다. 형편없는 사람과 이혼 또는 헤어진 직후, 그 사람과 똑같은 상대를 찾는 사람들의 이야기도 흔히 들을 수 있다.

이런 사람들을 내면 깊숙이 심리적 이유가 있는 희생자로 봐야 할까? 그럴 수 있다. 하지만 장기간의 변동 계획에 희생된 것일 수도 있다. 넋을 잃을 정도로 매력 있고, 섹시하며, 재미있고, 친절한 누군가와 만나게 되었다고 가정해 보자. 그 사람은 점차 괴팍하고, 심지어 폭력적으로 변하지만, 여전히 가끔 매력적인 모습도 보여 준다. 이제 우리는 근사한 강화물, 즉 넋을 잃을 만큼 매력적이고, 섹시하고, 재미있으며 배려심 깊은 모습을 볼 수 있는 기회가 점차 희귀해짐에 따라, 그 모습을 보게 되는 순간만 고대하며 살게 된다. 상식적인 관점에서는 모순이지만, 트레이닝 관점에서 봤을 때 이런 순간이 더 귀해지고 예측 불가능해질수록 강화물의 효과는 더욱 강해질 것이고 우리의 기본 행동은 더 오래 유지될 것이 분명하다. 또 이런 관계를 경험했던 사람이 왜 비슷한 관계를 다시 찾는지도 쉽게 알 수 있다. 한결같이 예의 바르고 친절해서 그저 평범한 사람과의 관계에서는 희귀하고, 오랫동안 갈망했으며, 그래서 몇 배로 강력한 강화물이 된 사람이 선사했던 짜릿함을 얻지 못해 매력이 부족하다 느낄 수 있다.

이제 관계를 조종하는 사람의 관점에서 생각해 보자. 자, 상대가 원하는 것을 '어쩌다 한 번씩'만 주는 한, 우리의 편안과 편의를 취하기 위해 상대를 쥐락펴락하며 자신이 원하는 것은 무엇이든 하게 할 수 있다. 나쁜 남자(여자)들이 착한 여자(남자)들을 다루는 방식도 이런 것이다. 이때 강력한 해결책은, 일단 희생자가 자신을 홀린 상대의 강력한 '매력'의 실체가 변동 강화 계획의 속성 때문임을 인지하는 것이다. 그것만으로도 이런 관계에서 벗어나 새로운 관계를 찾아 나설 수 있다.

변동 강화 계획이 부적절한 경우

여러 개 중에서 정답 하나를 골라야 할 때

어떤 행동을 완전히 학습했더라도 변동 강화 계획을 사용하면 안 되는 상황이 하나 있는데, 그 행동이 퍼즐이나 테스트처럼 문제를 푸는 종류일 때다. 즉 여러 개 중에 하나를 골라서 정답인지 시도해 봐야 하는 것 말이다. 복종 훈련obedience training[23] 심화 코스에서는 개가 온갖 것들이 섞인 물건 더미 속에서 보호자의 체취가 밴 물건 하나만 찾아내야 한다. 개가 정확하게 물건을 골라올 때마다 강화를 해 줘야 개가 다음에 어떤 행동을 해야 할지 알 수 있다. 예를 들어 두 가지 소리를 듣고 더 높은 소리를 골라내는 것 같은 변별 테스트를 할 때는 올바른 반응을 할 때마다 이를 조건화된 강화

---

[23] 핸들러(handler)의 지시에 따라서 개가 미리 규정된 행동들을 완벽하게 실행해야 하는 스포츠. 개가 '앉아', '엎드려', '기다려' 등의 지시를 얼마나 이해하고 안정적으로 반응하는지 평가자의 심사를 받는다. 여기서 복종의 의미는 능숙도 또는 숙련도가 얼마나 뛰어난가이지 우리가 생각하는 '굴복'의 의미가 아니다. 한편, 오래전부터 강압적 훈련 방식의 이미지가 많이 남아 있어서 해외에서도 매너 트레이닝으로 명칭이 바뀌고 있다. 국내에선 예절 교육으로 불린다.

물로 강화해 줘야 교육 대상이 자기가 어떤 질문을 받고 있는지 계속 이해할 수 있다. 십자말풀이나 조각 그림 맞추기를 할 때 우리는 그 자리에 '딱 맞는' 것이 하나뿐이기 때문에 그 자체로 올바른 선택을 한 것에 대해 강화를 받는다. 만약 조각 그림 맞추기를 하는데 각 빈자리에 맞는 조각이 여러 개라면 어떨까? 올바른 선택에 대한 포지티브 강화물을 얻지 못할 것이다. 이는 대부분의 '선택-시도' 상황에서 필수적인 피드백인데 말이다.

장기 지속 행동 만들기

월요병 그리고 일 미루기 습관의 원인과 해결법

변동 계획 외에 고정 계획fixed schedules에 따라 강화할 수도 있다. 학습자는 고정 강화 계획에 따라 트레이너가 미리 정해 둔 시간 동안 또는 횟수만큼 그 행동을 해야 강화를 얻을 수 있다. 예를 들어, 나는 여섯 번째 점프에만 강화를 주는 것으로 돌고래가 연달아 여섯 번 점프하게끔 만든 적 있다. 즉, 6회 연속 점프를 안정적인 한 단위 행동으로 만들 수 있었다. 그러나 이 고정 계획은 한 단위로 묶인 연속 행동 중 초반부 반응에는 절대 강화를 주지 못한다는 문제점이 있어서 학습자가 초반부에는 노력을 최소화하는 경향이 나타난다. 6회 연속 점프를 하는 돌고래의 경우 머지않아 강화를 받는 마지막 점프를 제외한 초반부의 모든 점프가 점점 낮아진다. 고정 계획이 유발하는 이 '점점 감소하는 효과'는 수많은 직장인의 업무 양상에서도 찾아볼 수 있다. 예를 들면 공장의 제품 조립 라인이 그렇다. 강화를 받기 위해서는 일정 시간 동안 계속 일해야 하지만 고정 계획에 따라서 강화가 주어지기 때문에 직원들은 수행의 질과는 상관없이 직장에서 딱 자리를 지킬 만큼만 최소한으로 일해야겠다는 동기가 아주 자연스럽게 생기고, 근무 시간의 초반부에는 특히 더 업무 수준이 떨어질 수 있다. 매주 금요일마다 받는 주급이 월요병을 유발하는 것도 같은 이치이다.

다시 돌고래로 돌아가서 마지막 여섯 번째뿐만 아니라 첫 번째 또는 두 번째 점프에도 간헐적으로 무작위로 강화를 하면 행동을 유지하는 데 도움이 된다. 사람의 경우, 업무 결과물의 양 또는 질과 직접적으로 관련된 여러 가지 인센티브나 포상금 같은 기타 강화물을 일상적인 강화와 별도로 제공하는 것이 효과적이다.

고정 계획이나 변동 계획을 사용하면 극도로 긴 연속적 행동도 교육할 수 있다. 예를 들어 병아리가 옥수수 알갱이 하나를 얻기 위해 백 번 이상 버튼을 쪼게끔 유도할 수 있다. 인간 세상에는 이런 만족 지연delayed gratification의 사례가 많다. 한 심리학자는 인간의 경우 강화 받지 않는 행동을 가장 오래 하는 곳이 대학원이라는 농담을 한 적도 있다.

하지만 때로 극단적으로 긴 강화 계획은 문제가 된다. 예를 들어 병아리의 경우 옥수수 알갱이 하나로부터 얻는 것보다 버튼을 쪼는 데 드는 에너지가 더 크면 버튼 쪼는 행동이 사라지는 경향을 보인다. 득보다 실이 커 계속할 가치가 없기 때문이다. 물론 이런 일은 사람에게도 일어난다.

시작이 늦어지는 것도 너무 긴 강화 계획에 의해 일어나는 현상이다. 병아리가 버튼을 쫄수록 강화에 가까워지므로 일단 이 행동을 시작하면 병아리는 일정한 속도로 버튼을 쫀다. 그러나 연구자들이 확인한 바에 따르면, 강화 계획이 길어질수록 병아리는 시작을 점점 더 '미루는' 경향이 있다.

이런 현상을 장기 지속 행동의 '착수 지연'이라고 부르는데 우리 일상생활 속에서 아주 친숙하게 일어난다. 우리는 세금 신고부터 창고 청소까지 긴 시간을 요하는 일에 대해 지금 당장 시작하지 않는 이유를 수도 없이 생각해 낼 수 있다. 편지 한 통일지라도 글쓰기는 오랜 시간이 필요한 행동이다. 이런 일은 일단 시작만 하면 어떻게든 잘 굴러가지만, 세상에! 일단 자리에 앉아서 시작하는 것 자체가 너무 어렵다. 소설가 제임스 서버James Thurber는 신문 칼럼 한 편을 시작하기가 너무 어려워서 가끔 아내를 속이기까지 했다. 그의 아내는 집세를 내야 했기 때문에 남편이 글을 쓰는 것에 예민했다. 그는 아침마다 소파에 누워 한 손으로는 책을 들고 읽고 나머지 한 손으로는 타자기 자판을 아무렇게나 치면서 글을 쓰는 척했다. 착수 지연 현상은 결국 돈이라는 포지티브 강화보다 훨씬 강력했다. 게다가 가짜 타이핑은 아내의 비난이라는 네가티브 강화물마저 모면하게 해 주었다.

시작을 미루는 현상을 극복하는 방법의 하나는 내가 돌고래들에게 총 여섯 번의 점프 중 첫 번째나 두 번째 점프를 무작위로 강화했던 것처럼, 그저 행동을 시작한 것에 강화물을 주는 것이다. 나는 이 기법을 나 자신, 즉 셀프 트레이닝에도 효과적으로 사용한다. 몇 년간 나는 일주일에 한두 번씩 저녁 시간에 대학원 수업을 들었는데, 지하철로 편도 한 시간씩 걸리는 곳에 가서 세 시간짜리 강의를 들어야 하는 일정이었다. 항상 오후 5시쯤이 되면 가지 말까 하는 엄청난 유혹에 시달렸다. 나는 이 여정을 쪼갠다면 목적지까지의 첫 과정을 다섯 단계로 나눌 수 있음을 깨달았다. 지하철역까지 걸어가기, 지하철 타기, 다음 지하철로 갈아타기, 학교 가는 버스 타기, 그리고 마지막으로 강의실 계단 올라가기. 나는 좋아하지만 평소에는 절대 먹지 않는 작은 조각 초콜릿을 사서 각 행동을 완성할 때마다 강화물로 사용했다. 그 덕에 나를 적어도 집 밖으로 끌고 나올 수 있었고 불과 몇 주 후에는 초콜릿이나 내적 갈등 없이 수업에 잘 다닐 수 있게 되었다.

미신적 행동의 비밀,
우연한 강화

자신만의 미신이 만들어지는 메커니즘

강화는 현실 세계에서 늘 일어나고 때로는 우연히 일어나기도 한다. 매를 연구하는 한 생물학자는 매가 특정 덤불 아래에서 쥐를 잡으면 일주일 또는 그 이상 그 덤불을 매일 탐색한다는 사실을 발견했다. 그 특정 장소를 비행하며 주시할 가능성이 강하게 강화된 것이다. 만약에 당신이 어떤 쓰레기통에서 20달러 지폐를 발견했다면 다음 날에도 그 쓰레기통을 들여다볼 것이라 믿어 의심치 않는다.

우연한 강화가 그 매에게 이득이 되었다. 사실 일반적으로 모든 동물은 어떤 강화가 일어나든지 자신의 행동을 통해 이익을 얻는 방향으로 진화했다고 볼 수 있다. 우연히 연결되어 일어나는 상황도 있는데, 이 또한 행동에 강한 영향력을 미칠 수 있다. 사실은 그 행동과 결과가 서로 아무 상관이 없는데도 학습자가 마치 강화물을 획득하기 위해 필요한 것처럼 그 행동을 계속 할 때가 있다. 과학자들은 이를 미신적 행동이라고 부른다. 예를 들어 연필 씹기가 그렇다. 시험을 보는 동안 우연히 연필을 입에 물었는데 정답이 생각나거나 좋은 아이디어가 떠올랐다면 이 강화물이 행동에 영향을 미쳤을지도 모른다. 즉 연필을 씹는 동안 좋은 생각이 떠올랐으므로 연필 씹기가 강화된 것이다. 대학생 시절, 내 연필에는 모조리 잇자국이 나 있었다. 정말 어려운 시험을 칠 때는 너무 씹어서 연필이 두 동강 나기도 했다. 그 당시 나는 연필 씹기가 생각을 떠올리는 데에 도움이 된다고 확신하기까지 했다. 물론 사실이 아니고, 그저 우연히 조건화된 행동일 뿐이었다.

어떤 일을 시작하려고 할 때 특정 옷을 챙겨 입거나 자신만의 의식을 치르는 것도 같은 맥락이다. 나는 어떤 투수가 공을 던질 준비가 될 때마다, 모자를 만지고, 글러브를 공으로 치고, 모자를 앞으로 당기고, 귀를 쓰다듬고, 다시 모자를 뒤로 밀고, 발로 바닥을 툭툭 치는 등 총 9단계의 행동을 연이어 하는 모습을 본 적이 있다. 이 선수는 짧은 순간에 순서도 틀리지 않고 총 9단계 행동을 두 번이나 연이어 했다. 장내 아나운서가 이를 언급할 틈도 없을 만큼 전체 과정이 매우 빠르게 진행됐지만 분명 아주 정교하게 연결된 미신적 행동이었다.

미신적 행동은 동물 트레이닝 세계에도 자주 등장한다. 동물은 트레이너가 의도해서 설정하지 않은 기준에도 반응을 보일 수 있는데 우연히 강화된 것도 종종 충분히 조건화될 수 있기 때문이다. 예를 들면, 동물은 강화를 받기 위해서는 특정 장소에 있거나 특정 방향을 바라보거나 특정 방식으로 앉아야만 하는 것처럼 행동할 수 있다. 트레이너가 동물이 새로운 장소에서 그 행동을 하길 바라거나 다른 방향을 보길 원하면 갑자기 이 행동이 불가사의하게 없어져 버리고 그 이유를 알아내는 데 시간이 걸릴 수 있다. 따라서, 행동이 최소한 부분적으로라도 트레이닝되었다면 다양한 상황과 환경 변화를 주어 교육하는 것이 현명하다. 그래야 나중에 트레이닝을 방해하는 우연한 조건화가 발생하지 않는다.

무엇보다도 타이밍과 관련된 우연한 패턴이 생기지 않도록 주의해야 한다. 동물과 사람은 모두 시간 간격에 대해 매우 정확한 감각을 갖고 있다. 나 스스로 아주 잘하고 있다고 확신하며 돌고래 두 마리를 데리고 수신호에 맞춰 점프 트레이닝을 하고 있을 때였다. 스톱워치를 갖고 내 모습을 지켜보던 한 과학자가 돌고래들이 29초마다 점프를 하고 있다고 알려 주었다. 아니나 다를까, 정말로 돌고래들은 내 지시가 있든 없든 29초마다 점프를 하고 있었다. 나는 스스로가 대단히 규칙적으로 수신호를 주는 것에 우연히 조건화되어 있었고, 돌고래들은 내가 의도했던 정보가 아니라 다른 정보, 즉 그 규칙성을 따르고 있었던 것이다.

전통적인 방식의 많은 동물 훈련사들도 미신적인 생각과 행동으로 가득 차 있다. 나는 돌고래들은 흰옷을 입은 사람을 더 좋아하고, 노새를 움직이려면 때려야 하고, 곰은 여성을 좋아하지 않는다는 등의 이야기를 하는 사람들을 만나곤 한다. 사람을 가르치는 교사나 트레이너 중에도 초등학교 5학년 아이들에게는 고함을 질러야 하고 존경심을 키워 주기 위해서는 벌이 필요하다고 믿는 이가 수두룩하다. 이런 교사나 트레이너들은 전통에 휘둘리느라 미신적인 방법과 실제 효과가 있는 과학적 교육 방법을 구분하지 못한 채 매번 같은 방식으로 가르친다. 이런 실패나 혼란은 교육, 공학 분야, 군대, 그리고 특히 의학계 같은 수많은 전문 분야에서도 나타난다. 학생, 교육생, 군인, 환자, 직원 등에게 행해지는 수많은 교육법, 코칭법, 훈련법, 처치법들이 과학적으로 검증된 방법이라서가 아니라 단지 으레 항상 해 왔던 방식이거나 다른 모두가 하는 방법이기 때문에 행해지고 있다는 사실은 정말 소름 끼친다.

흥미롭게도, 미신적 행동은 효과가 없다는 지적을 받더라도 절대 사라지지 않는다. 미신적 행동은 강하게 조건화된 것인 만큼 강력하게 옹호될 수 있다. 위에서 언급한 교사, 코치, 훈련사, 의사, 장교, 직장 상사에게 지금 습관적으로 쓰고 있는 미신적 방법들이 발전에 별 도움이 안 되거나 심지어 해롭다고 지적하면 바로 그들은 강하게 반박할 것이다. 9단계의 미신적 와인드업windup[24]을 하는 투수에게 누군가가 전체 동작 중 네 번이나 만지작거렸던 모자를 벗고 경기하라고 요구한다면 그 투수는 격렬하게 저항할 것이 틀림없다.

자신의 미신적 행동을 없앨 수 있는 한 가지 방법은 그것이 강화와 아무런 관련이 없다는 것을 인식하는 것이다. 내 아들 테드는 은행원인데 취미로 펜싱 게임을 한다. 그는 주 2~3회는 경기 연습에 시간을 할애하고 주말에는 종종 토너먼트 경기에 참여하는 긴 여정을 가진다. 어느 날, 테드는 만만치 않은 상대와 붙었는데 자신이 제일 좋아하는 칼을 집에 두고 왔다는 사실에 심리적으로 무너졌다. 테드는 그 경기에서 졌다. 이후 그는 자신의

---

24 투수가 투구하기 전에 하는 예비 동작

경기력에 더 악영향을 미친 것은 자신이 사용하던 칼이 아니라 아마도 감정적 동요였다는 것, 그리고 사실 '가장 마음에 드는' 칼이 있다는 것은 미신적 행동이었다는 것을 깨달았다.

테드는 펜싱과 관련된 모든 미신적 행동을 제거하기 시작했다. 그는 특정 옷가지에 대한 애착부터 나쁜 꿈, 싸움 또는 토너먼트 중에 과일 주스가 다 떨어진 것 등에 영향을 받을 수 있다는 내적 확신에 이르기까지 수많은 미신적 레퍼토리를 발견했다. 그리고 이런 상황을 각각 체계적으로 검토하면서 미신적 행동이라고 판단된 것들에 대한 의존성을 하나씩 없앴다. 그 결과, 그는 이제 경기가 있을 때마다 편안하고 자신감 있는 상태로 임하게 되었다. 심지어 경기 전에 열차를 놓치는 악몽을 꾸고, 중요한 장비를 분실하고, 택시 기사와 다투고, 양말과 색깔이 맞지 않는 경기 유니폼을 입은 채 남에게 빌린 칼로 펜싱을 하더라도 말이다.

포지티브 강화로 해결할 수 있는 일상적인 사례들

내가 아는 사람들이 포지티브 강화로 해낸 일들을 소개한다.

디자이너인 주디는 근처 대학에서 매주 한 번 저녁마다 회화 수업을 들었다. 20여 명의 수강생 대부분이 디자이너나 상업 예술가였다. 강사는 매주 과제를 주었는데 생업에 바쁜 전문가들이다 보니 굳이 과제를 완성하려고 애쓰지 않았다. 강사는 습관적으로 이에 대해 잔소리를 늘어놓느라 10분 이상을 허비했다. 잔소리에 질린 주디는 강사에게 과제를 안 한 사람을 질책하는 대신 과제를 한 사람들을 칭찬해 주자고 제안하였다. 강사는 의견을 수용했고 완성된 과제마다 공개적으로 칭찬하는 것으로 수강생들을 강화했다. 3주째가 되자, 수업 분위기는 더 즐겁게 바뀌었고 과제를 해 오는 사람의 수는 3분의 1에서 4분의 3으로 늘어났다.

＊

대학생 샤넌이 친구네 집에 갔다가 겪은 일이다. 어른 넷이 집에서 키우는 저먼 셰퍼드의 감염된 귀에 약을 바르려고 개를 붙잡느라 애를 쓰고 있었는데 계속 실패하는 데다 다소 위험해 보였다. 샤넌은 개를 특별히 좋아하지는 않았지만 포지티브 강화에 대한 수업을 들은 적이 있었다. 그녀는 냉장고에서 치즈를 조금 가지고 와서 5분 만에 한 손으로 개의 귀에 약을 바르는 동안 개가 가만히 있도록 교육시켰다.

＊

한 젊은 여성이 결혼했는데 남편이 아주 권위적이고 이것저것 요구 사항이 많은 사람이었다. 설상가상으로 함께 사는 시아버지도 그랬다. 이 이야기는 그녀의 어머니가 내게 들려준 것이다. 그녀는 처음 딸을 만나러 갔을 때 딸이 직면한 상황에 소름이 끼쳤다고 했다. 그런데 딸은 "걱정 말아요. 엄마, 기다려봐요"라고 말했다고 한다. 딸은 남편이나 시아버지가 명령하거나 거친 말투로 이야기할 때는 최소한으로 반응하고 상냥하거나 사려 깊은 태도를 보일 때면 인정과 애정으로 이를 강화해 나갔다. 일 년 만에 딸은 두 사람을 훌륭한 성품으로 변모시켰다. 이제 남편과 시아버지는 그녀가 집에 돌아오면 미소로 맞이할 뿐만 아니라 식료품 정리하는 일을 앞다퉈 돕고 있다.

*

도심에 살고 있는 중학교 2학년 여학생은 주말마다 외곽에 나가 반려견을 산책시키는 것을 좋아했다. 그러나 이 개는 너무 멀리 도망가서 아무리 불러도 돌아오지 않기 일쑤였다. 특히 집에 돌아갈 시간이 되면 더 그랬다. 어느 주말, 여학생은 개가 어쩌다 자신에게 다가올 때마다, 칭찬해 주기, 쓰다듬기, 아기에게 이야기하듯 말하기, 안아 주기 등을 해 주며 호들갑을 떨었다. 집에 갈 시간이 되어 개를 부르자 개는 기꺼이 이 학생에게 달려왔다. 강화물이 된 보호자의 환대가 개에게는 평소처럼 자유 시간을 연장하는 것보다 더 중요했던 것이다. 이후 교외 산책에서 도망가는 문제는 더 이상 생기지 않았다.

*

아주 까다로운 사장을 모시는 한 초임 관리자는 자신의 업무 중 사장에게 어떤 일이 강화 효과를 줄 수 있을지 생각 끝에, 결재 서류를 가져가는 등의 일을 사장이 크게 화나 있지 않은 순간으로 최대한 맞춰서 하기로 했다. 그 결과 사장은 점점 온화해졌고 나중에는 농담도 하기 시작했다.

*

어떤 사람들은 아무도 흉내 내지 못할 매우 특별한 강화물을 만들어 낸다. 외딴 교외에서 아이들을 키우며 사는 아네트는 매주 또는 그보다 자주 전화 통화를 하며 소식을 나누는 친구들이 없었다면 고립감을 느낄 수 있는 상황이었다. 그런데 그 친구들은 대부분 먼 지역에 사는 바쁜 워킹맘들이었다. 그중 한 명이 바로 나였다. 왜 우리는 아네트에게 전화했을까? 독감에 걸렸거나, 국세청의 감사를 받게 되었거나, 베이비시터가 딴 동네로 이사를 했다거나 등의 나쁜 소식에 대해 아네트는 공감하고 조언을 해 주었다. 물론 이건 어떤 친구라도 마찬가지였을 것이다. 아네트가 특별한 강화물을 줄 때는 좋은 소식이 있을 때였다. 누군가 은행에서 대출 승인을 받았다고 말하면 그녀는 그저 "잘됐다!"라는 말 그 이상을 했다. 아네트는 상대방이 그걸 얻기 위해서 정확히 무엇을 했는지를 짚어 가며 그러니 좋은 결과를 가질 자격이 충분하다고 말했다. "좋은 신용 등급을 받기 위해 네가 얼마나 열심히 일했는지 기억나니? 통신 회사를 상대로 꼬였던 문제들을 해결하고 결국 항공권까지 받아 냈던 것도? 네가 멋진 커리어우먼으로 인정받고 보상받은 거야. 먼저 할 일을 했어야 가능한 일인데 네가 그걸 잘해낸 거야. 정말 네가 자랑스러워." 세상에! 인정 그 이상! 아네트는 희소식을 그저 '운이 좋아서' 얻은 결과로 생각하지 않았다. 그 당시 단순히 시련으로만 보였을 수 있는 지나간 노력들을 인정해 주는 것, 이것이 그녀의 강화물이었다. 그리고 이것은 확실히 사람들이 아네트에게 전화 거는 것을 강화했다.

집단 속에서의 강화

집단적 강화 고유의 효과

영업 부서의 회의, 기금 모금 단체, 데일 카네기Dale Carnegie 교육 과정, 체중 관리 모임 등 단체 차원에서 '자기 향상'을 가르치는 대부분의 조직은 집단이 주는 강화 효과에 상당히 의존한다. 박수갈채, 메달, 시상식 및 그 밖에 집단의 인정이 담긴 상징물은 강력한 강화물이며 때로는 꽤 창의적일 수 있다. IBM의 세일즈 매니저 한 사람은 실적이 높은 해에 자기 팀을 강화하고 싶어서 축구 경기장을 통째로 빌려 임직원과 가족을 위한 큰 파티를 열었다. 직원들은 축구 스타처럼 라커룸에서 경기장으로 이어지는 터널을 지나 뛰어나왔고 자기 이름이 번쩍이는 전광판을 배경으로 성대한 환호를 받았다.

나는 작가이자 강연자인 베르너 에르하르트Werner Erhard의 '에스트 프로그램²⁵'에 참가한 적이 있는데, 이 프로그램은 돈벌이에 혈안이 된 프로그램이긴 했지만, 트레이닝 관점에서 행동형성과 강화 원리를 독창적이면서도 훌륭하게 응용하고 있었다. 이 프로그램은 사람들에게 '트레이닝'이라고 불렸고 프로그램 진행자는 '트레이너'라고 불리고 있었다. 형성하고자 하는 목표 행동은 '향상된 자기 인식self awareness'이었고, 핵심 강화물은 트레이너의 반응이 아니라 집단 전체의 비언어적 행동이었다.

---

25 베르너 에르하르트가 설립한 조직인 Erhard Seminars Training의 약자이다. 일상을 경험하는 능력의 변화를 통해 새로운 시도를 독려하고 삶의 과정을 정리하도록 돕는 자기 계발 프로그램을 운영한다.

집단의 행동을 강화물로 만들기 위해 250명의 참가자들은 누군가의 발표가 끝날 때마다 박수를 쳐줄 만한지 아닌지에 상관없이 무조건 박수를 치게 되어 있었다. 그 결과 수줍음을 타는 사람들은 격려받았고, 용기를 낸 사람들은 보상받았으며, 모든 참여자가 영감을 주든지 엉뚱한 소리를 하든지 상관없이 집단 전체로부터 인정받았다.

처음에는 박수가 그저 의무감에서 나온 것일 뿐이었지만 곧 강당에서 공유되는 즐거움의 정도를 넘어서 개인의 감정이 투영되고 의미가 부여된 진정한 의사소통이 되기 시작했다. 예를 들어, 어느 에스트 그룹에서나 있을 법한 상황이라고 예상되는데 내가 속한 수업에는 트레이너의 말에 자꾸 딴죽을 거는 남자가 하나 있었다. 시비가 서너 번 반복되자 트레이너도 반박하기 시작했다. 논리적인 관점에서 보면 논쟁을 좋아하는 남자의 말이 전적으로 옳았다. 그러나 논쟁이 계속되자 그 방의 누구도 누가 옳은지에는 관심이 없었고 그저 그가 입을 다물고 자리에 앉길 바랐다. 249명 전부가 말이다.

하지만 이 게임의 규칙, 즉 자기 인식 향상하기의 행동형성 규칙은 우리가 항의하는 것도, 그에게 입 다물라고 말하는 것도 허용하지 않았다. 그러나 점차 집단의 거대한 침묵이 그 남자의 '인식'에 스며들기 시작했고, 아무도 그가 옳은지에는 관심이 없다는 것을 깨달은 그는 천천히 침묵에 젖어들더니 결국 자리에 앉았다. 그 순간 우레와 같은 박수가 터져 나왔다. 그 박수 소리는 진심 어린 안도감이었고 동정과 이해의 표현이었다. 그 남자 입장에서는 방금 얻은 깨달음에 대해 매우 강력한 포지티브 강화물이 된 셈이었다.

중요한 사건들이 행동적이고 그래서 비언어적인 이런 유형의 트레이닝은 대개 외부인에게 설명하기가 굉장히 어렵다. 에르하르트도 선불교 스승들처럼 종종 경구에 의존한다. 앞에서 이야기한 남자의 사례가 있었던 그 에스트 프로그램에서는 이렇게 말했을 것이다. "당신이 옳을 때 그저 옳을 뿐이다." 그러니까, 꼭 인정받아야 하거나 훌륭한 어떤 것일 필요 없이 그냥 옳다는 것이다. 내가 만약 어떤 파티에서 누군가가 잘난 척을 하고 있을 때 이 경구를 인용한다면 다른 에스트 프로그램 졸업생들은 웃겠지만, 그리고 다른 훌륭한 현대적 교육 방법을 사용하는 트레이너들도 웃겠지만, 대부분 사람은 내가 정신이 이상하거나 취했다고 여길 것이다. 훌륭한 트레이닝 통찰은 반드시 말로 설명될 필요가 없다.

나 자신 강화하기

강화의 박탈, 불안과 우울의 요인

나 자신을 강화하는 것도 강화 교육을 적용해 볼 수 있는 방법의 하나다. 대개 우리가 등한시하는 것인데, 우리에게 해당 사항이 없다고 생각하기 때문이기도 하고 다른 사람들에게 하는 것보다 훨씬 더 우리 자신에게 많은 것을 요구하는 경향이 있기 때문이기도 하다. 내가 아는 목사는 "우리 중에는 자기 자신의 기대에 쉽게 부응할 만큼 기준이 낮은 사람은 거의 없다"고 말한 적 있다. 그 결과 우리는 자신으로부터 주목받지도 인정받지도 않는 이 일 저 일을 넘나들며 쉬지도 않고 한 번에 며칠씩 일하곤 한다. 습관을 바꾸거나 새 기술을 익히기 위해 스스로를 강화하는 것 외에도 일정량의 강화는 하루하루 삶을 살아가는 데 아주 바람직하다. 나는 강화의 박탈이 불안과 우울을 일으키는 요소 중 하나라고 생각한다.

우리는 건강한 방식으로, 즉 한 시간 휴식, 산책, 친구들과의 대화 또는 좋은 책으로 우리 자신을 강화할 수 있다. 아니면 건강에 나쁜 방식도 있다. 담배, 술, 나쁜 음식, 약물, 늦게 자는 것 등 말이다. 나는 배우이며 작가인 루스 고든Ruth Gordon의 제안을 좋아한다. "배우는 칭찬받아야 한다. 칭찬 없이 너무 오래 지내면 나는 스스로를 칭찬한다. 그 칭찬은 적어도 내가 그 진정성을 알고 있기 때문에 충분하다."

POSITIVE
REINFORCEMENT

2장

행동형성,
압박과 고통 없이
최고의 성과 만들기

새 행동을 가장 빠르게 만드는 법

행동형성이란?

가장 빨리 새 행동을 만드는 법

이미 일어나고 있는 행동을 강화해서 더 자주 일어나게 하는 것은 아주 좋다. 그런데 우연히는 절대 일어나지 않을 행동을 하게 하려면 어떻게 해야 할까? 어떻게 하면 개가 뒤로 공중제비를 돌거나 돌고래가 후프를 통과해 점프할 수 있을까?

개가 뒤로 공중제비를 돌고, 돌고래가 점프해 후프를 통과하고, 또는 사람이 좁은 링 사이로 야구공을 던져 넣는 것 같은 일들은 행동형성으로 만들 수 있다. 행동형성은 올바른 방향으로 향하는 아주 작은 경향성을 포착하여 이를 최종 목표를 향해 한 번에 한 걸음씩 조금씩 이동시키는 과정이다. 이 과정을 심리학 용어로는 '연속적 접근successive approximation'이라 한다.

행동형성은 살아있는 유기체의 행동이 가변적이기 때문에 가능하다. 생명체는 어떤 행동이든 간에 같은 행동일지라도 때로는 더 활기차게, 때로는 방향을 바꿔서 등등 매번 다르게 하기 마련이다. 형성하고 싶은 최종 행동의 정교함이나 난이도와 상관없이 그 일련의 과정에 중간 목표들을 설정한 다음 현재 일어나고 있는 행동을 그 첫 단계로 사용할 수 있다. 예를 들어, 닭이 '춤'을 추도록 트레이닝하기로 마음먹었다고 해 보자. 나라면 닭이 평소 하던 대로 이리저리 움직이는 모습을 지켜보다가 닭이 왼쪽으로 움직이는 순간마다 이를 강화하기 시작할 것이다. 첫 번째 목표는 곧 달성되고 닭은 이제 더 자주 왼쪽으로 움직일 것이다. 단, 변동성이 있기 때문에 그 움직임은 클 때도 있고 작을 때도 있을 것이다. 이제부터는 왼쪽으로 더 크게 움직일 때, 말하자면 90도 가까이 회전할 때만을 골라 선택적 강화를 한다. 닭의 전체 행동 중 왼쪽으로 90도 회전하는 행동이 많아지면, 이번에는 틀림없이 90도보다 작은 회전도 나타나고 180도 이상 되는 회전도 나타나게 된다. 그러면 기준을 높여 새 목표를 세우고, 180도 이상의 회전만 선별해 강화를 시작할 수 있다. 이런 식으로 결국 닭이 빠른 속도로 완전히 한 바퀴 돌기를 여러 번 할 수 있게 되면 최종 목표인 '춤추는 닭'에 도달했다고 볼 수 있다.

우리는 모두 누군가의 행동을 형성하거나 또는 자기 행동을 형성하는 데 익숙하다. 편하게 표현하자면 육아 대부분도 아이의 행동을 형성하는 과정이다. 테니스부터 키보드 타이핑에 이르기까지 몸으로 기술을 익혀야 하는 모든 트레이닝에서도 행동형성은 큰 역할을 차지한다. 또한 우리는 스스로의 행동, 예를 들어 금연을 하고, 또는 사람들 앞에서 덜 수줍음을 타거나 돈을 더 잘 관리하는 등 행동에 변화를 주려고 노력할 때도 행동형성을 하고 있다.

나 자신 혹은 다른 사람의 행동형성에 성공하느냐 실패하느냐의 여부는 궁극적으로 행동형성의 기술이 얼마나 전문적이냐가 아니라 얼마나 지속해서 하느냐, 끈기에 달렸다. 《뉴욕 타임스New York Times》의 음악 평론가인 헤롤드 쉔베르크Harold Schonberg가 한 유럽인 지휘자에 대한 글을 쓴 적이 있는데, 이 지휘자는 실력이 그다지 뛰어난 사람은 아니었지만 일 년 내내 오케스트라 단원들을 리허설시켜 결국 환상적인 음악을 만들어 냈다고 한다. 충분한 시간을 투자한다면 우리 대부분은 거의 모든 것에서 최소한 어느 정도의 숙련도를 갖출 수 있다.

　그러나 이 과정은 지루하다. 사람들은 늘 스키, 피아노 연주, 그 외에 무엇이든 새로운 기술을 최대한 빨리 배우고 싶어 하는데, 이때 '좋은' 행동형성이 진가를 발휘한다. 게다가 우리는 반복을 최소화하거나 아예 피하는 걸 좋아한다. 물론 어떤 신체 기술은 반복이 필요하고 근육은 천천히 '배우며' 동작이 쉬워질 때까지는 그 동작을 반복하는 과정을 거쳐야 하지만, 잘 계획된 행동형성 프로그램은 필요한 연습을 최소화하고 모든 연습 하나하나를 가치 있게 해 주므로 진행 속도가 엄청나게 빨라진다. 결국 나 자신 또는 우리가 가르치는 대상은 스포츠, 음악, 그 외에 다른 창의적 활동 영역에서 기복 없는 기량을 갖출 뿐만 아니라 최고의 성과를 이룰 수 있게 된다. 단, 행동형성을 지배하는 법칙들을 얼마나 올바르게 사용하느냐가 결정적인 영향을 미친다.

행동형성의 방법과 원리

괜찮은 교사와 훌륭한 교사를
구분하는 기준

행동형성에는 두 가지 측면이 있다. 하나는 '방법', 즉 만들어야 하는 행동과 그것을 만들어 내는 데 필요한 일련의 연속적인 단계들이고, 또 하나는 '원리', 즉 이런 행동이 언제 어떻게 왜 강화되어야 하는지를 결정하는 규칙이다.

대부분의 트레이너, 트레이닝에 관한 서적, 트레이닝 교육 강사는 거의 전적으로 '방법'을 다룬다. "그림처럼 골프채에 손을 두세요", "표적을 겨냥하기 전에 총의 조준경을 맞추세요", "상판에 절대 기대지 마세요", "거품기로 계란을 시계 방향으로 휘저으세요". 좋다. 이런 방법들은 보통 수년에 걸쳐 많은 사람의 시행착오 끝에 만들어진 것인 만큼 효과가 있다. 승마에서 발뒤꿈치를 낮추고 있으면 더 안정적으로 말을 타게 된다거나, 골프에서 스윙할 때 팔을 끝까지 쭉 돌리면 공이 더 멀리 날아간다는 것은 효과가 있는 방법일 것이다. 특별한 기술을 배우는 데 관심이 있다면, 책, 교사, 코치를 찾아가거나 다른 사람들을 보고 배우면서 그 기술과 관련 있는 행동을 완수시켜 줄 이미 수립된 방법들을 최대한 많이 찾아보라고 나 역시 조언할 것이다.

그런데 행동형성의 또 다른 측면에는 언제 밀어붙이고 언제 풀어 줘야 하는지, 기준을 가장 효과적으로 올리는 방법은 무엇인지, 문제가 생겼을 때 무엇을 해야 하는지, 언제 그만둬야 하는지와 같은 문제를 통제하는 규칙, 즉 원리가 있다. 일반적으로 이 질문들에 대한 답은 트레이너나 코치의 직관이나 경험, 또는 기회나 운에 맡겨진다. 이런 원리를 성공적으로 적용하느냐가 '괜찮은' 교사와 '훌륭한' 교사를 구분하는 기준이 되며, 행동형성을 행복하고 빠르고 성공적으로 할 것인지 아니면 더디고 지루하고 좌절감을 느끼게 할 것인지 간의 차이를 결정한다. 트레이닝을 효과적으로 만드는 것은 좋은 행동형성이지 단순히 좋은 방법이 아니다.

행동형성
열 가지 법칙

다음은 행동형성을 지배하는 열 가지 법칙이다. 심리학 연구에서 도입되어 실험을 통해 검증된 것도 있다. 나머지는 내가 아는 한, 공식적인 연구 주제가 된 적은 없을지라도 행동형성에 경험이 많은 사람이라면 본질적으로 타당하다고 인정할 수 있는 것들이다. 누구나 항상 규칙을 어기고 나서야 알게 된다. 보통은 한 박자 늦게 말이다. 다음은 그 법칙들이고 뒤에서 하나씩 자세히 논의할 것이다.

1. 교육 대상이 항상 강화받을 기회를 얻을 수 있도록 기준은 아주 조금씩만 높인다.

2. 어떤 행동이라도 한 번에 한 가지 측면만 교육한다. 동시에 두 가지 기준에 대해 행동형성을 시도해서는 안 된다.

3. 기준을 추가하거나 높이기 전에는 항상 먼저 현 단계를 변동 강화 계획으로 바꾼다.

4. 새로운 기준이나 행동 기술을 처음 소개할 때는 기존의 기준을 일시적으로 완화해 준다.

5. 교육 대상보다 앞서 있는다. 행동형성 프로그램을 미리 완벽하게 계획해서 교육 대상이 학습에 갑작스러운 진전을 보일 경우에도 그 다음에 무엇을 강화해야 할 것인지 잘 알고 있어야 한다.

6. 중간에 트레이너를 바꾸지 않는다. 한 교육 대상마다 트레이너가 여럿 있을 수 있지만 한 가지 행동은 트레이너 한 명이 전담한다.

7. 한 가지 행동형성 단계에서 진전이 없다면 다른 대안을 찾는다. 이를 생각해 내는 트레이너 수만큼이나 그 행동을 얻을 방법은 많다.

8. 이유 없이 트레이닝 세션을 중단하거나 방해하지 않는다. 이는 '처벌'과 같다.

9. 행동이 퇴보한다면 '유치원부터 시작한다.' 쉽게 보상을 받을 수 있는 단계들을 거쳐 일련의 강화를 해 주며 전체 행동 형성 과정을 빠르게 복습한다.

10. 잘하고 있을 때 멈춘다. 각 세션은 긍정적인 분위기에서 마무리한다.

행동형성
열 가지 법칙에 대한 논의

1. 교육 대상이 항상 강화받을 기회를
얻을 수 있도록 기준은 아주 조금씩만 높인다

칭찬받을 기회를 많이 만들어 줘야 하는 이유

이 법칙은 트레이너가 요구 수준을 높이거나 강화 기준을 높일 때, 교육 대상이 이미 성취하고 있는 범위 내에서 그래야 한다는 의미다. 만약 말이 60센티미터 높이의 점프 동작을 정확하게 잘 해내고 가끔은 여유 있게 30센티미터 정도를 더 뛴다면 기준을 75센티미터 정도로 조정할 수 있다. 하지만 기준을 90센티미터로 높이는 것은 문제가 될 수 있다. 말이 90센티미터까지 점프할 수 있긴 하지만 아직 이를 100퍼센트 안정적으로 보여 주는 것은 아니기 때문이다. 만약 점프 기준을 1미터 이상으로 올린다면 재앙을 자초하는 꼴이다.

기준을 얼마나 빨리 높이느냐는 교육 대상의 현재 또는 미래의 실제 능력과는 상관 '없다.' 말이 잠재적으로 2미터를 훌쩍 넘는 높이까지 뛰어오를 수 있는 긴 다리를 가졌는지 또는 초원에서 1미터가 넘는 울타리를 수시로 뛰어넘는지는 조금도 중요하지 않다. 얼마나 빨리 기준을 높일 수 있느냐는 트레이너가 행동형성 절차를 통해 강화를 얻기 위한 규칙이 무엇인지 말에게 얼마나 잘 알려주었느냐에 달렸다.

기준을 올린다는 것은 곧 규칙을 바꾼다는 것이다. 그러니 교육 대상이 규칙이 변했고 더 노력해야 강화물을 계속 얻을 수 있다는 사실, 또 어떤 경우에는 이전 단계에서 수행한 것은 더 이상 효과가 없다는 사실을 깨닫는 기회부터 가져야 한다. 이는 새 단계에서 강화를 받는 경험을 통해서만 배울 수 있다.

만일 트레이너가 기준을 너무 높여서 교육 대상이 이전에 트레이너를 '위해서' 했던, 평소에 그 행동을 하느냐 안 하느냐는 상관없이 어떤 것을 훨씬 넘어서는 노력을 해야 한다면 트레이너는 큰 위험을 무릅써야 한다. 행동이 아예 무너질 수 있기 때문이다. 점프하는 말은 점프 직전에 멈추거나 낮게 뛰어서 장애물을 떨어뜨리는 것 같은 나쁜 습관을 배울 수 있고 이런 습관은 없애는 데 상당한 시간이 소요된다. 행동을 형성하는 가장 빠른, 때로는 유일한 방법은 교육 대상이 안정적으로 '쉽게' 향상할 수 있도록 적절한 정도 내에서 기준을 높이는 것이다. 겨우 몇 센티미터씩이라도 지속해서 향상을 이루어 내는 것이 오히려 빨리 최종 목표에 이르는 길이다. 급속한 향상을 강행하다가는 좋은 행동들을 완전히 잃어버릴 수 있다.

나는 이와 관련해서 한 아버지가 심각한 실수를 하는 모습을 본 적이 있다. 그는 10대 아들이 학교에서의 행실이 매우 불량하자 성적이 오르면 돌려주겠다는 조건을 걸고 아들의 오토바이를 압수했다. 아들은 열심히 공부했고, F 또는 D학점이 D 또는 C로 향상되었다. 그러나 아버지는 이런 발전을 강화하는 대신, 성적이 '충분히' 향상되지 않았다며 오토바이를 계속 돌려주지 않았다. 이는 기준을 너무 크게 높인 것이었다. 아들은 결국 공부를 완전히 그만둔 데다가 모든 것을 불신하게 되었다.

2. 어떤 행동이라도 한 번에 한 가지 측면만 교육한다.
동시에 두 가지 기준에 대해 행동형성을 시도해서는 안 된다

행동을 쪼개고 각 기준에 따라 별도로 가르치는 방법

같은 기간 동안 다른 여러 행동을 가르칠 수 없다는 말이 아니다. 물론 가르칠 수 있다. 어떤 수업에서든 그렇지만 예를 들어 테니스 수업에서도 잠깐 자세에 집중하고, 그런 다음 속도, 백핸드, 포핸드, 발동작을 가르친다. 이는 오히려 단조로움을 줄여 준다. 훌륭한 교사들은 조금이라도 발전이 보이면 다음 과제로 넘어가면서 항상 학습에 변화를 준다.

하지만 주어진 행동 하나를 교육하는 동안에는 한 번에 하나의 기준만 가지고 가르쳐야 한다. 내가 돌고래가 물살을 튀기도록 트레이닝한다고 가정해 보자. 만약 한 번은 돌고래가 튀긴 물살이 충분히 크지 않아서, 그다음엔 방향이 잘못되어서 강화물을 주지 않았다고 해 보자. 돌고래는 내가 자신에게 원하는 것이 무엇인지 해독할 방법이 없다. 하나의 강화는 정보 두 개를 전달할 수 없다. 그러니 일단 만족할 때까지 물살의 크기에 대해서만 행동형성해야 한다. 그 다음 물살의 크기가 아닌 물살의 방향에 대한 행동형성에 집중한다. 두 가지 기준에 대한 설정이 각각 끝났을 때 비로소 둘 다를 동시에 하도록 요구할 수 있다.

이 두 번째 규칙은 실용적인 활용이 가능하다. 교육 과제를 별개의 구성요소로 쪼갤 수 있고 그래서 별개로 행동형성할 수 있다면 학습 속도는 훨씬 더 빨라진다. 골프 퍼팅 배우기를 예로 들어 보자. 퍼팅의 핵심은 공을 정확한 거리와 방향으로 보내는 것이다. 즉 홀컵으로부터 너무 거리가 짧거나 지나치지 않게, 그리고 홀컵에서 한쪽으로 치우치지 않게 올바른 방향으로 보내는 것이 관건이다. 만약 내가 혼자 '셀프 퍼팅 트레이닝'을 해야 한다면 나는 이 두 가지를 별도로 연습할 것이다. 일단 잔디 위에 30센티미터 간격으로 테이프 조각을 붙일 것 같다. 처음에는 30센티미터 거리까지 공을 치는 것을 연습하고, 60센티미터, 1미터, 1.5미터, 3미터 식으로 점차 거리를 늘려 간다. 또, 테이프로 원 모양을 만들어 붙인 후 고정된 거리에서 점차 원의 크기를 줄여 나가는 연습을 한다. 결국 아주 작은 원 안으로 공을 안정적으로 넣을 수 있을 때까지 연습한다. 이후, 거리와 방향 둘 다에 대한 기술이 만족스러워졌을 때만 그 둘을 조합할 수 있다. 큰 크기의 원을 테이프로 붙여 세팅하고 거리를 달리하며 연습한 다음에 원 크기를 줄여가며 다시 연습한다. 내가 설정한 거리에서 작은 원 안으로 공을 넣을 수 있을 때까지 반복한다. 그런 다음 오르막길에서 퍼팅하기 같은 조건을 한 번에 하나씩 더 추가해 연습한다.

이 방법을 쓰면 훌륭한, 심지어 최상의 퍼터가 될 수 있다. 이는 우리의 노력, 그리고 손과 눈의 협응력의 한계에 따라 달라진다. 물론 우리의 능력 범위 내에서 믿을 만한 퍼터가 될 것이다. 정확한 거리와 방향으로 공을 치고 싶다면 여름 내내 무작위로 퍼팅 연습을 하는 것보다 이렇게 한 번에 하나씩 행동형성을 하는 프로그램을 실천해 보길 제안한다. 누구라도 단지 몇 주 만에 골프 실력이 향상될 것이다.

우리가 그렇게 연습을 많이 했는데도 별 진전이 없다고 느낄 때는 대개 한 번에 두 가지 이상의 것들을 향상하려 하고 있기 때문이다. 연습은 행동형성이 아니다. 반복 연습으로 실력이 향상될 수도 있지만 나쁜 습관도 쉽게 형성될 수 있다. 트레이너는 생각해 봐야 한다. 이 행동에 한 가지 이상의 특성이 있는가? 그것을 쪼개고 각각 다른 기준에 따라 별도로 가르칠 방법이 있는가? 이 두 가지 질문에 답할 수 있다면 많은 문제가 자연스럽게 해결된다.

3. 기준을 추가하거나 높이기 전에는
항상 먼저 현 단계를 변동 강화 계획으로 바꾼다

늘 주던 보상이 없어지면 더 열렬히 행동한다

트레이닝에 포지티브 강화를 사용한다는 것에 처음에는 반감을 품는 사람들이 많다. 좋은 행동을 이끌어 내려면 '특별 선물treat'을 영원히 줘야 할 거라는 생각 때문이다. 그러나 사실은 그 반대다. 오히려 행동에 계속해서 주의를 기울일 필요가 없다. 변동 강화 계획이 가진 힘 때문이다.

변동 강화 계획은 때로는 강화하고 때로는 강화하지 않는 것을 말한다. 어떤 행동을 새로 가르칠 때는 대개 고정 강화 계획을 사용한다. 즉 적절한 행동을 보일 때마다 모두 강화하는 것이다. 하지만 이미 만들어진 행동을 유지하고자 할 때는 산발적 또는 간헐적으로 어쩌다 한 번씩만 강화한다. 예를 들어 집안일을 분담하는 패턴이 이미 자리를 잡은 상태라면 룸메이트나 배우자는 매번 강화를 받지 않더라도 집에 오는 길에 세탁소에 들를 것이다. 그러나 아프거나 날씨가 나빠서 당신 대신 배우자가 세탁소에 들러 줬다면 감사의 마음을 표현할 수 있다.

그런데 우리는 벌, 비난, 질책 같은 혐오 자극을 이용해 학습할 때 대개 실수나 잘못된 행동이 나타날 때마다 교정하는 것이 중요하다고 배운다. 교정하지 않으면 그 행동은 아주 나빠진다. 많은 개들이 리드줄을 확 잡아챌 때는 제대로 행동하지만, 줄이 풀리고 보호자의 손에서 벗어나면 어디로 튈지 알 수 없는 존재가 된다. 10대 청소년들은 부모님 앞에서는 꿈도 못 꿀 일들을 친구들과 있을 때는 용감하게 한다. 교육 대상들이 처벌이 불가능하다는 사실을 잘 알기 때문에 일어나는 일이다. 고양이가 없으니 쥐가 살판나는 식이다. 혐오 자극을 활용한 트레이닝에는 부작용도 일어날 수 있다. 처벌물의 메시지가 '이것은 하면 안 돼'이기 때문에, 혐오 자극의 부재 자체가 곧 '지금은 이것을 해도 좋아'라는 메시지가 되어 버린다.

반면, 포지티브 강화는 올바른 반응을 평생 강화할 필요도 없고, 오히려 가끔 강화물을 건너뛰는 편이 학습 과정에 중요하기까지 하다. 왜 그럴까?

행동형성 절차의 핵심은 교육 대상이 보여 주는 특정 반응만을 선택적으로 강화하는 데 있다. 그래서 그 반응은 새 목표에 이를 때까지 조금씩 향상된다. 당연히 기대했던 강화물을 주지 않으면 다음 행동이 다소 변할 가능성이 있다. 따라서 강화물을 생략하게 되면 더 강하고 더 좋은 반응을 선택할 기회를 얻게 되는 것이다. 이를 '차별' 강화 계획differential reinforcement schedule, 또는 '선택적' 강화 계획selective reinforcement schedule[26]이라 부른다. 예를 들어 더 빨리 반응해야 하거나 더 길게 반응해야 하거나 또는 오른쪽이 아니라 왼쪽으로 향해야 하는 등 특정 기준에 맞는 반응만 선택해 강화하는 것이다.

---

26 강화를 주지 않을 때가 있다는 점에서 간헐적 강화 계획의 한 유형으로, 일부의 행동 반응만 의도적으로 선택하여 강화하는 것이다.

그러나 지금까지 매번 강화물을 받을 것이라 예상했던, 경험이 부족한 학습자에게는 강화물의 생략이 큰 충격일 수 있다. 예를 들어 강아지가 앉으면 클리커를 누르고 먹이를 준다고 해 보자. 강아지는 더 빨리 앉고 점점 더 신이 난다. "봐요! 나 지금 '앉아' 있어요. 클리커 눌러 줘요!" 그런데 갑자기 어떨 때는 앉아도 클릭을 받지 못한다. 강아지가 때때로 강화물이 생략되는 것을 견디는 법을 배우지 못한다면 절망에 빠져 그만두거나 더 미숙하거나 느린 상태로 퇴보할 수 있다. 이 단계는 학습이론 교재 속에서는 언급되지 않지만 실무에서 아주 유용하다. 미숙한 새 학습자를 트레이닝할 때는 더 크거나 좋은 반응을 선택하는 과정을 시작하기에 앞서 일단 학습자가 강화 계획상의 작은 변화를 견딜 수 있도록 가르쳐야 한다. 교육 대상은 이따금 일어나는 실패, 즉 강화의 생략을 견딜 수 있어야 한다. 이따금 강화물이 나오지 않는다고 해서 그 행동을 그만두게 만들지 않기 위해서는 차별 강화 계획을 시행하기 전에 간헐적 강화 계획으로 바꾸는 것부터 해야 한다.

나는 1990년대 개 트레이닝 세미나에서 간헐적 강화를 짧게 사용하는 방식의 변동 계획에 '1+1쿠폰'이란 이름을 붙인 적이 있다. 한 개 가격으로 두 개를 살 수 있는 쿠폰이라는 의미로 말이다. 말하자면, 코로 타겟을 두 번 치는 것 같이 개가 클릭 또는 먹이를 위해 그 행동을 두 번 하게 하는 것이다. 이렇게 간헐적 강화 계획을 견디는 것을 배우면 그 행동, 그리고 그 다음 이어지는 행동의 소거extinction[27]에 대한 저항력이 더 높아진다.

---

27 더이상 강화물이 제공되지 않아서 그 행동이 사라지는 것을 말한다.

학습 과정 동안 이 간헐적 강화 계획을 짧게 사용하는 것은 또 다른 이점이 있다. 교육 대상이 가끔씩 생략되는 강화물을 견딜 수 있고 교육자가 학습자가 보이는 적절한 반응에도 강화물을 주지 않고 지나가면 학습자는 그 행동을 반복할 뿐만 아니라 더 활기차게 할 가능성이 높다. "이것 봐요! 내가 했어요. 못 봤어요? 보라고요. 내가 다시 하고 있잖아요!"

이렇게 격렬해지는 행동을 소거 폭발extinction burst이라고 하는데, 이는 목표 행동에 더 빨리 다가가게 해 준다. 노련한 트레이너들은 행동형성 시 다양한 반응 또는 더 활력적인 반응을 일으키기 위해 의도적으로 강화물을 빼 버리기도 한다. 개 행동학자인 개리 윌크스는 이것을 '소거 폭발 서핑'이라고 부른다.

일단 교육 대상이 강화물의 생략을 그 행동이 틀렸다는 의미가 아니라 그저 다시 할 필요가 있다는 의미임을 배운 상태라면, 행동형성을 연속 강화(새 행동을 형성할 때)에서 차별 강화(더 좋은 자세, 더 긴 지속 시간, 더 빠른 속도, 더 빠른 시작 등을 선택할 때)로 바꾼 다음, 다시 연속 강화로 돌아간다. 그 행동이 '완벽'하거나 실험 연구 용어로 '기준에 딱 맞은' 때라면 언제든지 말이다. 학습자가 이미 변동 계획을 잘 견디므로 더 이상 의도적으로 간헐적 강화를 할 필요 없다.

결국 행동이 모든 면에서 만족스러워지면 일상의 일부분이 된다. 이런 행동은 더 복잡한 다른 행동의 일부로 필요하게 된다. 예를 들어, 좋은 자세, 속도, 거리 등의 개별 요소들이 하나로 통합되어 경기나 업무, 일상 활동 등 더 큰 전체 활동의 일부가 되고, 다시 그 전체가 강화되는 행동이 된다. 이제부터는 간헐적 또는 유지 계획으로 돌입한다. 그냥 가끔의 클릭이나 "고마워"라는 말만으로도 일이 원활하게 진행된다는 뜻이다. 그리고 행동형성을 시작할 때 사용했던 클릭과 간식 또는 선물을 아낌없이 사용하는 고비율의 포지티브 강화는 다른 새 행동 학습을 대비해서 아껴 두면 된다.

4. 새로운 기준이나 행동 기술을 처음 소개할 때는 기존의 기준들을 일시적으로 완화해 준다

새로운 것에 적응하느라 원래 알던 걸 잠시 잊을 수 있다

스쿼시를 배우고 있다고 가정하자. 그동안은 원하는 곳으로 공을 보낸다는 목표를 갖고 연습했고, 이제는 속도에 집중하고 싶은데 세게 치면 공이 사방으로 날아간다. 이럴 때는 공의 방향은 잊고 그냥 공을 힘껏 친다. 어느 정도 공의 속도를 통제할 수 있으면 방향을 조절하는 감각도 쉽게 되찾을 수 있다.

한번 배운 것을 잊은 것은 아니지만 새 기술을 완전한 수준으로 익혀야 한다는 중압감 때문에 기존에 잘 배웠던 행동이 일시적으로 무너질 때가 있다. 한번은 오페라의 첫 리허설에서 지휘자가 성질내는 것을 본 적 있다. 합창단원들이 음악적 실수를 하더니 또 다른 실수를 반복하며 그동안 열심히 연습해 완성한 발성 기술을 거의 잊어버린 듯 보였기 때문이다. 그러나 단원들은 처음으로 무거운 무대 의상을 입고 움직이는 사다리에 서서 노래해야 하는 상황이었다. 새로운 요구사항에 익숙해지는 과정이 기존에 학습한 행동을 일시적으로 방해한 것이었다. 리허설이 끝날 무렵이 되자 별도의 코칭 없이 음악적 기량이 되살아났다. 돌고래 트레이너들은 이를 '새 물탱크 증후군'이라 부른다. 돌고래를 새 물탱크로 옮기면 이 새로운 환경(자극)에 완전히 익숙해질 때까지는 돌고래가 아는 모든 것을 '잊을' 것이라 예상해야 한다. 새로운 환경에서 이전에 학습한 행동을 실수한다고 해서 자기 자신이나 교육 대상을 질책하는 것은 옳지 않다. 보통 이런 실수는 금방 알아서 해결되는데, 질책은 감정을 상하게 하고 실수 자체에 몰두하게 해 오히려 실수에서 벗어나지 '못하게' 하는 경향이 있다.

5. 교육 대상보다 앞서 있는다

실력있는 훌륭한 교사의 준비 사항

교육자는 교육 대상이 갑자기 실력이 놀랄 만큼 비약적으로 도약하더라도 당황하지 않고 그다음에 무엇을 강화해야 하는지 알 수 있도록 행동형성 프로그램을 미리 계획하여야 한다. 오래전 나는 이틀에 걸쳐 새로 온 돌고래에게 수면에서 약 10센티미터 높이의 가로대를 뛰어넘는 행동을 형성한 적 있다. 그 행동이 잘 완성되자 나는 가로대를 약 10센티미터 또 높였다. 돌고래는 즉시 아주 쉽게 뛰어넘었고 나는 다시 가로대를 더 높였다. 15분만에 이 초보 교육생은 2미터가 넘는 점프를 해냈다.

이 정도의 '비약적 발전'을 보이는 행동형성은 언제든 일어날 수 있다. 우리는 이런 현상을 사람은 물론 지능을 가진 여러 동물에게서 볼 수 있다. 나는 이것을 통찰의 예라고 믿는다. 교육 대상은 어떤 행동을 해야 하는지, 즉 이 경우에는 더 높이 뛰어야 한다는 것을 갑자기 깨닫고 바로 해낸다. 범고래는 행동형성을 예상하는 것으로 유명하다. 트레이너 모두가 이런 농담을 한다. "범고래는 굳이 트레이닝할 필요가 없어. 그냥 칠판에 그 행동을 써서 물속에 걸어 두면 그대로 따라 하지."

교육자가 교육 대상의 실력이 갑작스러운 향상을 보일 때 대비가 되어 있지 않으면 문제에 직면한다. A단계에서 B단계로 가는 학습을 하고 있는데 교육 대상이 단 두 번의 강화만에 B를 완벽하게 해낼 경우, 교육자가 미리 C와 D단계를 계획해 두지 않았다면 더 이상 강화할 것이 없게 된다는 이야기다.

비약적 발전은 종종 교육 대상에게도 극도로 흥미진진한 상황이다. 심지어 동물들도 일종의 '아하!' 경험을 즐기는 것으로 보이며 크게 기뻐하는 모습을 보인다. 그래서 비약적 발전의 순간은 상당한 향상을 빠르게 끌어낼 수 있는 황금 같은 기회다. 다음에 뭘 해야 하는지를 몰라서 혹은 준비가 안 돼서 교육 대상을 낮은 성과 수준에 머물게 하는 것은 시간 낭비이고, 최악의 경우 교육 대상을 좌절하게 하거나 싫증나게 만들어 트레이닝에 참여하려는 의지를 떨어뜨린다.

최상의 환경을 가진 곳들을 제외하고는 학교 시스템이야말로 아이들이 각자의 속도로 학습하는 것을 방해하기 위해 만들어진 것 같다. 학습 속도가 느린 학생들에게는 배울 시간을 주지 않고, 속도가 빠른 학생들에게는 발전이 있을 때 이를 강화해 주지 않는다. 수학 교사의 말을 순식간에 이해한 것에 대한 보상이란 것이 다른 학생들이 배우는 몇 시간, 심지어 몇 주 동안 지루하게 몸을 비틀고 앉아 있어야 하는 것이니 말이다. 빠른 학습자건 느린 학습자건 학교 바깥의 삶이 훨씬 재밌게 느껴지는 것은 당연한 듯하다.

6. 중간에 트레이너를 바꾸지 않는다

최고의 성과를 위해서는 한 사람이 일관성 있게 기준을 적용해야 한다

행동형성을 하는 도중에 담당 트레이너를 바꾸면 학습 속도가 크게 둔화하는 위험을 감수해야 한다. 아무리 인수인계를 꼼꼼하게 하더라도 각자의 기준, 반응 시간, 향상에 대한 기대치가 조금씩 다르다 보니, 이런 차이가 수용될 수 있을 때까지 교육 대상은 강화물을 받지 못하게 된다. 어떤 면에서 이는 앞에서 말했던 '새 물탱크 증후군'의 또 다른 예다.

물론 한 교육 대상이 여러 트레이너 및 선생님을 만날 수는 있다. 즉 교사 한 명은 불어, 다른 한 명은 수학, 다른 한 명은 축구를 가르치는 것은 문제없다. 하지만 개별 행동을 학습하는 경우에는 한 번에 한 명의 선생님이 필요하다. 행동형성을 하는 동안, 또는 대충만 배운 단계일 때는 한 사람이 행동형성을 하면서 일관성 있게 기준을 차츰차츰 올리는 것이 가장 좋다. 예를 들어 당신이 아이 두 명과 반려견 한 마리를 키우고 있고 두 아이가 개에게 재주를 가르치게 하고 싶다면 두 아이가 각각 다른 재주를 가르치게 해야 개가 혼란의 늪에 빠지지 않는다.

배우고자 하는 사람은 최악의 상황에서도 배울 것이다. 잘 알려진 '유인원 언어' 실험 중 하나는 유인원들에게 미국 수어와 여러 기호를 이용해 어휘를 가르치는 것으로 콜롬비아 대학에서 진행되었다. 그런데 님 침스키 Nim Chimpsky라는 아기 침팬지는 가엽게도 예산 및 여러 문제로 3년간 100명 이상의 '선생님'에게 수어를 배워야 했다. 연구진들은 님이 진짜 '언어'를 학습했다는 확실한 증거를 찾지 못해 실망했다. 즉, 님이 전혀 문장을 만들지 않았던 것이다. 그러나 님은 명사, 동사 등 300개가 넘는 수어를 인지하고 이해하고 있었다. 열악한 교육 환경을 고려하면 정말 놀라운 성과였다. 이렇듯 어떤 아이들은 이 학교에서 저 학교로 전학하고 끝없이 교사가 바뀌어도 여전히 배워 나간다. 그러나 더 나은 방법이 있다.

교육에 전혀 진전이 없을 때는 행동형성 중에 트레이너를 바꾸는 것을 고려해도 괜찮다. 학습이 거의 또는 전혀 이뤄지지 않는다면 트레이너를 교체한다고 해도 잃을 것이 없다.

7. 한 가지 행동형성 단계에서 진전이 없다면 다른 대안을 찾는다

근본 원리를 이해하는 것이 중요한 이유

어떤 행동이든 그것을 형성하는 방법은 그 방법을 떠올리는 트레이너의 수만큼이나 많다. 예를 들어, 어린아이에게 수영을 가르친다면 일단 아이가 물을 무서워하지 않고 물에 들어가는 것을 편안히 여겨야 한다. 이 행동형성 첫 단계로 어떤 교사는 물속에서 입으로 거품을 불게 할 수 있고, 어떤 교사는 물에 얼굴을 넣었다가 빨리 빼게 할 수도 있다. 또 다른 교사는 좀 더 과감하게 아이를 물에서 오르락내리락 움직이게 할 수도 있다. 훌륭한 교사는 아이가 지루해하거나 무서워하면 방법을 바꿀 것이다. 같은 행동형성 방법일지라도 모두에게 똑같은 효과를 보이지는 않는다.

서커스 조련사처럼 전통적인 훈련 방법을 쓰는 트레이너들은 대개 이 사실을 제대로 이해하지 못했다. 그들이 하는 행동형성 절차는 세대를 거치며 다듬어지고 가족을 통해 전수되었는데, 곰에게 자전거 타기를 가르치거나 사자가 포효하도록 가르치는 방법이 이에 해당한다. 알고 싶다면 사자의 갈기를 잡아서 비틀면 된다. 이런 전통적인 소위 '비법'이 한때는 최상의 훈련법으로 여겨졌고 또한 유일한 방법으로 통했다. 수많은 서커스 공연 내용이 다 비슷해 보이는 건 바로 이 이유 때문이다.

라디오 및 TV 스타, 아서 고드프리Arthur Godfrey는 하와이 해양생물공원에서 공연이 끝나자 나를 자신의 버지니아 농장에 초대해 말을 트레이닝하는 것을 봐 달라고 했다. 그는 말을 아주 잘 탔고 직접 말을 훈련하는 트레이너이기도 했으며 공연마도 여러 마리 가지고 있었다. 농장에 방문했을 때 그의 말은 머리를 숙여 인사하기나 한쪽 무릎 꿇기를 훈련받고 있었는데, 남자 두 명이 여러 개의 로프와 채찍을 동원하는 고전적인 방법을 사용하고 있었다. 말은 자발적으로 무릎 꿇는 것을 배울 때까지 반복적으로 한쪽 무릎에 강압적인 힘을 받아야 했다.

나는 말에게 손 하나 대지 않고도 인사하게 교육하는 것이 가능하다고 말했다. 예를 들어, 벽에 빨간 점을 붙이고 먹이와 마커 신호를 사용해 말이 무릎으로 점을 치는 행동을 형성한다. 그리고 천천히 점 위치를 낮춰서 바닥까지 내리면 말은 강화물을 받기 위해 무릎으로 빨간 점을 칠 것이고 결국 무릎을 꿇을 것이다. 고드프리는 나의 건방진 제안에 몹시 화를 냈다. '인사하는 것을 훈련하는 다른 방법이 있었다면 내가 몰랐을 리 없잖아.' 우리는 기분이 상한 그를 달래기 위해 마구간 주변을 두세 바퀴 돌아야 했다.

사람들이 효과가 없거나 오히려 해로운 시스템을 집요하게 고수하고 같은 노력을 반복하면 결국 원하는 결과를 얻을 것이라고 확신하는 것을 보면 매우 놀랍다. 행동 분석 연구 분야의 선구자인 머레이 시드먼 박사는 단순히 비법을 배우는 게 아니라 근본 원리를 이해하는 것이 왜 중요한지에 대한 '핵심' 이유가 여기에 있다고 말한다. 누구나 자신만의 '방법'을 가지고 있지만 진짜 교육 효과를 끌어내는 것은 그 '원리'다.

8. 이유 없이 트레이닝 세션을 중단하거나 방해하지 않는다. 이는 '처벌'과 같다

트레이너 및 교사가 학습자의 행동에 집중해야 하는 이유

이 규칙은 학교 성적 칭찬하기, 손님 환대하기, 아이들 격려하기 같이 집에서 일상적으로 하는 의미 있고 생산적이긴 하지만 가벼운 행동형성에는 적용되지 않는다. 이런 행동들은 특별한 형식 없이 이런저런 강화물로도 형성될 수 있다. 하지만 수업을 하거나 동물의 행동을 형성하는 것 같은 좀 더 공식적인 상황에서는 트레이너나 교사는 교육 시간이 끝날 때까지 교육 대상 또는 수업에 계속 집중해야 한다. 이는 단순히 좋은 매너나 훌륭한 자제력 이상의 것으로 숙련된 트레이닝 기법이다. 교육 대상은 강화물을 얻기 위해 노력할 때, 말하자면 트레이너나 교사와 일종의 계약을 맺는 셈이다. 그런데 트레이너가 구경꾼과 잡담하거나 전화를 받으러 가 버리거나 혼자 딴생각에 빠져 있다면 계약은 깨지고 학습자는 아무 잘못도 없이 강화물을 받지 못하게 된다. 이는 트레이너가 강화할 좋은 기회를 놓치는 것 이상의 큰 해를 끼치는 것이다. 그 순간 일어나고 있던 완벽하게 좋은 행동에 벌을 주는 것일 수 있기 때문이다.

물론 교육 대상을 꾸짖고 '싶다면' 관심을 제거하는 것은 좋은 방법이다. 돌고래 트레이너들은 이를 타임아웃timeout[28]이라고 부르면서 원치 않는 행동을 바꿀 때 사용한다. 물고기가 든 양동이를 집어 들고 1분 동안 다른 곳으로 가 버리는 것은 돌고래에게 "아니야!", "틀렸어!"라고 말해 주는 방법 중 하나이고 보통 매우 효과적이다. 사람들은 돌고래가 실망하는 듯한 행동을 보일 것으로 생각하지 못하는데, 아니다. 관심을 제거하는 것은 강력한 도구이기 때문에 신중하고 공정하게 사용해야 한다.

9. 행동이 퇴보한다면 '유치원부터 시작한다'

오래전에 배운 공부나 일 기억해 내는 법

가끔 기술이나 행동이 녹슬거나 완전히 잊어버린 듯 보일 때가 있다. 몇 년간 쓰지 않고 묵혀 둔 외국어를 말하거나, 시를 암송하거나, 자전거를 타려 할 때 어떤 기분이 드는지는 모두가 잘 안다. 매우 불안하다. 때로는 외부 상황이 잘 학습된 행동을 일시적으로 없애 버리기도 한다. 예를 들어 무대 공포증은 철저히 암기한 연설 내용을 백지장으로 만들고 폭우로 암벽등반 기술이 엉망이 되기도 한다. 가끔은 원래 배운 것과 나중에 배운 것이 겹치거나 충돌해 혼란이 발생하기도 한다. 스페인어 단어를 떠올리려고 하는데 독일어 단어가 떠오르는 것처럼 말이다.

또 가끔은 처벌이나 다른 혐오 사건의 부작용이 아무 관련 없는 행동을

---

28 바람직하지 않은 행동이 강화를 받지 못하도록 일시적으로 모든 자극으로부터 학습자를 차단하는 것

방해하기도 한다. 변호사이자 반려견을 키우는 모건 스펙터Morgan Spector가 복종 훈련 대회에 참가한 모든 개들이 경기장 한쪽 코너를 경쟁하듯 피하려 했던 일화를 소개한 적 있다. 도대체 어떤 혐오스러운 것이 거기에 있었던 걸까? 오직 그 개들만이 안다.

아주 잘 교육된 행동이 갑자기 엉망이 되는 경우가 종종 있는데 우리로 선 결코 그 이유를 알 수 없을 때가 있다. 예를 들어, 복종 훈련 대회에서 높은 점수를 받아 오던 당신의 개가 그동안 한 번도 한 적 없는 행동을 했다 치자. '3분간 오래 앉아 있기' 종목을 하던 도중 갑자기 일어나 경기장 바깥을 돌아다니기 시작했다. 누가 그 이유를 알까? 누가 이유를 신경 쓸까? 필요한 것은 이유가 아니라 효과적인 해결책이다.

이런 종류의 악화된 행동을 바로잡는 가장 빠른 방법은 그 문제에 정면으로 맞서서 만족할 때까지 또는 강화를 줄 수 있을 만큼 완벽한 행동을 요구하는 것이 아니라, 원래의 행동형성 절차를 상기시키고 처음부터 끝까지 매우 신속하게 재빨리 훑는 것이다. 이를 새로운 상황, 즉 20년 후, 대중 앞에서, 빗속에서 등등 하면서 각 수준마다 한두 번씩 강화해 주면 된다. 하와이 해양생물공원에서 우리는 이것을 '유치원부터 시작하기'라고 불렀는데 이 기법으로 10~15분이면 나쁜 행동을 기대 수준까지 바로잡을 수 있었다. 시험 전에 전체 내용을 훑어보거나 무대에 오르기 전 대본을 넘겨 보면서 우리 역시 '유치원부터 시작하기' 경험을 한다. 원래의 행동형성 과정과 거의 똑같이 할 수 있다면 전체 과정을 훑는 것, 즉 리뷰하는 것은 정신적 기술만큼 육체적 기술에도 좋은 효과가 있다. 그리고 사람뿐만 아니라 동물에게도 효과가 있다.

10. 잘하고 있을 때 멈춘다

수업 끝에 숙제를 내주면 안 되는 이유

행동형성 세션 시간은 어느 정도면 될까? 이는 교육 대상의 주의력 지속 시간에 달렸다. 고양이는 대체로 강화물을 10번 정도 주면 주의가 산만해지니 5분은 길 수도 있다. 개나 말은 더 오래 할 수 있다. 사람들이 하는 수많은 종류의 레슨은 전통적으로 한 시간이고 풋볼 연습, 대학원 세미나와 그 외 다른 활동은 하루 종일이 될 수도 있다. 언제 그만두느냐는 무엇에서 그만둘 것이냐에 비하면 그다지 중요하지 않다. 항상 잘하고 있을 때 멈춰야 한다. 이는 전체 세션에 적용될 뿐만 아니라, 각 세션 내의 단계, 즉 한 행동을 만드는 것을 멈추고 다른 행동으로 넘어갈 때마다도 그렇다. 우리는 계속 나아가고 싶어 한다. 어떤 진전을 이루자마자 바로 말이다.

마지막으로 성취해 낸 행동이 가장 기억에 남는다. 그래서 트레이너는 이 행동이 괜찮았는지, 강화를 해줄 만한 것인지 확신하고 싶은 나머지 좋은 행동을 서너 번씩 확인하려고 한다. 개는 너무 멋지게 공을 물고 돌아오고, 다이버는 처음부터 한 시간 반을 잠수하고, 가수는 어려운 악절을 멋지게 부르는 것 같은 행동이 여기에 해당한다. 잘하는 모습을 다시 보거나 다시 하고 싶어하는 것은 정말 신나는 일이다. 그래서 우리는 그것을 반복하거나 계속 시도한다. 그러면 교육 대상은 빠르게 피로해지고 결국 행동이 나빠지며 실수들이 불쑥 나타난다. 곧 우리는 소리를 지르며 이를 교정한다. 방금 우리는 트레이닝 세션 하나를 날려 버렸다. 아마추어 승마선수들이 항상 하는 실수다. 나로서는 사람들이 말에게 점프 연습을 시키는 장면을 보는 일이 여간 괴로운 게 아니다. 말이 아주 잘하고 있을 때, 그리고 이 행동이 나빠지기 시작하기 전에 교육을 멈춰야 하는데 사람들은 그 시점을 너무 자주 놓친다.

트레이너로서, 선생님으로서 우리는 좋은 반응이 나타났을 때 교육을 중단하도록 스스로를 통제해야 한다. 때로는 용기가 필요하다. 어쩌면 다음 세션에서는 이전 세션에서 마지막으로 했던 것만큼 좋을 뿐만 아니라 눈에 띄게 더 좋아진 것을 보게 될 수 있다. 물건 찾아오기, 공중회전 다이빙, 또는 피아노 독주, 그 무엇이 되었든 말이다. 다음 세션이 시작되자마자 나타나는 행동은 이전 세션에서 중단했을 때 행동보다 더 발전한 수준일 수 있다. 따라서 트레이너가 강화할 수 있는 행동이 더 많아지게 된다.

행동형성은 훈련과 반복에 의한 트레이닝과는 상반된 개념이다. 행동형성은 꾸준한 발전을 이끌 뿐만 아니라 확실히 오류 없이 그리고 빠르게 트레이닝을 진행할 수 있게 한다. 나는 처음부터 끝까지 15분 만에 한 살배기 망아지를 고삐에 완전히 길들인 적이 있는데 다섯 가지 행동형성 과제, 즉 앞으로, 멈춰, 오른쪽으로, 왼쪽으로, 뒤로를 왔다 갔다 하면서 각 과제에 진전이 있을 때마다 강화하는 방법을 썼다. 이렇게 빠른 성과는 역설적이게도 시간제한, 구체적인 목표 설정, 빠른 진도를 목표로 삼지 않겠다는 우리 의지에 달렸다. 대신 교육 대상이 잘하고 있을 때 트레이너가 주저 없이 교육을 중단하려는 자신의 의지를 믿어야 한다. 일종의 종교적 수양과도 같다.

물론 각 교육 세션을 좋은 분위기에서 화려하게 끝낼 수 없을 때도 있다. 예를 들어 수강생이 한 시간짜리 수강료를 지불해 그 시간만큼 트레이닝을 원하는데, 끝내야 할 최적의 시점이 너무 빨리 온 경우가 그렇다. 또는 세션이 높은 점수를 줄 만큼 잘 진행되지 않고 있지만, 빨리 피로해져 문제가 되는 경우도 있다. 이런 경우에는 강화물을 얻을 수 있는 쉽고 보장된 방법을 통해 세션을 끝내는 것이 현명하다. 그래야 그 세션 전체가 강화를 받은 것으로 기억된다. 돌고래 트레이너들은 자주 간단한 공놀이를 하면서 길고 까다로웠던 세션을 끝낸다. 승마 교사들은 아이들과 말로 하는 게임이나 술래잡기 같은 놀이를 활용한다. 최악의 상황은 세션 마지막에 새 과제나 교재를 제시해 부적절하고 강화를 주지 못하는 행동들로 교육이 마무리되는 것이다. 어린 시절 피아노 레슨이 항상 이렇게 끝났었다. 나는 매우 좌절했었고 여전히 피아노를 치지 못한다.

트레이닝 게임

트레이닝은 몸으로 직접 해 봐야 하는 비언어적 기술이다

행동형성 원리를 잘 이해하고 있더라도 연습하지 않으면 실제로 적용할 수 없다. 행동형성은 말로 하는 과정이 아니라 비언어적 기술이다. 즉, 춤을 추고, 사랑을 하고, 파도타기를 하는 것처럼 시간을 들여 익혀야 하는 상호작용적 행동의 흐름이다. 책을 읽고, 생각하고, 이야기한다고 해서 배울 수 있는 게 아니다. 직접 해 봐야 한다.

행동형성 기술을 익히는 쉽고 매력적인 방법 중 하나는 트레이닝 게임 Training Game이다. 나는 트레이닝 테크닉을 가르칠 때 트레이닝 게임을 한다. 많은 트레이너가 이 게임을 오락처럼 즐긴다. 최소 두 명이 필요한데, 한 명은 트레이너, 한 명은 교육 대상의 역할을 한다. 전체 인원이 여섯 명이 면 이상적인데, 참가자 전체가 피로감을 느끼기 전에 적어도 한 번씩은 교육 대상과 트레이너 역할을 경험할 수 있기 때문이다. 물론 한 학급 또는 대규모 강의에서의 집단도 가능하다. 게임을 관람하는 것도 참여하는 것만큼 재미있다.

일단 교육 대상 역을 맡은 사람을 강의실 밖으로 내보낸다. 나머지 사람들은 트레이너가 될 사람을 정하고 어떤 행동을 형성할지 고른다. 예를 들어, 칠판에 자기 이름 쓰기, 위아래로 점프하기, 의자 위에 서 있기 등이 있겠다. 이제 교육 대상을 들어오게 해 강의실을 이리저리 돌아다니면서 움직이라고 한다. 트레이너는 교육 대상이 목표 행동을 향해 바람직한 방향으로 움직이면 호루라기를 불어서 이를 강화한다. 내 경우에는 적어도 처음 몇 번은 강화물을 받으면 강의실 출입구로 돌아가 다시 시작하는 방식의 규칙을 쓰길 좋아한다. 일부 교육 대상들이 강화를 받은 곳에서 꼼짝없이 서 있으려는 경향을 막는 데 도움이 되기 때문이다. 대화는 허용되지 않는다. 웃음, 신음 소리 및 기타 감정 신호들은 허용되지만 지시나 토론은 최종 목표 행동을 해낼 때까지 금지다.

보통 트레이닝 게임은 꽤 빠르게 진행된다. 예를 들어, 나를 포함한 여섯 명이 친구네 거실에 모여 이 게임을 한 적 있다. 러스가 자원해 교육 대상, 즉 '동물'이 되었고 앤이 트레이너가 될 순서였다. 러스는 거실을 잠시 나갔고 우리는 소파 옆 탁자 위에 놓인 램프에 불을 켜는 것을 러스가 할 행동으로 골랐다. 곧 러스는 거실로 돌아와 이리저리 돌아다니기 시작했다. 러스가 그 램프가 있는 방향으로 가자, 앤이 호루라기를 불었다. 러스는 '출발점'인 거실 입구로 돌아갔다가 자신이 강화를 받은 지점으로 가서 멈췄다. 그런데 이번에는 호루라기 소리가 나지 않았다. 러스가 손을 이리저리 흔들었다. 역시 호루라기 소리는 없었다. 그러자 러스는 머뭇대며 전등에서 멀어졌다. 여전히 호루라기 소리는 나지 않았고 러스는 다시 주변을 걷기 시작했다. 러스가 전등을 향해 다시 걷기 시작하자 앤이 호루라기를 불었다.

러스는 거실 입구로 되돌아갔다가 방금 호루라기 소리를 들은 새 지점으로 돌아왔다. 이번에는 좀 더 램프 가까이 걸었다. 빙고! 호루라기 소리가 들렸다. 러스는 거실 입구로 돌아가지 않고 조금 더 앞으로 가 보았다. 탁자 끝에 이르자마자 호루라기 소리가 들렸다. 러스는 멈추었고 탁자에 부딪쳐 봤다. 이리저리 손을 흔들었다. 역시 호루라기 소리는 없었다. 한 손이 램프를 슬쩍 스치자 앤이 호루라기를 불었다. 러스는 전등을 여기저기 만지기 시작했다. 전등을 옮기고 돌려놓고 흔들어 보기도 했다. 러스가 전등 갓 아래로 손을 뻗자 호루라기 소리가 났다. 러스는 다시 전등갓 아래로 손을 뻗었다. 익숙하고 의도적인 동작으로 러스는 목적을 수행했고 마침내 램프를 켰다. 앤은 호루라기를 불었고 우리 모두 박수를 쳤다.

단순하고 익숙한 행동도 원활하게 진행되는 것은 아니다. 앞의 사례에서 드러났듯 앤이 러스가 처음 강화를 받은 지점으로부터 반대로 움직이는 동안 강화를 하지 않은 것은 훌륭한 결정이었다. 그러나 러스가 강화를 받앉던 지점으로 돌아와 그대로 서 있기만 했다면 앤은 난처했을 것이다.

다음 사례는 좀 더 문제가 드러난 트레이닝 게임의 1라운드다. 고등학교에서 트레이닝 법을 가르치고 있을 때였다. 레너드는 교육 대상, 즉 '동물' 역할을 맡았고 베스가 트레이너가 되었다. 목표 행동은 스위치를 눌러 교실 천장의 전등에 불이 들어오게 하는 것이었다.

레너드가 교실로 들어와 움직이기 시작했고 베스는 레너드가 스위치가 있는 벽 쪽으로 이동하도록 빠르게 행동을 형성하였다. 그러나 레너드는 처음에 주머니에 손을 넣고 움직이기 시작했고 그 상태로 움직이면서 강화를 몇 번 받고 나자, 접착제로 붙인 것처럼 주머니에서 양손을 꺼내지 않았다. 레너드는 벽에 몸을 부딪쳐 보고 벽 근처를 돌거나 기대 보기도 했다. 심지어는 스위치에 몸을 기대기도 했다. 그러나 그에게 스위치는 안중에도 없어 보였고 여전히 주머니에서 절대 손을 빼지 않았다.

나는 이 모습을 지켜보면서 레너드가 손으로 벽을 느끼게 유도할 수 있다면 스위치를 알아차리고 전등을 켤 것이라 생각했다. 그러나 어떻게 주머니에서 손을 빼게 한단 말인가? 베스는 또 다른 아이디어를 냈다. 그녀는 레너드가 벽에 등을 기댄 채 무릎을 구부리는 동작을 '포착'했고, 곧 등을 스위치 근처 벽에 대고 위아래로 문지르는 행동을 형성했다. 베스가 이 동작을 옆으로 이동시킴으로써 레너드가 등으로 스위치를 작동하도록 만들 수 있다는 사실을 알아차린 학생들이 키득거리기 시작했다. 어쨌든 기준에는 맞으니 말이다. 그러나 이 과정은 더뎠고 우리는 레너드가 좌절하고 분노하는 걸 지켜봐야 했다.

그때 마리아가 "제가 해 봐도 될까요?"라며 손을 들었다. 베스는 눈빛으로 나에게 허락을 구했고 나는 어깨를 으쓱해 보였다. 반 전체가 마리아의 참여에 암묵적으로 동의하는 것으로 보였다. 마리아는 자신의 호루라기를 꺼냈다(호루라기를 준비하는 것이 이 수업의 유일한 요구 조건이었다). 마리아는 손짓으로 레너드를 '출발점'에 돌아가 서 있게 했고 벽으로부터 한 걸음 정도 떨어진 곳에 스위치 가까이 의자 하나를 옮겨 놓고 앉았다. 그리고 레너드에게 고개를 끄덕여 시작하라는 신호를 보냈다. 레너드는 마리아의 새 위치를 완전히 무시한 채 전에 매우 자주 강화를 받았던 벽을 향해 돌진했다. 레너드가 마리아를 지나치는 순간 마리아는 발을 걸어 그를 넘어뜨렸다.

넘어지지 않으려고 레너드는 주머니에서 손을 빼 벽을 짚었다. 손으로 벽을 치는 순간, 호루라기 소리가 울렸다. 레너드는 얼어붙어서 마리아를 쳐다보았다. 그녀는 어떤 식으로든 그에게 신호를 줄 가능성을 피하고자 시선을 다른 곳에 두었다. 레너드는 머뭇거리면서 벽을 가볍게 두드리기 시작했다. 마리아는 이 행동을 강화했다. 레너드는 다시 벽을 두드리면서 이번에는 자기가 무엇을 하고 있는지 살폈다. 마리아는 이 행동을 다시 강화했다. 이어 우리는 모두 레너드가 전등 스위치에 완전히 집중하는 모습을 볼 수 있었다. 모두 숨을 죽였다. 그는 허리를 약간 펴고 갑자기 모든 것을 알아챈 듯 스위치를 켰다. 엄청난 환호성이 교실에 울려 퍼졌다.

참여자든 관찰자든 트레이닝 게임과 관련된 모든 사람은 거의 모든 강화물로부터 배우는 것이 있다. 무엇보다 트레이너는 타이밍이 전부라는 사실을 발견하게 된다. 교육 대상이 스위치에 접근하고 있는데 트레이너가 호루라기를 부는 순간 교육 대상이 방향을 돌렸다고 해 보자. 트레이너는 다음번에는 잘 포착해야지 생각할 수 있다. 그러나 이제 교육 대상이 출발 지점으로 돌아갔다가 스위치 쪽으로 돌진해 오더니 조금 떨어진 곳에서 빙글빙글 돌기 시작한다. 휴, 세상에. 트레이너가 빙글빙글 도는 행동을 형성한 것이다. 이것으로 트레이너뿐만 아니라 모든 관찰자는 목표 행동이 실제로 일어나고 있는 동안 조금이라도 빨리 호루라기를 부는 것이 얼마나 중요한지 확인하게 된다.

교육 대상은 이런 학습에서는 두뇌가 전혀 도움이 되지 않는다는 사실을 발견하게 된다. 무슨 생각을 하느냐는 중요치 않다. 호루라기 소리를 따라 계속 이리저리 움직이면 우리 몸은 '우리' 도움 없이 무엇을 해야 하는지 알게 된다. 이는 지적인 사람들에게는 절대적으로 두려운 경험이다. 이들은 호루라기 소리를 들으면 행동을 멈추고 자신이 무엇을 하고 있었는지 분석하려 든다. 그들에겐 자기가 모른다는 것 그리고 자기가 모르는 것이 중요하지 않다는 것이 충격적이다. 나는 동료인 셰리 기시Sheri Gish와 함께 심리학자 로날드 슈스터만Ronald Schusterman을 최대 1분 동안, 즉 그 자리에 모인 사람들이 로날드의 행동이 완벽하게 형성되었다고 동의할 때까지 뒷짐을 진 채 방을 이리저리 돌아다니도록 트레이닝한 적이 있다. 강화물 없이 버티기에는 오랜 시간이었음에도 그는 열심히 참여해 주었고 사람들로부터 큰 박수를 받았다(박수는 트레이너를 위한 강화물인데 이런 반응은 거의 대부분 자발적으로 일어난다). 자신의 연구에서 많은 동물을 교육하고 있는 로날드는 경솔하게 자신은 "트레이닝 될 수 없다"는 말을 한 적이 있었다. 하지만 그가 뒷짐을 진 건 부지불식간의 행동이 아니라 지금 형성된 행동이었다.

이 시연이 보여 주고자 하는 것은 강화 트레이닝의 어떤 마키아벨리적

Machiavellian[29] 특성이 아니라, 언어를 사용하는 의사소통이 매우 중요하며 언어가 없거나 최소한의 부분적 언어 인식만으로는 학습이 불가능하다고 여기는 우리의 습관적 오류의 위험성이다. 비언어적 학습 경험은 교사, 상담사, 관리자와 같이 업무 특성상 언어적 지시를 많이 하는 사람들에게 특히 유용하다. 일단 '동물'이 되어 보면 어떤 교육 대상에게든 공감할 수 있다. 트레이너가 형성하고자 하는 행동을 알려 주고는 있지만 무엇을 하고 있어야 하는지 이해하지 못해 실수를 연발하고 있는 경우가 특히 그렇다. 맞다고 자신했던 행동이 사실은 쓸모없는 것으로 드러나 금방이라도 울음을 터뜨릴 것 같은 사람이나 좌절감과 분노를 느끼는 동물, 아이 또는 환자에게 인내심을 가질 수 있게 된다. 그리고 일단 성인들과 함께 비언어적 행동형성을 연습해 보면, 이제 현실 속 티칭, 코칭, 트레이닝 상황에서 동물, 학생 등 누구든 교육 대상이 "나를 싫어해", "의도적으로 내 화를 돋우잖아", "멍청해", "오늘 몸이 안 좋은 것이 분명해" 같은 말은 쉽게 하지 못할 것이다. 모든 사람이 동의 하에 의지를 가지고 참여하고 있는 이 연습을 해 보면, 뭔가 잘못되었을 때는 교육 방식에 문제가 있는 것이지 교육 대상에게는 문제가 없다는 사실이 명확해진다.

이 게임이 전문가들에게 주는 깨달음은 재미의 일부다. 모든 참여자는 동시에 트레이너의 시야를 얻을 수 있고 트레이너는 즐거운 공감을 받는다. 순수한 오락으로서의 이 게임의 매력은 관련 경험 없이도 누구나 쉽게 즐길 수 있다는 점이다. 이 게임에 뛰어난 재능을 보이는 사람도 있다. 내

---

29 목표 달성을 위해서라면 도덕이나 윤리를 무시하고 권모술수를 사용하여 수단과 방법을 가리지 않는 성향

경험에 의하면, 직관적이고 창의적이며 감정적으로 열정적인 사람들은 뛰어난 트레이너를 만들고 차분하고 관찰을 잘하는 사람들은 훌륭한 학습자를 만든다. 어쩌면 당신의 예상과 정반대일 수 있겠다. 마지막으로, 행동형성에 몰두하고 있는 사람들로 가득 찬 방을 보고 있으면, 미동조차 없는 가운데 교육 대상만이 움직이며 트레이너의 온몸과 마음이 과제에 집중된 것을 알 수 있다. 마치 그림 그리기나 글 쓰기 같은 창의적인 작업과도 같다. 무대 위를 제외하면 보통 창의성은 집단적 경험으로 공유하기 어렵다. 이 측면 하나만으로도 이 트레이닝 게임은 가치가 있다.

하와이 해양생물공원에서 기억에 남을 만한 트레이닝 게임이 몇 번 있는데, 특히 몇몇 돌고래 트레이너들을 위해 '동물' 역할을 했던 철학자 그레고리 베이트슨Gregory Bateson은 정말 트레이닝이 불가능한 경우로 판명 났다. 그가 전형적인 철학자들처럼 꼼짝도 하지 않고 서서 생각만 하기는커녕, 되려 트레이너가 압도당할 만큼 끝도 없이 다양한 반응을 보였기 때문이었다. 정말 흥미로웠던 또 다른 게임은 오찬 후 전문직 여성 여섯 명이 모였을 때였는데, 이들은 관련 없는 분야에 종사해서 서로를 알지 못하는 상황이었다. 심리상담사는 근사한 '동물'이, 무용수는 뛰어난 행동형성 트레이너가 되었고, 두 시간 동안의 게임이 끝나자 이들은 서로를 훨씬 더 잘 알게 되었고 서로를 매우 좋아하게 되었다.

1980년, 뉴욕시의 브레얼리 학교Brearley School에서 고등학생들을 대상으로 트레이닝에 관한 실험적 교육 과정을 가르칠 때였다. 이 수업에서도 트레이닝 게임을 했는데, 극도로 창의적인 여고생 여섯 명이 자기들끼리 한 집에 모여 이 게임을 했다. 두 명이 짝이 되어 계단을 뒤로 기어오르는 것 같은 이색적인 행동을 형성했고, 학교에서 분석적으로 사고하는 법을 매우 잘 배운 이들은 행동형성 세션 전후에 자신의 뛰어난 사고력을 올바르게 발휘했다. 이어 이들은 열여섯 나이 특유의 열정을 가지고 행동형성을 일상화하기 시작했다. 당장 부모님의 행동을 형성했고 교사들에게 포지티브 강화를 사용했으며 자기가 원하는 행동을 선택적으로 강화해 악동 형제자매들을 살가운 동반자로 변화시켰다. 나는 강화 기법과 강화의 가능성 모두를 그렇게 빨리 파악한 그룹은 그 전에도 그 후에도 본 적 없다.

행동형성의 지름길: 타겟팅, 모방, 모델링

빠르게 새로운 행동을 만들 수 있는 세 가지 방법

전문 트레이너들은 행동형성을 보다 빨리하기 위해 몇 가지 테크닉을 쓴다. 그중 우리에게 유용한 세 가지가 타겟팅targeting, 모방mimicry, 모델링modeling이다.

첫 번째 지름길은 타겟팅이다. 바다사자와 다른 공연 동물 트레이닝에서 널리 사용되는데 동물이 코로 목표물, 즉 타겟target을 건드리는 행동을 형성하는 것으로, 타겟으로는 막대기 끝에 붙어 있는 뭉툭한 물건이나 트레이너의 주먹이 간단하게 자주 사용된다. 타겟을 이리저리 움직이면서 동물이 타겟을 건드리도록 만들면, 계단 오르기, 점프나 뒷발로 서기, 트레이너 따라다니기, 운송용 크레이트에 들어가고 나오기 같은 온갖 종류의 행동을 끌어낼 수 있다. 흔히 개가 우리에게 오도록 구슬리기 위해 우리 허벅지를 툭툭 치는 것도 타겟팅을 사용하는 것이다. 이 동작은 개에게 매력적으로 보이는 듯한데 개가 가까이 다가왔을 때 쓰다듬어 줘서 이 행동을 강화한다. 누군가에게 옆에 앉으라고 소파를 가볍게 두드리는 것도 타겟팅의 한 형태다. 단체 관광객이 군중 속에서 가이드가 높이 들고 있는 깃발을 따라 모이는 것도 타겟팅이다. 전통적으로 깃발과 현수막도 전쟁에서 같은 목적으로 사용되어 왔다. 타겟팅은 강화 교육의 새로운 분야, 또는 개, 말 및 동물원 동물들을 위한 '클리커 트레이닝'에서 중요한 도구가 되었다.

두 번째 지름길, 모방은 사람은 물론 일부 포유류와 조류에게 자연스럽게 나타나는 속성이다. 어린 생명체는 모두 성체의 행동을 관찰하고 그대로 따라 함으로써 생존에 필요한 것들을 학습한다. '관찰을 통한 학습'은 종종 심리학자들 사이에서 동물의 지능을 판단하는 기준으로 사용된다(주로 영장류는 모방을 잘하는 데 비해 다른 동물은 그렇지 않다). 하지만 나는 어떤 종이 모방 기술을 가졌는지 여부는 지능 그 자체와 함수 관계가 있다기보다는 이 동물의 생태, 즉 자연 속 역할과 함수 관계가 있다고 본다. 어떤 새들은 행동 모방에 놀랍도록 뛰어나다. 예를 들어 오래전 영국의 박새 titmice는 현관 앞에 배달된 우유병 뚜껑을 쪼아 우유를 마시는 방법을 학습했다. 이 기술이 모방을 통해 박새 무리들 사이에 매우 빠르게 전파되는 바람에 우유 회사들이 병뚜껑을 다시 디자인해야 했다.

개는 관찰을 통한 학습에 능하지 '않다.' 어떤 개가 다른 개의 행동을 그대로 따라하는 경우는 같은 자극에 대한 반응을 보이는 것이지 모방하는 게 아니다. 이와 달리, 동물 심리학자들로부터 개보다 '지능 지수'가 낮다고 평가받는 고양이는 대부분 엄청난 흉내쟁이다. 영어권에서 관습적으로 흉내를 잘 내는 사람들을 '카피캣copycat'이라고 표현해 온 것도 결코 우연이 아니다. 집에서 키우는 고양이 한 마리에게 집 안으로 들여보내 달라는 신호로 벨을 누르는 기술을 가르치면 다른 고양이들도 별도의 교육 없이 이 행동을 한다. 심지어 고양이는 다른 종의 행동도 따라 할 수 있다. 어느 날 저녁, 내 딸이 한 시간 동안 푸들에게 어린이용 흔들의자 위에 앉아 의자를 흔드는 법을 가르치고 있었다. 강화물로는 햄 조각을 사용했다. 고양이 한 마리가 이 모습을 지켜보고 있었다. 교육이 끝나자 고양이는 누가 시키지도 않았는데 자신의 몫으로 눈여겨 둔 햄 조각을 올려다보면서 의자 위로 올라가더니 매우 정확하게 의자를 흔들었다. 고양이는 확실하게 햄 조각을 '벌었다.'

나는 이 강력한 모방 경향성이 왜 고양이들이 나무에 매달려서 오도 가도 못하게 되는지를 설명해 준다고 생각한다. 위로 오르기는 거의 자동으로 나타난다. 즉 생물학자들에 의하면 이는 '내장된 하드웨어' 같은 것이다. 발톱이 나와 있고 이를 이용해 고양이는 나무 위로 달려 올라간다. 내려올 때도 아래로 구부러진 발톱을 유용하게 써먹으려면 뒷발부터 내려와야 하는데, 고양이에게 이는 학습해야 하는, 또는 '추가해야 하는 소프트웨어' 같은 것이다. 개인적으로 한밤중 사다리 꼭대기에서 고양이에게 나무에서 뒷발부터 내려오는 행동을 형성한 적이 있어서 이를 증명할 수 있다. 나무 위에서 어쩔 줄 몰라 하는 고양이의 애절한 울부짖음에 괴롭지 않으려고, 그러니까 나를 위해 고양이를 교육했는데 실제로 그 고양이는 형성된 행동을 잘 유지했다. 계속 나무에 오르지만, 다시는 그 위에 갇히는 일은 없었다. 나는 고양이가 어미와 함께 나무를 오르내리며 어미의 모습을 통해 내려오는 법을 배운다고 생각한다. 그러나 많은 사람이 6~8주 사이의 연약한 고양이를 어미로부터 떼어 내기 때문에 고양이가 모방할 기회를 잃는다.

돌고래가 가진 서로에 대한 강한 모방 경향성은 트레이닝에 큰 도움이 된다. 돌고래 여러 마리에게 같은 행동을 교육해야 한다면, 한 마리의 행동을 먼저 형성한 다음 다른 돌고래들이 모방하려고 시도하는 것을 강화하면 된다. 사육 환경에서 새끼 돌고래들은 물고기 보상을 얻기에 충분히 자라기 훨씬 전부터 어른 돌고래들의 재주를 배운다. 또 많은 해양수족관 사육사들이 다른 동물의 공연을 보며 혼자 '대역' 준비를 하는 동물에 대한 경험을 이야기한다. 이 동물들은 아무런 강화도 없이, 실제 연습도 없이 공연 행동을 배운다. 야생 돌고래의 경우, 다른 돌고래를 흉내 내는 능력은 생존에 중요한 역할을 하는 것이 확실하다.

춤, 스키, 테니스 등 사람에게 신체적 기술을 가르칠 때도 가능하다면 모방을 활용할 수 있고 또 그래야 한다. 모범 자세를 보여 주는 사람이 옆에 서 있거나 등을 보이고 서 있으면 사람들은 별도의 해석 없이 그대로 동작을 따라 할 수 있다. 해석이 적을수록 모방은 더 효과가 있다. 한편, 코바늘 뜨개질 같은 것을 할 때 왼손잡이에게 오른손잡이 기술을 가르치고 싶다면 마주 보고 앉아서 당신을 따라 하도록 하면 된다. 같은 방향의 동작이 아니라 거울을 보고 따라 하는 것 같은 효과를 낼 수 있다.

아이들의 행동형성에서 핵심적인 부분도 모방을 통해 이뤄질 수 있다. 아이들은 좋건 나쁘건 따지지 않고 어른들이 하는 것을 그대로 따라 한다. 어느 날 아침, 우체국에서 어린아이 셋이 야단법석을 피우고 있었는데 정말 듣기 힘들 정도였다. 창구에 줄을 서 있던 엄마는 아이들이 겁을 먹고 조용해질 때까지 수차례 고함을 질렀다. 그녀는 우체국 직원에게 하소연하듯 "어떻게 '하면' 아이들을 조용히 시킬 수 있을까요?"라고 물었다. 직원은 "엄마가 먼저 조용히 이야기하는 모습을 보여 주세요"라고 말했다. 전적으로 옳은 말이었다. 필명이 '매너 부인'인 칼럼니스트 주디스 마틴Judith Martin 은 부모가 자녀에게 좋은 매너를 가르치고 싶다면 '태어나서 결혼할 때까지' 교육하는 동안에는 모든 식구가 정갈한 태도로 식사하고, 정중하게 대화하고, 다른 사람의 행동이나 대화에 적어도 관심을 기울이는 모습을 보여 줘야 한다고 말한다.

세 번째 지름길은 모델링[30]으로, 우리가 원하는 행동을 교육 대상이 배울 수 있도록 동작을 트레이너가 손으로 만드는 것이 포함된다. 즉, 골프 코치들은 초보자의 등 뒤에서 팔을 에워싸 직접 채를 잡고 움직이면서 원하는 스윙을 가르친다. 유인원에게 수어를 가르치는 연구자 일부도 모델링을 많이 사용하는데, 어린 침팬지의 손을 잡아 움직이면서 원하는 손 위치나 움직임을 하도록 한다. 결국 침팬지는 그 의미를 이해하고 자발적으로 수어 동작을 만든다. 살아 있는 사람과 말이 유명한 그림 또는 조각상을 흉내 내 포즈를 취하는 서커스 공연이 세기말에 큰 인기를 끈 적 있는데, 이 '살아 있는 조각상'의 비밀이 바로 모델링이다. 관객들은 사람이나 말이 미동도 없다는 사실에 열광했다. 예를 들어 무대 조명이 켜지면, 나폴레옹의 워털

---

30 교육심리학에서 모델링modeling은 흔히 누군가의 행동을 모방하여 이 행동을 보여 주는 것을 의미하는데, 이 책에서는 교육 대상이 누군가의 행동을 따라 하는 것은 '모방', 트레이너가 교육 대상의 신체를 잡고 특정 동작을 취하도록 만드는 것은 '모델링'으로 설명하고 있다.

루 전투의 한 장면이 눈앞에 펼쳐지는 것이다. 무대 위에는 사람뿐만 아니라 목을 아치형으로 빼고 앞다리를 든 채 마치 조각상처럼 서 있는 말도 있었다. 내가 들은 바로는 우선 그들은 말이 완전히 편안한 상태가 될 때까지 몇 시간씩 말을 마사지해 준 다음, 원하는 자세로 찰흙을 빚듯 그들을 모델링하고 그 상태로 있을 때 강화하는 방식으로 이를 완성했다고 한다.

널리 활용되고 있긴 하지만 사실 나는 트레이닝 방법으로서의 모델링이 다소 미심쩍다. 트레이너가 잡아 주거나 밀거나 또는 모델링을 하지 않고도 교육 대상이 그 행동을 하거나 적어도 하려고 할 때까지는 충분히 학습했다고 확신하기는 힘들다. 교육 대상이 학습한 것이라곤 트레이너가 자신에게 하는 것을 그냥 내버려 두는 게 전부일 수 있다. 예를 들어, 개가 물고 오기를 교육받을 때 실제 배우는 것은 트레이너가 자기 입 안에 덤벨을 물리고 입을 다물게 하도록 내버려 두는 것이다. 이때 트레이너가 덤벨을 놓으면 개도 놓는다. 높은 의자에 앉혀 둔 아기는 부모가 잡고 있는 동안에는 조용히 앉아 있지만 손을 떼는 순간 일어나 움직인다. 교육을 받는 것은 오히려 모델링을 하는 사람이다. 점점 더 오랫동안 잡고 있거나 지키고 있게끔 말이다.

교육 대상이 같은 동작을 충분히 오랫동안, 혹은 충분히 자주 하게 하면 결국 그 행동을 하는 법을 학습한다고 볼 수 있다. 대체로 맞는 말이지만 상당히 긴 여정이 될 수 있고, 또한 트레이너가 동작을 잡아 주던 수준에서 스스로 하는 수준으로 가려면 "아하! '내가' 스스로 이렇게 하길 바라는구나"를 인지하는 통찰이 필요하다. 동물에게는 너무 큰 기대이다. 교육 대상이 아인슈타인이라 하더라도 깨우치는 순간이 올 것이란 희망만 가지고 반복하기에는 소중한 교육 시간을 비효율적으로 쓰는 꼴이다. 모델링을 효과적으로 만드는 방법은 행동형성과 결합하는 것이다. 트레이너는 교육 대상이 자세를 취하도록 잡고 있거나 동작을 하게 만드는 동안, 교육 대상의 신체 일부가 적절한 동작을 시작하려는 아주 적은 노력을 보이는 순간을 포착해야 한다. 그 노력이 바로 우리가 강화해야 할 행동이다. 즉, 덤벨을 물고 있던 개의 입이 살짝 더 조여지고, 골프 수강생의 스윙이 부드러워지기 시작하며, 새끼 침팬지가 손을 스스로 움직이는 찰나를 칭찬해야 한다. 모델링이 '서서히 사라지게' 만드는 동안 새 행동을 형성할 수 있다. 모델링과 행동형성의 결합은 행동을 트레이닝할 때 효과적인 방법으로 자주 쓰인다. 이 두 결합은 효과가 있지만 모델링만 단독으로 사용할 때는 효과를 기대할 수 없다.

행동형성은
모든 동물에 적용 가능하다

행동형성으로 나의 나쁜 습관 고치기

행동형성은 거의 모든 유기체에 적용 가능하다. 심리학자들은 아주 어린 아기들을 대상으로 전등을 켜고 끄기 위해 팔을 흔드는 행동을 형성한 적이 있다. 새와 물고기의 행동도 형성할 수 있다. 나는 큰 소라게에게 저녁 식사를 달라고 집게발로 끈을 당겨서 벨을 울리는 행동을 형성한 적 있다. 여기서 핵심은 소라게가 우연히 집게를 흔드는 순간에 먹이를 주었고, 집게를 끈과 연결한 데 있다. 나는 긴 해부용 가위로 소라게의 입 근처까지

새우 조각을 가져다주는 방식으로 강화물을 제공했다. 하버드 대학의 리처드 헤른스테인Richard Herrnstein 교수는 나에게 가리비가 먹이 보상을 받기 위해 껍질을 부딪쳐 탁 소리를 내는 행동을 형성한 적이 있다고 말했다. 가리비에게 먹이를 준 방법은 말해 주지 않았지만 말이다. 해양 포유동물 트레이너들은 자신들이 어떤 동물이든 신체적, 정신적으로 가능한 '모든' 것을 하도록 행동형성 할 수 있다고 자랑하길 좋아한다. 내가 아는 한, 이들의 말은 사실이다.

특히 교육 대상에게 행동형성이 유익한 경험이라면 집중 시간이 증가하는 것으로 그 효과가 나타난다. 실제 트레이너는 참여 시간의 길이를 행동형성한다. 하지만 어떤 유기체들은 타고나길 집중 시간이 길지 않다. 강아지, 망아지, 아기와 같은 미성숙한 유기체에게는 특정 행동을 서너 번 이상 반복시켜서는 안 된다. 압박감으로 낙담하거나 겁먹을 수 있다. 그렇다고 미성숙한 유기체는 학습할 수 없다는 말은 아니다. 이들은 항상 학습하고 있지만 짧게 순간적으로 배울 뿐이다. 내가 아는 낚싯배 선장은 생후 4개월 된 손녀딸에게 "하이파이브!"를 가르쳤다. 아기는 재즈 음악가가 멋들어진 무대 인사를 하듯 열정적으로 손바닥을 펴서 할아버지의 손을 찰싹 쳐, 보는 사람들을 깜짝 놀라게 했다. 고작 몇 번의 짧은 '트레이닝 세션' 만에 이 행동을 배운 것이었다.

행동형성에 영향을 미치는 생물학적 제약은 더 있다. 어떤 행동은 특정 종에게 자연스럽게 나타나지만, 다른 종에게는 어렵다. 예를 들어, 돼지는 무엇인가를 입에 물고 옮기기는 어려워 보이지만 주둥이로 물건을 파헤치는 행동은 쉽게 배운다. 개는 품종에 따라 외형은 물론 행동 성향도 다르게 발달했다. 콜리에게는 양떼 모는 행동을 형성할 필요가 거의 없다. 번식 과정을 거치면서 양을 따라다니는 행동이 확립되었기 때문이다. 심지어 과할 정도이다. 반면 바셋 하운드에게 양몰이 행동을 형성하기로 결심했다면 스스로에게 풀 수 없는 숙제를 준 셈이다. 어떤 기술은 생애 발달 단계 중 특정 단계에서 훨씬 쉽게 학습된다. 새끼 몽구스는 생후 6주 이전에 길들이면 사랑스러운 반려동물이 될 수 있지만 그 이후에는 매우 어렵다. 일반적으로 언어 학습은 성인기보다 아동기에 더 수월하다고 알려져 있다. 물론 최근 들어 언어학자들이 의지를 갖추고 열심히 학습할 경우 성인이 아동이나 청소년보다 더 빠르게 새 언어를 배울 수 있다는 사실을 발견하고 있긴 하다. 내 생각에 수영은 성인에게 가르치기 매우 힘든 행동에 속한다. 인간은 자연발생적으로 수영을 하지 않는 드문 동물 중 하나다. 성인에게도 물에 뜨는 법과 수영 동작을 가르칠 수 있지만 어렸을 때 수영을 배우지 않은 사람이 깊은 물 속에서 장난치고 편안해 하는 걸 본 적이 없다.

스스로에게 행동형성을 하는 경우라면 어떨까? 세상에는 금연, 다이어트 등 자기 행동을 변화시키기 위한 온갖 종류의 프로그램이 존재한다. 대부분 이런 프로그램은 일반적으로 행동 수정behavior modification이라고 불리는 행동형성 방법에 의지하는데, 성공적일 수도 아닐 수도 있다. 내 생각에 이런 프로그램들의 문제는 우리가 스스로를 강화하길 요구한다는 것이다. 하지만 우리가 스스로를 강화할 때는 강화받는 사건이 결코 '놀랄 일'이 아니다. 교육 대상이 트레이너가 무엇을 하고 있는지 훤히 알고 있으니 말이다. 따라서 "젠장, 내 차트에 별 스티커를 하나 더 붙이느니 그냥 담배를 피우겠어"라는 말을 아주 쉽게 하게 된다.

셀프 행동형성self-shaping은 일부 사람들에게는 효과가 있을 수 있다. 그 외 다른 사람들은 서너 개의 다른 프로그램을 거치거나 주어진 방법을 여러 번 반복한 후에나 목표를 이룰 수 있다. 이런 사람들은 사실 성공적으로 습관을 바꾸거나 중독에서 벗어날 수는 있지만 첫 번째 시도에서는 거의 불가능하다. 여전히 최면이나 자기 암시 방식으로 큰 도움을 받는 사람들도 있다. 한 대형 출판사의 수석 편집자는 나에게 최면술사에게 배운 방법으로 심각한 흡연 습관을 고친 경험을 이야기해 주었는데, 흡연 충동에 사로잡힐 때마다 자기 최면을 통해 긴장을 풀고 가벼운 최면 상태로 들어가 "나는 담배를 피우고 싶지 않다"라는 기도문이나 좋은 글귀를 반복적으로 읊었다고 했다. 그의 말에 따르면 이 기법은 그와 담배 사이에 '커튼을 내리는 효과'가 있었던 것 같다. 또한 흡연 충동이 사라졌을 때 느껴지는 안도감과 자축이 그에게 강화물이었다. 하지만 이런 현상이 실제로 일어난 것인지 다른 강화의 효과가 있었던 것인지는 단언하기 어렵다.

이 책을 쓰는 동안, 나는 호기심이 생겨서 공식적인 행동형성 프로그램 몇 개를 직접 시도해 보았다. 금연, 명상, 체중 조절, 재무 관리를 위해 수업 두 가지와 자기 관리 두 가지를 시작했다. 모두 어느 정도 성공했지만 처음부터 다 그런 것은 아니었다. 어떤 것은 일 년이 넘게 걸렸다. 자기 강화에서 유용했던 유일한 방법은 네 가지 프로그램 모두에서 사용한 '기록하기'였다. 나는 행동의 '향상'을 한눈에 볼 수 있도록 내가 한 것을 기록했다. 그래프도 사용했다. 그래프를 보면 실수나 깜빡하고 빼먹은 날에 대한 죄책감이 누그러졌고, 6개월 전보다 지금이 훨씬 나아졌다는 사실을 한눈에 확인할 수 있었다. 완벽하진 않더라도 그래프는 바람직한 방향으로 뻗어나가고 있었다. 이 그래프는 강화물로서 약하고 느리게 작동했지만, 개선에 대한 가시적인 증거를 보여준다는 점에서 프로그램을 지속해 나가기에 충분한 동기를 제공해 주었다.

매우 효과적인 자기 관리 행동을 형성하는 방법의 하나는 컴퓨터를 활용한 트레이닝이다. 컴퓨터 프로그램으로 흥미진진한 강화 방법을 설계할 수 있어 학습은 빠르게 진행되고 행동형성의 경험은 즐거워진다. 컴퓨터 프로그램은 포지티브 강화 법칙을 적용할 수 있는 최첨단 매개체가 되었다.

말없이 행동형성하기

함께 사는 사람에겐
말없이 행동형성 하는 것이 효과적이다

테니스 레슨 같이 공식적인 트레이닝 상황에서 학습자는 자신의 행동이 형성되고 있음을 알고 있고 이 과정에 기꺼이 참여한다. 따라서 트레이너는 굳이 반응을 기다렸다가 강화할 필요가 없다. 트레이너는 "이렇게 하세요. 좋아요. 이제 두 번 하세요. 좋아요"처럼 행동을 유도하는 말을 사용할 수 있고 아무런 해도 입히지 않는다.

그러나 일상생활에서는 지시나 언어적 논의 없이 행동을 형성하는 것이 더 좋다. 집안 여기저기에 지저분한 옷가지를 늘어놓는 룸메이트와 살고 있다고 가정해 보자. 고함을 지르고 애원하는 등의 언어적 지시는 별 효과가 없다. 그렇다면 어떻게 깔끔하게 정리하게 할 수 있을까? 행동형성으로 가능하다. 먼저 원하는 최종 목표에 이르게 하는 첫 단계와 중간 단계들을 포함해 행동형성 계획을 세운다. 예를 들어, 더러워진 빨랫감을 항상 바구니에 넣게 하고 싶다면 먼저 양말 하나부터 시작한다. 그리고 그의 양말이 바닥에 떨어지려는 찰나에 들고 있던 빨래 바구니를 내밀어 그 행동을 '타겟팅' 한다. 강화물은 언어든 촉각이든 룸메이트가 잘 반응하고 좋아하는 것이라면 무엇이든 좋다. 사람들은 둔하지 않으므로 충분한 강화물만 주면 자신의 행동을 수정한다. 어쩌면 여기저기 흩어져 있는 더러운 빨랫감이 "너는 내 옷이나 주워!" 같은 당신을 향한 미묘한 공격성의 표현이더라도, 포지티브 강화를 사용하면 적절하다고 판단되는 수준까지 안정적이고 가시적으로 행동을 형성하는 발전을 끌어낼 수 있다.

그런데 이 행동형성을 사용할 때 두 가지 함정이 있다. 하나는 향상보다 실수가 더 눈에 들어온다는 점이다. 그래서 우리 같은 언어적 동물은 기대 수준에 못 미치면 강화하기보다 불평하게 된다. 그러면 그간의 노력이 물거품이 될 수 있다. 또 다른 함정은 누군가의 행동형성을 계획하고 있을 때 그것이 무엇인지 이야기하고 싶은 유혹에 시달린다는 점이다. 하지만 이야기하는 순간 교육을 망칠 수 있다. 바구니에 빨랫감을 넣고, 담배를 피우지 않고, 용돈 씀씀이를 줄이는 등 상대방의 어떤 행동이라도 형성하고자 할 때 "나는 당신의 어떤 행동을 강화할 거야"라고 이야기한다면 사실은 강화가 아니라 약속이나 뇌물을 주는 꼴이 된다. 당신의 계획에 따라 교육이 진행되는 동안 상대방이 저항할 수도 있고 잘못된 행동이 더 심해질 수 있다. 그러니 원하는 결과를 얻기 위해서는 절대 그것에 대해 말하지 말고 행동을 형성'해야' 한다.

그리고 당신이 누군가의 행동형성에 성공했더라도 그것에 대해 자랑하거나 떠벌리지 않는 게 좋다. 행동을 형성하는 사람들 중 일부는 이것을 이해하지 못하고 '자신이' 한 것을 자랑하기에 급급하다. 이는 기껏해야 상대를 깔보는 것이고 교육 대상을 평생의 적으로 만들기에 딱 좋은 방법이다. 적절하게 강화하기 위해 당신의 행동을 바꿈으로써 누군가의 기술을 향상시키거나 나쁜 습관을 없애도록 도왔을지는 모르지만 실제로 누가 그 모든 어려운 일을 했는가? 바로 교육 대상자다. 현명한 부모는 자녀를 키우면서 어떤 훌륭한 일을 했는지 절대 떠벌리지 않는다. 우선 우리는 모두 자녀 교육이란 절대 끝나지 않는다는 것을 알고 있고, 또 아이들은 우리가 저지른 모든 교육 실수 속에서 살아남은 것만으로도 인정받을 자격이 있다.

사람의 행동형성은 암묵적일 수 있고 심지어 그래야 하기 때문에, 어떤 이들에게는 행동형성이 누군가를 조종하는 악랄한 속임수로 비칠 수 있다. 나는 이것은 오해라고 생각한다. 행동형성이 비언어적으로 이루어져야 하는 이유는 우리가 다루고 있는 것이 행동이지 아이디어가 아니며, 또한 교육 대상의 행동뿐만 아니라 트레이너의 행동도 다뤄야 하기 때문이다.

그러나 당신이 행동을 형성하고 있다는 사실을 상대방이 의식하지 못한 상태에서 그 사람의 행동을 형성할 수 있다면, 그리고 테니스 레슨과는 달리 행동형성에 공식적으로 동의를 하지 않은 상황에서 인간의 행동을 비언어적 상태에서 형성해야 한다면, 누군가가 끔찍한 짓을 하도록 행동형성을 하는 것도 가능한 일 아닌가?

그렇다. 특히 당신이 실제 공포심을 유발할 만큼 심한 혐오 자극을 네가티브 강화로 사용하고 있다면 가능하다. 심리학자 마틴 셀리그만Martin Seligman은 실험을 통해 '학습된 무기력learned helplessness'이라는 현상을 발견했다. 동물은 먼저 지렛대를 누르거나 케이지의 다른 위치로 이동하면 전기충격 같은 혐오 자극을 피할 수 있다는 것을 배운다. 이후 어떤 행동으로도 전기충격이 사라지지 않는 환경으로 바꿨더니 동물들은 점차 혐오 자극에서 벗어나려는 시도를 포기했다. 완전히 순응적이고 수동적이 되었고 나중에 다시 자유로워질 수 있는 길이 열려도 그 자리에 엎드려 처벌을 받아들였다. '세뇌brainwashing'는 아마도 사람에게 나타나는 비슷한 현상일 수 있다. 사람이 심각한 박탈감과 벗어날 수 없는 두려움이나 고통에 노출된다면, 그리고 그 혐오 자극이 이후에 네가티브 강화물로 사용된다면, 즉 교육 대상이 행동 변화를 통해 피하거나 중단시킬 수 있는 조건으로 사용된다면, 동물은 절망하겠지만 사람은 더 강인해져 누군가는 네가티브 강화를 피하고자 무슨 짓이든 할 것이다. 은행 강도가 되어 기관총까지 들고 있던 패티 허스트Patty Hears[31]의 유명한 일화가 그 증거다. 그러나 그녀의 납치범들이 그렇게 하는 방법을 책으로 배울 필요가 없었던 것처럼, 우리 각자가 행동형성이 작동하는 법칙을 좀 더 이해한다면 이런 사건에 더욱 잘 대응할수 있지 않을까 싶다.

---

31 미국 언론 재벌 허스트 가문의 딸이며 19세 때 강도들에게 납치되었는데 어찌 된 일인지 납치범들과 한패가 되어 은행을 습격했다. 극도의 공포 상황에서 보이는 인간의 이상 행동 및 판단 능력 저하의 사례로 언급된다.

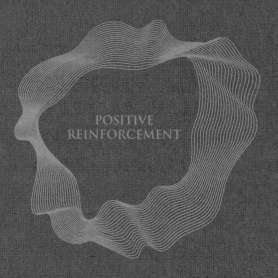

POSITIVE
REINFORCEMENT

3장

자극 통제,
강압 없이 함께 즐기는 교육

정확하게 행동하도록 가르치는 법

자극과 자극 통제

여러 번 말해도 무시하거나
꾸물대는 행동 바꾸기

행동적 반응을 일으키는 것은 무엇이든 자극stimulus이라고 한다. 어떤 자극은 학습이나 교육 없이 반응을 일으키는데, 갑작스러운 굉음에 몸을 움찔하고, 밝은 빛을 보면 눈을 찡그리고, 식욕을 돋우는 냄새에 이끌려 주방을 어슬렁거리는 것이 이에 해당한다. 동물들도 마찬가지다. 이런 소리, 빛, 냄새를 무조건 자극unconditioned stimuli[32] 또는 일차 자극primary stimuli이라고 부른다.

또 다른 자극은 강화된 행동과의 '연관association'에 의해 학습된다. 이런 자극은 그 자체로는 의미가 없을 수 있지만 인식할 수 있는 신호가 되어 행

---

32 학습하지 않고도 본능적으로 행동하도록 만드는 자극

동을 일으킨다. 예를 들어, 우리는 신호등에 따라 앞으로 가거나 멈추고, 전화벨 소리에 전화를 받으려고 뛰어가며, 시끄러운 거리에서도 자기 이름을 부르는 소리에 몸을 돌린다. 우리는 매일 수없이 많은 학습된 신호들에 반응한다. 이런 것들을 자극, 큐cue 또는 신호signal라고 한다.

우리는 행동이 강화 받은 이력이 있기 때문에 그 행동과 연관된 신호를 학습한다. 시끄러운 전화벨 소리(네가티브 강화물)는 전화를 받으면 사라지고 이어서 반가운 사람의 목소리(포지티브 강화물, 또는 바라던 것)가 들린다. 신호 또는 변별 자극discriminative stimulus[33]은 과거에 강화된 적 있는 행동을 준비시키거나 다시 하도록 만든다. 반대로 자극이 없다면 특정 행동에 대한 강화물이 없다는 것도 안다. 벨이 울리지 않는 전화를 받아 봐야 아무 소리도 들리지 않듯 말이다.

대부분의 정규 트레이닝formal training 과정의 상당 부분은 변별 자극을 설정하는 노력으로 이뤄진다. 신병 교육을 맡은 교관이나 반려견 교육 수업에 참여하고 있는 보호자의 우선적인 관심은 교육 대상이 지시에 따르도록 만드는 데 있는데, 이 지시가 사실 변별 자극이다. 개가 '앉아'를 할 수 있거나, 사람이 '제자리에 서!'를 할 수 있는 것 자체가 중요한 것은 아니다. 우리가 주목해야 할 부분은 이 행동이 지시에 따라 정밀하게 이루어진다는 점이다. 이를 우리는 복종obedience이라 부른다. 즉, 단순한 행동의 습득이 아니라 신호가 주어지면 즉시 행동을 실행할 것이라고 보장하는 것이다. 심

---

33 트레이너가 선택한 자극(특별한 소리나 불빛)을 제시했을 때 반응하면 강화하고 자극이 없을 때는 강화하지 않으면 교육 대상은 자극이 제시될 때만 반응하는 것을 학습하게 된다. 이런 특별한 자극은 앞으로 강화(보상)를 받을 가능성이 있음을 변별하도록 만든다는 의미에서 '변별 자극'이라 부른다.

리학자들은 이 작업을 '행동을 자극 통제stimulus control[34] 아래에 두기'라고 부른다. 교육은 규칙에 따라 이루어지므로 까다롭지만, 교육에 적용되는 규칙들은 분명 탐구할 만한 가치가 있다.

개한테 이래라저래라하는 데도 관심 없고 신병을 훈련 시킬 일도 없다고 해도 우리는 자극 통제를 이해하고 활용할 수 있다. 예를 들어, 자녀들을 불러도 꾸물대면서 오지 않는다면 우리의 자극 통제는 영 신통치 않은 것이다. 직원들이 일을 제대로 마무리하기 전까지 두세 번, 혹은 가끔은 서너 번씩 재지시하거나 확인해야 한다면, 이 역시 우리의 자극 통제에 문제가 있는 것이다. "내가 한 번만 더 말하면 아마 천 번째 말하는 걸 거야. 제발 문 좀 쾅 닫지 마!!" 또는 "소파 위에 젖은 수영복 좀 올려놓지 말라니까!"라는 말을 한 적 있는가? 한 번 '또는' 수천 번을 말해도 효과가 없다면 그 행동은 자극 통제 아래 있지 않다는 뜻이다.

우리는 자신이 자극 통제를 하고 있다고 착각해 상대방이 나의 신호나 지시에 따를 것이라 기대한다. 상대에게서 원하는 반응이 나오지 않을 때 흔한 우리의 반응은 신호를 점점 크게 하는 것이다. 외국에 나가 웨이터가 우리 말을 못 알아듣는다면 더 큰 소리로 말하는 식이다. 하지만 보통 효과가 없다. 먼저 상대가 신호를 인식해야 한다. 그렇지 않으면 아무리 소리를 크게 질러도, 심지어 록 밴드 공연용 음향 증폭 시스템을 쓴다 해도 소용이 없다. 상대는 그저 멍한 시선만 던질 것이다. 조건화된 자극에 대한 적절한 반응을

---

34 어떤 행동이 특정 자극이 주어질 때만 일어나고 다른 자극에 대해서는 일어나지 않는 상태. 변별 교육을 통해 행동이 변별 자극의 영향을 받으면 그 행동을 자극 통제 아래 있다고 표현한다.

끌어내는 데 실패한 사람들이 보이는 또 다른 반응은 화를 내는 것이다. 이 방법은 교육 대상이 바람직하지 않은 행동을 보일 때만, 또는 잘 학습된 신호에 대해 적절히 반응하지 않을 때만 효과가 있다. 그런 경우 타임아웃이나 분노 표출과 같은 혐오적인 방법이 때때로 좋은 행동을 유발할 수 있다.

때로는 교육 대상이 정확한 반응을 보이기는 하는데 한참 후에, 또는 미적대며 반응하기도 한다. 굼뜬 반응을 보이는 이유는 교육 대상이 빠르게 반응하도록 가르침 받지 않았기 때문이다. 신호에 올바르게 반응하는 것 외에 신속하게 반응하는 것을 포지티브 강화하지 않았으니 교육 대상은 신속하게 신호에 따르면 이득을 얻을 수 있다는 것을 학습할 기회가 없었던 것이다. 이 행동도 확실히 자극 통제 아래 있지 않다.

실생활에서는 자극 통제가 잘못 관리되는 경우가 넘쳐 난다. 누군가가 권위를 행사하려고 들 때마다 상대는 '불복종'으로 곤경에 처하기 쉽지만, 이 너무 흔한 갈등의 진실은 권위-불복종의 문제가 아니라 지시를 이해하지 못했거나 신호를 따를 수 없거나의 문제다. 즉 잘못된 의사소통이나 허술한 자극 통제 탓이다.

신호 설정하기

가장 신나게 배울 수 있는 방법

전통적인 방법을 쓰는 훈련사들은 트레이닝을 신호를 주는 것부터 시작한다. "앉아!" 그런 다음 개를 앉게끔 압박한다. 수차례 반복을 통해 개는 이리저리 압박받는 것을 피하다가 '앉아'를 배우고 결국 '앉아'라는 말에 앉는 행동을 하면 목줄이 당겨지는 것을 피할 수 있다는 것을 학습하게 된다. 이렇듯 전통적으로 사용되어 온 신호나 지시어는 사실 조건화된 네가티브 강화물이다.

반면 오페란트 조건화에서는 행동을 먼저 형성한다. 개에게 아직 이해하지 못하는 뭔가를 하라고 말하는 것은 무의미하다. 그래서 일단 행동부터 안정적으로 확보한 뒤 특정 자극을 제시하는 도중이나 직후에 그 행동을 하게끔 형성한다. 예를 들어, 클리커와 강화물을 사용해 여기저기서, 즉 이쪽 잔디 위에서 그리고 저쪽 매트 위에서 빨리, 깔끔하게, 오래 그리고 자주 등 여러 가지 기준을 충족하는 '앉아' 행동을 만든다고 해 보자. 개가 강화물을 받는다는 희망에 차서 강한 자신감을 가지고 행동할 때까지 교육을 진행한다. 그리고 이제 그 특정 행동을 의미하는 신호를 좋은 일이 생길 기회라는 의미이자 강화물을 얻을 기회로 도입한다. 이렇게 하면 이 신호는 조건화된 포지티브 강화물이 되어 강화가 따른다는 것을 보장하는 역할을 한다.

교육 대상에게 신호를 소개하는 방법은 여러 가지가 있다. 첫 번째 방법은 행동이 시작되자마자 신호를 제시하고 이 행동을 잘 끝내면 강화하는 것이다. 이 연속 과정을 시간과 장소를 달리하며 반복하는데 점차 신호를 제시하는 시점을 앞당겨서 최종적으로는 행동이 시작되기 전에 신호를 준다. 머지않아 학습자는 특정 행동이 강화를 받게 되는 기회로 그 신호를 인식하게 된다. 이제 "앉아"라고 말하면 앉게 된다.

두 번째 방법은 우리가 돌고래 교육에 사용했던 방법인데, 신호를 주는 것과 신호를 안 주는 것을 번갈아 가며 사용하는 것이다. 예를 들어, 교육하려는 행동, 즉 앉는 행동이 자주 일어난다고 가정해 보자. 개에게 "앉아"라고 말하고 개가 앉으면 클리커를 누른다. 그다음에는 한두 번 정도 개가 그냥 앉더라도 클리커도 누르지 않고 강화도 하지 않는다. 이제 다시 "앉아"라고 말하고 이 신호에 따라 앉으면 강화한다. 같은 교육 세션 상에서 신호가 제시될 때 앉는 행동은 강화하고 신호 없이 앉는 행동은 사라지게 하는 것이다.

일단 학습자가 이 규칙을 이해하게 되면 사실 새로운 신호를 새로운 행동에 거의 즉시 붙일 수 있다. 그러나 이 방법은 어리거나 교육 경험이 부족한 동물이 처음으로 신호를 학습할 때는 어려움이 발생할 수 있다. '소거 extinction'라고 불리는 과정 때문이다. 소거는 어떤 행동의 대가로 주어지던 강화물을 제거하는 것을 일컫는데, 이는 혐오적인 경험(4장 참고)이며 여러 감정을 유발할 수 있다. 내 경우에는 전에는 늘 주어지던 물고기 보상이 사라지자, 화가 난 돌고래가 물보라를 선사해 머리부터 발끝까지 흠뻑 젖었던 경험이 있다.

신호를 추가하는 세 번째 방법은 마치 '신호에 대한 반응' 자체가 행동인 것처럼 형성하는 것이다. 예를 들어, 이것이 처음으로 클리커 트레이닝으로 배운 행동이라면 강아지가 우리를 거의 넘어뜨릴 기세로 부리나케 뛰어와 앉는 것을 볼 수 있을 것이다. "봐요, 나 지금 앉았어요. 봤어요?" 클리커 트레이너들은 이것을 강아지가 '앉기 행동을 던진다'라고 표현하곤 한다. 이때가 신호를 소개할 최적의 시점이다. 신호를 배울 준비가 되었으므로 우리는 언제 앉아야 강화를 받을 수 있는지를 알려 주면 된다. 그래야 강아지가 우리가 양팔 가득 식료품을 안고 있을 때 발치 아래에서 제멋대로 앉지 않는다.

클리커와 간식을 꺼내고 "앉아"라고 말한 후, 강아지의 엉덩이가 바닥을 향해 내려가는 그 처음의 작은 움직임에 클리커를 누른다. 전체 행동이 아니라 앉기 시작할 때여야 한다. 그리고 강아지가 먹이를 먹기 위해 자리에서 일어나도록 먹이를 바닥에 던진다. 다시 "앉아"라고 말하고 개가 앉기 시작하면 행동이 완료되기 전에 다시 클리커를 누른다. 수신호 또는 몸짓을 추가하거나 아주 명료하게 말하는 식으로 신호의 종류를 추가할 수 있다. 단, 이런 보조적 신호들은 클리커를 누른 즉시 중단해야 한다는 점을 명심한다.

이런 식으로 몇 번의 클릭만으로 신호에 맞춰 활력 넘치게 앉는 행동을 이끌어 낼 수 있다. 이제는 신호가 제시된 뒤 앉았을 때 클리커를 눌러 주는 단계로 되돌아가되, 엉덩이를 바닥에 완전히 붙이고 앉았을 때만 클릭을 해 준다. 그래야 엉거주춤 절반만 앉는 습관을 갖지 않게 된다. 다음 단계는 새로운 앉아 신호를 주고 강화하면서 잘 학습된 다른 행동들, 가령 강아지를 부른 뒤에 강아지가 오면 쓰다듬어 주기 같은 다른 행동을 중간마다 집어넣는 것이다. 마지막 단계로 신호를 기다리는 행동을 형성한다. 즉, 신호가 제시될 때까지 개가 당신에게 집중하면서 행동은 하지 않는 시간을 0.5초, 1초, 그다음에 3초로 늘려 나간다. 여기까지 했다면 이 모든 보조적 신호들은 서서히 없애고 오로지 단어만 사용하기 시작할 수 있다. 이렇게 해서 강화물을 얻을 것이라는 기대를 하며 의도적으로 보여 주는 자발적인 행동, 즉 오페란트 행동으로서 신호 반응이 만들어졌다.

내가 관찰한 바에 따르면, 이것이 개별 신호를 설정하고 그 신호는 수행해야 할 행동을 나타낸다는 일반화를 이루는 가장 빠른 방법이다. 한 여성이 4개월 된 검정 래브라도 강아지를 막 입양해 내가 진행하는 세미나에 데리고 온 적 있다. 나는 토요일 점심시간 동안 그녀가 강아지에게 처음으로 클리커로 교육하는 행동인 '엎드려'를 형성하도록 도왔다. 나는 이 강아지가 어떤 교육도 받은 적 없는 백지상태이며 할 수 있는 것이라곤 도통 없는 천방지축이라고 확신했다. 어떤 행동을 하면 먹이가 주어진다는 사실을 알아차리게 만드는 데도 꽤 시간이 걸렸다.

그날 오후, 세미나 참가자 모두가 신호를 인식하는 행동형성을 연습했다. 다음날 점심시간, 전날 만났던 그녀와 강아지가 나를 다시 찾아왔다. 나는 이 강아지가 24시간 만에 무엇을 얼마나 배웠을까 싶었는데, 녀석은 '앉아', '엎드려', '굴러', '이리 와'를 했고, 무게 중심을 왼쪽으로 옮기고 오른발을 가능한 한 멀리 공중으로 뻗는 환상적인 '하이파이브'까지 해냈다. 그리고 물건을 찾아서 가져오기 시작했다. 그 강아지는 모든 신호에 엄청나게 빠르고 정확하게, 그리고 순서와 상관없이 반응했다. 게다가 짜릿한 쾌감을 느끼는 듯했다. 전혀 다른 강아지가 되어서 교육을 온전히 즐겼고 평생 쓸 근육을 다 써 버릴 것 같은 기세로 활발하게 반응했다.

자극 통제의 규칙

완벽한 자극 통제를 위한 네 가지 조건

자극 통제에는 네 가지 조건이 있다. 어떤 방법으로든 개가 '앉아'라는 말을 듣고 앉는 것을 배웠다면 일이 끝난 걸까?

아니다. 절반만 끝난 것이다. 동물은 지시어가 주어지지 않았을 때는 앉지 않는 법도 배워야 한다. 이것은 별도의 교육 과제다. 조건화된 자극이 없을 때는 행동 역시 일어나지 않아야 그 행동을 자극 통제 아래 두었다고 말할 수 있다. 물론 개가 보호자가 "앉아"라고 말할 때까지 종일 서 있어야 한다는 의미는 아니다. 개는 자유 시간에는 원하는 대로 자유롭게 행동할 수 있다. 그러나 교육 및 실무 상황에서는 변별 자극, 즉 신호가 사용되므로 행동이 안정적으로 일어나기 위해서는 '하기'와 '안 하기' 신호의 양측이 모두 확립되어야 한다.

제대로 설정된 자극 통제는 다음의 네 가지 조건으로 정의된다. 각 조건은 각각 별도의 교육 과제 및 행동형성 항목에 따라 접근해야 성취할 수 있다.

1. 행동은 항상 조건화된 자극이 제시되자마자 일어난다.
   (지시하면 개가 앉는다)
2. 행동은 자극이 없을 때는 절대 일어나지 않는다.
   (교육이나 실무 중 개는 절대 자발적으로 앉지 않는다)
3. 행동은 절대 다른 자극에 대한 반응으로 일어나지 않는다.
   ("엎드려"라고 말했는데 개가 앉는 일은 없다)
4. 특정 자극에 대한 반응으로 다른 행동이 일어나지 않는다.
   ("앉아!"라고 말했는데 개가 엎드리거나 뛰어올라 우리 얼굴을 핥는 일은 없다)

네 가지 조건이 모두 충족되었을 때만 정말로, 완전히, 마침내 개가 "앉아"

라는 지시어를 이해한 것이다. 이제야말로 진짜 자극 통제를 하게 되었다.

　실생활에서 이 정도로 완벽한 자극 통제는 어디에서 사용되고 또는 어디에 필요할까? 예시로 음악 분야가 있다. 오케스트라의 지휘자들은 매우 복잡한 자극 통제를 자주 사용한다. 지휘자는 리허설에서 온갖 종류의 반응 오류에 직면할 수 있는데, 예를 들면 좀 더 크게 하라는 의미로서 '포르테Forte'라는 신호를 보내지만, 그 반응을 얻지 못할 수 있다. 이는 아마도 지휘자가 아직 그 신호의 의미를 명확하게 설정하지 않았기 때문일 것이다. 또는 더 크게 하라는 신호를 주지 않았는데도 너무 우렁찬 소리를 듣게 될 수도 있다. 작곡가 리하르트 슈트라우스Richard Strauss가 젊은 지휘자들에게 농담 반 진담 반으로 "금관악기 연주자들을 절대로 격려의 눈빛으로 바라보지 말라"는 지침을 주었다는 이야기는 클래식 오케스트라의 금관 악기부 사이에서 유명하다. 지휘자가 다른 신호, 예를 들어 '프레스토Presto(매우 빠르게)'를 보냈는데 더 빠른 음악 대신 더 큰 소리의 반응을 얻게 될 수 있다. 테너 솔리스트가 이런 반응을 자주 보이는 것 같다. 마지막으로 지휘자가 더 크게 하라고 요구할 때 꽤 많은 실수들이 발생한다. 아마추어 합창단에서 자주 일어나는 일이다. 지휘자는 적절한 자극 통제가 이뤄졌다고 만족할 때까지 교육 및 연습을 통해 신호에 반응해 일어나는 온갖 오류를 바로잡아야 한다.

　자극 통제는 군대에서도 매우 중요하다. 번거롭고 시간이 많이 투입되는 제식 훈련은 신병들에게 어렵고 의미도 없어 보일 수 있지만 중요한 기능을 한다. 제식 훈련을 통해 병사들은 지휘자가 대규모 집단을 효율적으로 이동시켜야 하는 행군에서 명령에 신속하게 반응하게 되고 학습된 자극에 광범위하게 반응하는 능력을 얻게 된다. 명령에 복종하는 것은 단순한 정신상태가 아니라 학습된 능력을 포함해 군인에게 생존과 직결되는 필수적 기술이다. 군대가 창설된 이래로 제식 훈련은 계속 이런 기술을 트레이닝하는 방법이 되어 왔다.

신호에는 어떤 종류가 있을까?

인식할 수 있는 모든 것이 신호가 된다

변별 자극, 즉 학습된 신호는 교육 대상이 인식할 수 있는 것이라면 무엇이든 될 수 있다. 깃발, 불빛, 단어, 신체 접촉, 진동, 샴페인 터트리기 등 어떤 것도 무방하다. 교육 대상이 이를 감지할 수 있는 한, 이 신호는 학습된 행동을 일어나게 만드는 데 사용될 수 있다.

돌고래는 보통 시각적 수신호로 교육받지만, 나는 앞을 못 보는 돌고래가 다양한 방식으로 신체 접촉에 반응하면서 수많은 행동을 학습한 사례를 안다. 양치기 개는 대개 수신호와 음성 지시어로 교육을 받는다. 그러나 땅이 넓어 개와 멀리 떨어져 있을 수밖에 없는 뉴질랜드에서는 신호로 음성 지시어보다 멀리 퍼지는 날카로운 휘파람 소리가 주로 사용된다. 그래서 뉴질랜드의 양치기들은 양치기 개를 판매할 때 구매자가 수 마일 떨어진 곳에 거주할 경우 휘파람을 글로 설명할 방법이 없으므로 전화나 녹음 파일로 지시음(휘파람)을 가르쳐 준다.

물고기는 소리나 빛에 반응하는 것을 학습할 수 있다. 우리는 어항 유리를 톡톡 치거나 방의 불을 켜면 물고기가 수면 위로 몰려가는 것을 익히 알고 있다. 인간도 사실 어떤 것에든 반응하도록 배울 수 있다.

모든 교육 대상에게 동일한 신호를 가르치면 다른 사람들도 같은 신호로 행동을 이끌 수 있어서 유용하다. 그래서 동물 트레이너들은 자신들이 사용하는 신호에 매우 보수적인 경향이 있다. 예를 들면, 전 세계의 말들이 옆구리를 차면 앞으로 가고 고삐를 당기면 멈춘다. 미국 브롱크스 동물원의 낙타는 트레이너를 포함해 누구라도 "쿠쉬Couche"라고 말하면 주변에 아무도 없어도 엎드린다. "쿠쉬Coosh"는 소파 의자를 뜻하는 북아프리카식 불어인데, 모든 사람이 낙타를 엎드리게 할 때 뭐라고 말해야 하는지 알고 있다. 뉴욕의 낙타는 "쿨 잇 베이비Cool it, baby"라는 말을 들었을 때 엎드리는 것을 배울 수도 있지만 그건 중요하지 않다.

전통적인 방법을 쓰는 훈련사들은 그들이 쓰는 신호가 단순한 관계라는 것을 인식하지 못하는 경우가 꽤 있다. 언젠가 내가 말 사육장에서 리드줄을 맨 어린 말에게 "걸어walk"라는 지시어를 가르치고 있을 때였다. 사육장의 한 조련사가 내 모습을 못마땅하게 바라보더니 "그렇게 하면 못해요. 말이 '걸어'라는 말을 모르잖아요. '츠츠tch tch' 소리를 내야죠"라고 말했다. 그는 내 손에서 로프를 잡아채서는 "츠츠" 소리를 내며 늘어진 로프 끝으로 말의 엉덩이를 찰싹 쳤고 그러자 당연하게도 말이 앞으로 움직이기 시작했다. 그는 "봤죠?"라며 의기양양해 했다.

그 일 이후 나는 내 조랑말을 어디에 맡기든 내가 쓰는 지시어는 물론, 그곳의 담당 조련사가 사용하는 이랴, 워, 야, 후아 같은 소리에도 반응하도록 교육시켰다. 이는 문제를 줄여 줬고 그들은 나를 꽤 촉망받는 아마추어 조련사로 여기게 됐다. 적어도 나는 내 신호를 혼동하지 않았다!

두 종류의 지시어로 조랑말을 교육하는 것은 가능했을 뿐만 아니라 쉬웠다. 하나의 자극에 하나 이상의 행동이 나타나는 것은 원하지 않지만, 하나의 행동을 유발하는 여러 개의 학습된 신호를 활용하는 것은 확실히 가능하다. 예를 들어, 사람이 붐비는 곳에서 발표자가 "조용히 하세요!"라고 소리치거나, 일어서서 한 손을 들어 보이며 "쉿!"을 의미하는 제스처로 조용히 해달라는 요청을 할 수 있다. 또는 모여 있는 사람들이 소란스러울 때는 숟가락으로 유리잔을 치는 것도 효과가 있다. 우리는 적어도 세 가지 자극 중 하나에 반응해 특정 행동을 보이도록 조건화되어 있다.

학습된 행동을 끌어내기 위해 제2의 신호를 설정하는 것을 '자극 통제 전이'라고 한다. 자극 통제 전이를 하려면 먼저 새로운 자극, 예를 들어, 음성 지시어를 제시한 후, 이어서 원래 쓰던 자극, 가령 수신호를 제시하고 그 반응을 강화하면 된다. 점진적으로 새로운 자극은 매우 분명하게 해서 주의를 기울이게 만들고 이전의 자극은 점점 불명확하게 만든다. 원래 쓰던 자극을 전혀 제시하지 않고도 새로운 자극에 동일한 반응을 잘 보일 때까지 말이다. 자극 통제 전이는 대개 원래 쓰던 신호를 학습했을 때보다 훨씬 빠르게 진행된다. '이 행동을 하라' 그리고 '이 행동을 신호에 따라서 하라'는 것은 이미 설정되어 있기 때문에 '또 다른 신호에도 이 행동을 하라'가 쉽게 학습되는 것이다.

신호의 강도와 페이딩

자극 통제가 확립되면
신호의 크기를 점점 줄일 수 있다

학습된 신호는 결과를 얻기 위해 특정 강도나 크기가 유지될 필요는 없다. 일차 자극 또는 무조건 자극은 강도에 따라 결과에 단계적 차이가 생긴다. 작은 핀보다 날카로운 도구로 쿡 찌르면 더 강렬하게 반응하고 소리가 클수록 더 깜짝 놀란다. 그러나 학습된 신호는 완전한 반응을 끌어내기 위해서 그냥 인식만 되면 된다. 신호등의 빨간 빛을 보면 차를 세우는데 이때 불빛의 크기에 따라 빨리 혹은 천천히 세우는 것이 아니듯, 신호를 인식하기만 하면 무엇을 해야 하는지 이해할 수 있다. 따라서 일단 어떤 자극이 학습되면 이 자극을 전이하는 것뿐만 아니라 자극을 점점 더 작게 만드는 것도 가능한데, 간신히 지각할 수 있을 정도로 자극이 작아져도 결과는 그대로 유지된다. 결국 주변 사람들은 알아채지 못할 정도로 작은 신호에도 원하는 결과를 얻을 수 있다. 이것이 자극의 '페이딩fading[35]'의 한 형태이다.

우리는 항상 페이딩을 사용하고 있다. 처음에는 아주 큰 자극이어야만 했던 것이 시간이 지나면서 작은 신호가 된다. 예를 들어, 처음에는 아이를 모래 상자에서 떼어 놓으면서 "안 돼. 다른 친구 머리에 모래를 뿌리면 안 돼"라고 말했지만, 시간이 지나면 살짝 눈썹을 들어 올리거나 검지를 까딱

---

35 점차 신호나 자극의 강도를 줄이는 과정을 말함

흔드는 정도가 된다. 동물 트레이너들은 때때로 페이딩을 통해 마법 같은 결과를 만들어 낸다. 내가 본 가장 재미있는 사례의 주인공은 샌디에이고 야생동물공원San Diego Wild Animal Park의 앵무새였는데, 그 앵무새는 트레이너의 아주 작은 손동작에 반응해 발작적으로 웃어 댔다. 트레이너가 "페드로, 이 남성분 모자가 어때?"라고 물으면 앵무새가 "깔깔깔깔" 하고 웃는 식이었다. 관중들은 트레이너의 신호를 눈치챌 수 없었으므로 앵무새가 학습한 이 행동이 트레이너의 질문에 영악하고 냉소적으로 답변할 수 있는 지능의 산물이라 여겼다. 그러나 사실은 앵무새가 페이딩된 자극에 시기적절하게 반응한 것이었다. 냉소적 지능은 아마도 트레이너 또는 연출 작가에게 있었을 것이다.

내가 본 조건화, 페이딩, 자극의 전이와 관련된 사례 중 최고는 동물 트레이닝 분야가 아니라 교향곡 리허설 중에 일어났다. 나는 몇몇 오페라단과 교향곡 합창단에서 아마추어 가수로 활동했는데 보통 객원 지휘자가 단원들을 이끌었다. 지휘자가 연주자들에게 제시하는 다양한 신호는 어느 정도 표준화되어 있긴 하지만 지휘자마다 자신만의 신호를 사용하기도 한다. 대체로 리허설 시간도 공연 시간보다 약간 길 뿐 여유롭지 않으므로 지휘자 고유의 신호 의미는 매우 짧은 시간 내에 설정되어야 한다. 한번은 말러Mahler의 교향곡 《부활Resurrection》의 리허설에서 베이스 파트가 평소처럼 웅장한 소리로 노래를 시작하려는 순간, 지휘자가 얼굴을 심하게 찌푸리면서 마치 누군가의 주먹질을 피하듯 얼굴을 손으로 가린 채 온몸을 작게 웅크리는 것으로 '부드럽고 작게'를 의미하는 무조건 자극을 설정했다. 단원 모두가 메시지를 알아차렸고 이후 몇 분 만에 지휘자는 이 자극을 페이딩할 수 있었다. 경고의 눈빛과 몸을 살짝 웅크리는 것 또는 손에 짧게 울림을 주는 제스처로, 그리고 결국은 어깨를 약간 움찔거리는 것만으로 합창단 파트의 소리를 줄였다. 또한 지휘자는 종종 단원들이 이미 알고 있거나 의미가 명확한 제스처인 '더 크게'라는 의미로 손바닥을 위로 움직이는 것과 고개를 기울이거나 몸을 돌리는 것 같은 알려지지 않은 개인적 제스처를 결합해 자극을 전이했다. 나는 알토 파트였기 때문에 지휘자의 왼쪽에 앉았는데, 한 번은 객원 지휘자가 알토 파트 전체에게 '더 크게-더 부드럽게'에 해당하는 신호를 순간적으로 자신의 왼쪽 팔꿈치로 전이하는 모습을 보았다.

자극 통제가 확립되면, 교육 대상은 올바르게 반응하고 강화를 받기 위해서는 주의 집중이 필요하다는 결론에 이르게 된다. 특히 자극이 페이딩된다면 더욱 그렇다. 결국 트레이너 스스로는 신호를 주고 있다는 것을 알지도 못할 만큼의 미세한 신호에 교육 대상들은 반응한다. 그 고전적인 예가 19세기 말 독일에서 천재로 불렸던 영리한 말, 한스Clever Hans 이야기다. 한스는 앞발을 까딱거리면서 숫자를 세고, 계산하고, 단어를 읽었으며, 심지어는 제곱 계산도 했다. 물론 정답을 맞히면 보상으로 먹이를 받았다. 말의 보호자는 은퇴한 교사였는데, 자신이 한스가 읽고, 생각하고, 계산하며 의사소통하도록 교육시켰다고 진심으로 믿었다. 실제로 한스는 주인이 자리를 비워도 '답'을 찾아냈다.

당시 학식을 갖췄다는 신사 여럿이 베를린에 가서 한스를 연구했고 이 말이 천재라고 확신했다. 그러나 한 심리학자가 한스가 신호를 받고 있다는 것을 밝혀냈다. 한스를 둘러싼 사람들 중 누구도 문제의 정답을 모를 경우에는 한스가 끝없이 앞발질한 것이다. 한스가 진짜 천재라고 확신하는 사람들의 반발 속에서 조사가 좀 더 진행되었다. 그 결과, 말이 앞발질을 멈추게 만드는 신호가 드러났다. 말의 앞발질 개수가 정답 숫자에 이르면 주인 또는 '문제를 낸 사람'이 미묘하게 고개를 드는 동작을 한 것이다. 처음에 이 동작은 주인이 챙이 넓은 모자를 쓰고 했기 때문에 꽤 큰 동작이었고 이제는 아주 작아져서 영리한 한스를 제외하고는 아무도 알아채지 못했다. 게다가 고개를 드는 동작은 의식적인 노력으로도 억제할 수 없었다. 결국 한스는 보호자 이외의 사람들의 이 미세한 동작을 보고 앞발질을 언제 멈춰야 하는지 알 수 있었던 것이다.

이제 영리한 한스 현상은 동물의 지능부터 초자연적 현상에 이르기까지 겉으로 보기에 놀라운 행동이 실제로는 연구자가 자주 보이는 극히 미세한 행동이나 페이딩된 행동이 무의식적으로 신호가 된 것이고, 이 신호는 교육 대상의 행동에 대한 변별 자극이 된 상황을 설명하는 용어가 되었다.

타겟팅

손가락 하나 대지 않고
동물을 이동하게 만드는 법

물리적 타겟target은 모든 유형의 학습자와 행동에 매우 유용한 변별 자극이 될 수 있다. 신체 일부로 타겟을 터치하는 타겟팅targeting[36]은 대다수 해

---

36 교육심리학에서는 표적화라고도 한다.

양 포유류 트레이너들이 선호하는 교육 도구이고, 거의 모든 해양공원에서 타겟을 사용하는 모습을 볼 수 있다. 트레이너는 주먹 쥔 손을 들어 바다사자가 코로 건드리도록 한 다음 주먹을 움직여 바다사자가 무대를 한 바퀴 돌도록 한다. 돌고래에게는 수면 위에 높이 매달린 공을 향해 뛰어올라 주둥이로 공을 치는 동작을 가르친다. 가끔은 트레이너 두세 명이 각각 끝에 공이나 타겟을 붙인 긴 막대를 들고 물탱크 주변에 둘러서서 고래가 이 지점에서 저 지점으로 헤엄치도록 연속적으로 타겟을 제시하기도 한다.

동물에게 코로 막대 끝을 건드리는 행동을 가르치는 것은 강화 트레이닝 세계에 입문한 트레이너들이 시작하기에 좋은 연습이 된다. 행동을 직접 보고 느낄 수 있어서 강화하기도 쉽고 기준을 올리는 방법을 파악하기도 쉽기 때문이다. 예를 들면, 코와 타겟 사이의 거리를 5센티미터, 10센티미터로 차츰 늘리고 타겟의 위치를 상하좌우로 움직이며 동물이 타겟을 붙인 막대기를 따라다니도록 할 수 있다. 네덜란드에서 반려견 학교를 운영하는 한 트레이너가 내게 말하길, 자기 고양이에게 티스푼을 타겟 삼아 클리커 트레이닝을 했더니 고양이가 금세 테이블 전체를 따라 움직이게 됐다고 했다. 이 경험은 그녀에게 매우 설득력이 있어서 그녀는 즉시 자신의 반려견 학교 프로그램 전체를 클리커 트레이닝으로 바꿨다.

동물원에서는 호랑이와 북극곰을 다른 우리로 이동시킬 때 클리커와 먹이를 사용하면서 타겟팅을 활용한다. 또한 포토potto[37]와 여우원숭이처럼 작은 동물들이 검진이나 약물 치료를 받는 동안 가만히 있도록 하거나 이들을

---

37 늘보원숭이처럼 생긴 로리스과 영장류

분리할 때도 타겟팅을 활용한다. 샌디에이고 동물원의 행동 큐레이터인 개리 프리스트Gary Priest가 촬영한 영상을 보면 기린 세 마리가 각자 자신의 타겟을 코로 건드리는 것을 학습하는 장면이 있는데, 이를 이용해 기린들에게 얌전하게 우리로 들어가서 발톱 손질을 받는 행동을 형성했다.

반려견 보호자들도 타겟 막대를 영리하게 사용한다. 타겟 막대를 이용하면 통제 불가능한 사나운 개를 데리고 산책할 때 보호자 발치에 얌전히 붙어서 따라오도록 교육할 수 있다. "클릭 소리와 먹이를 얻고 싶다면 '여기'에 코를 대고 있어"를 점점 더 길게 늘려 나가기만 하면 목줄을 홱 잡아당길 필요도, 별도의 정교한 교육이 없이도 가능하다. 복종 훈련 대회 참가자들이 종종 어려워하는 과제가 신호에 맞춰 개가 보호자에게서 멀리 떨어지게끔 가르치는 것인데 타겟 막대를 땅에 고정해 놓기만 하면 된다. 타겟으로 개가 장애물을 통과하거나 새로운 장소에 들어가게 만들 수도 있다. 경찰견이나 구조견 트레이너들은 레이저 포인터를 타겟으로 활용해서 개를 특정 지역으로 보낸다. 고양이 역시 레이저 포인터가 만드는 작고 붉은 점을 따라다니는 것을 쉽게 배우는데 실내에 사는 고양이에게 이는 놀이이자 운동이 된다[38]. 레이저 포인터로 교육을 받은 고양이가 신호에 따라 냉장고 위로 점프하는 모습은 집에 온 손님들에게 무척 강한 인상을 줄 수 있다.

마커 신호와 먹이로 진행되는 타겟 트레이닝은 언어 사용이 어려운 사람들에게도 도움이 된다. 한 특수교육 교사는 나에게 해양 포유동물 트레이

---

[38] 고양이 행동 전문가들은 레이저 포인터의 빛이 실제 잡을 수 있는 대상이 아니어서 스트레스를 유발할 수 있으므로 놀이 중간에 실물 장난감이나 먹이를 함께 제공하도록 권고한다. 또한 포인터 빛이 눈에 닿지 않도록 주의해야 한다.

너가 타겟을 사용하는 것을 보고 즉시 자기 일에 타겟을 적용했다는 이야기를 들려주었다. 어느 날 그녀는 발달장애로 극도로 활동적인 남자아이에게 과제를 시키고 있었다. 이 과제는 책상에 앉아서 해야 하는데, 평소 사용하던 교실이 어수선해서 책상을 체육관으로 옮겼어야 했다. 물론 아이는 주변의 큰 공, 흔들의자, 기어오르는 놀이기구를 보고는 놀려고 달려갔다. 그녀는 아이를 강압적으로 자리에 앉힐 수 없었고 그렇게 하고 싶지도 않았으므로, 손바닥을 내밀고 "터치touch"라고 말했다. 아이가 손바닥을 쳤고 그녀는 "잘했어good"라고 말해 주었다. 이렇게 "터치"와 "잘했어"를 사용해 그녀는 아이를 의자에 앉게 했고, 과제를 마치기까지 충분히 긴 시간 동안 이 상태를 유지했다. 중간에 한 번씩 짧고 간단한 놀이 시간을 가지면서 말이다. 타겟 같은 신호를 사용해 학습자를 돌아오게 만들 수 있다는 사실을 알게되면 강화물로 자유 자체를 사용할 수 있다. 또한 나는 교사의 손이나 레이저 포인터 같은 타겟이 심각한 인지 장애를 가진 사람들이 물리적 도움 없이 자발적으로 교실이나 책상, 또는 다른 목적지로 걸어가는 것을 배우는데 사용되는 것도 목격했다. 이는 분명 학습자와 교사 모두에게 자유로움을 선사하는 기술이다.

신호로 조건화된 혐오 자극

위험에 대한 경고 신호로
조건화된 혐오 자극 사용하기

길들여진 동물들을 대상으로 하는 전통 방식의 훈련은 변별 자극의 크기가 차이를 낳는 것으로 보인다. 이들이 사용하는 고삐나 리드줄 당기기, 말의 옆구리 툭 차기 같은 신호는 더 거칠게 당기기, 휙 잡아채기, 세게 걷어 차기 같이 별도의 교육 없이도 반응을 일으키는 무조건 자극을 약하게 만든 버전이다. 그래서 부드러운 자극이 효과가 없다면 더 강한 자극이 더 큰 반응을 가져올 것이라 여기지만 막상 이를 실행하면 문제가 생긴다.

학습된 신호와 일차 자극은 별개의 사건이지만 초보자들은 이를 잘 인식하지 못한다. 말하자면, 이들은 부드럽게 고삐를 당겨서 반응을 끌어내지 못하면, 좀 더 세게 당겨 보고, 그래도 안 되면 그보다 더 세게 당긴다. 그런데 그들이 당기는 만큼 말이나 개가 반대 방향으로 힘을 준다면 모든 노력이 허사로 돌아간다.

전통적인 방법을 쓰는 훈련사들은 신호와 무력행사를 별개로 다루는 경향이 있다. 그들은 신호를 제시하고 교육 대상이 따르지 않으면, 단계적 과정을 생략하고 즉각 극도로 강한 혐오 자극을 줘서 원하는 행동을 끌어낸다. 어떤 말 조련사는 '말의 기억을 되살리기' 충분할 만큼 강한 혐오 자극이어야 한다고 이야기한다. 개 교육에 사용되는 초크 체인도 이에 해당한다. 초크 체인 사용법을 제대로 배우고 나면, 사용하는 사람이 아무리 왜소

하더라도 그레이트 데인Great Dane[39]을 꼼짝 못 하게 할 만큼 충분히 강하고 재빠르게 줄을 잡아챘다 풀었다 할 수 있다[40]. 물론, 포지티브 강화물로 동일한 행동을 형성하는 것이 당연히 훨씬 더 좋고, 또한 단기적으로나 장기적으로 더 효과적이다. 현대적인 방식을 사용하는 개 트레이너들은 이제 지시어나 클릭 소리 같은 포지티브 강화물 및 마커 신호만을 사용해 한때 물리적 힘으로 끌어냈던 행동들을 모두 얻어내고 있다.

혐오스러운 사건을 피하기 위한 신호인 변별 자극은 물리적·신체적 통제나 중재의 필요를 모두 줄일 수 있을 뿐만 아니라 트레이너가 없을 때도 행동을 제한할 수 있다. 나의 개, 보더 테리어Border Terrier는 어렸을 때 쓰레기통을 뒤지고 내용물을 여기저기 널어놓는 것을 좋아했다. 나는 개를 처벌하고 싶지 않았지만 쓰레기통이 계속 난장판이 되는 것도 원치 않았다.

나는 스프레이 병에 물을 채우고 바닐라향 농축액 몇 방울을 첨가했다. 아주 강했지만, 나에게는 기분 좋은 냄새였다. 그런 다음 마음을 단단히 먹고 개 앞에서 스프레이를 뿌렸다[41]. 개는 깜짝 놀라며 달아났다. 이어서 쓰레기통에도 뿌렸다. 그때부터 개는 쓰레기통을 멀리했다. 그 냄새가 개에게 혐오적일 필요는 없었다. 이 자극 자체는 완전히 중립적이었다. 혐오스러운 것은 그 '연관'이었다. 나는 개의 행동을 유지하기 위해서는 약 3개월

---

39 가장 큰 품종의 개로, 일어서면 성인 남성의 키를 훌쩍 뛰어넘는 초대형견
40 기본적으로 초크 체인은 처벌을 주는 요소가 있어서 사용하지 않기를 권장한다. 다른 효과적이고 긍정적인 교육 방법이 아주 많다.
41 이 방법은 스프레이(혐오 자극)와 스프레이를 뿌린 보호자가 관련이 있다는 학습을 하게 하여 보호자와의 유대감에 부정적 영향을 미칠 수 있다. 일시적 효과를 얻을 수 있으나 우선시되는 교육 방법은 아니다.

마다 쓰레기통에 바닐라향 몇 방울을 뿌려 자극을 되살려야 한다는 것을 알았다. 개 앞에서 스프레이를 다시 뿌릴 필요는 전혀 없었다.

반려견이 마당 밖으로 벗어나지 못하게 하는 보이지 않는 매립형 펜스 시스템에도 같은 원리가 적용된다. 개를 가둬 두고 싶은 영역을 둘러서 무선 장치를 설치한다. 개에게는 수신기가 들어 있는 목줄을 채운다. 개가 영역 경계선에 가까이 다가가면 목줄을 통해 개에게 충격이 가해진다. 단, 이 경계선에 접근하기 얼마 전에 목줄에서 경고음이 들린다. 이 경고음이 "더 이상 멀리 가지 마!"라고 알려 주는 변별 자극이다. 이 장치가 제대로 설치되었다면 교육받은 개를 효과적으로 원하는 영역 안에 머물게 할 수 있고 개에게 실제로 충격이 가해지는 일도 없다. 나는 숲속 집에서 반려견을 키우며 살 때 이런 장치를 사용했다. 진짜 울타리는 개들에게 끊임없이 그 아래를 파고 싶은 욕구를 자극한다. 그러니 조건화된 경고 신호와 보이지 않는 매립형 펜스 시스템이 훨씬 안전하고 확실하다.[42]

반응 시간 제한하기

빨리 반응하게 만드는 법

변별 자극에 즉각 반응하게 만드는 아주 유용한 기법은 반응 시간 제한

---

[42] 이해하기 위한 예시로만 받아들이길 추천한다.

하기limited hold다. 교육 대상이 주어진 신호에 반응해 행동하는 것을 학습했다고 가정해 보자. 하지만 보통은 자극을 제시하는 시점과 교육 대상이 반응하는 시점에 약간의 시간 차가 존재한다. 예를 들어 저녁 식사 시간에 식구들을 부르면 꽤 시간이 지나서 온다. 또 조련사가 멈추라고 지시하면 코끼리는 천천히 속도를 늦추다가 멈춘다.

원한다면 반응 시간 제한하기를 통해 그 시간차를 줄일 수 있다. 먼저, 신호로부터 행동이 나타나기까지의 평균 시간을 측정한다. 그리고 그 시간 내에 발생한 행동만 강화한다. 모든 생명체의 행동은 매번 다르므로 일부 반응은 그 시간에서 벗어나 나타날 텐데 이런 반응은 당연히 강화물을 얻지 못한다. 예를 들어, 저녁 시간에 지각하는 식구를 기다리지 않고 제시간에 식사를 시작한다면 지각한 사람은 식은 음식을 먹거나 좋아하는 음식을 놓치게 될 것이다.

이처럼 시간을 정하고 그 안에 일어난 반응만 강화하면 점점 모든 반응이 그 시간 안에 나타나게 된다. 이제 다시 나사를 좀 더 바짝 조일 수 있다. 식사 시간에 가족들이 모두 모이는 데 15분이 걸린다면, 이제 가족들을 부른 후 10분이나 12분이 지나서 식사를 시작한다. 얼마나 나사를 조이느냐는 전적으로 판단에 달렸다. 다른 행동형성 절차와 마찬가지로, 대부분의 행동이 가장 자주 발생하는 시간대와 범위 내에서 교육을 진행해야 한다.

동물과 사람은 상당히 예민한 시간 감각이 있어서 시간 제한 트레이닝에 극도로 예민하게 반응할 것이므로 트레이너는 절대 시간을 어림짐작해서는 안 된다. 반응 시간 제한하기 트레이닝을 한다면 시계 또는 스톱워치를 사용한다. 좀 더 간단한 행동일 경우에는 숫자 세기도 가능하다. 가령 다섯에서 둘로 반응 시간을 줄이는 식이다. 사람을 대상으로 교육하고 있다면 당연히 우리가 무엇을 하고 있는지 이야기해 줘서는 안 된다. 상대방과 언쟁만 하게 될 뿐이다. 그냥 하고 효과가 있는지 관찰하면 된다.

오래전, 하와이 해양생물공원의 공연에서 최고의 명장면 중 하나는 작은 스피너 돌고래spinner dolphin 여섯 마리가 일제히 보여 주는 몇 가지 공중 곡예였다. 돌고래들은 물속에서 보내는 소리 신호들에 반응해 여러 가지 점프와 회전을 했다. 처음에 신호를 제시했을 때는 점프나 회전 또는 우리가 요청하는 행동이 무엇이든 15초에서 20초에 걸쳐 들쑥날쑥 산발적으로 나타났다. 스톱워치를 사용하고 반응 시간 제한하기를 설정하자 퍼포먼스를 하기까지 시간을 2.5초로 줄일 수 있었다. 모든 돌고래는 물고기를 얻으려면 신호가 제시되고 2.5초 안에 수면 위로 솟아올라 정확한 도약을 하거나 회전해야 한다는 사실을 알게 되었다. 결국 돌고래들은 수중 스피커 근처에서 주의를 기울이며 준비 자세를 취하고 있다가 신호가 주어지면 공중으로 솟구쳐서 회전했고 그 폭발적인 움직임에 엄청난 물보라가 일어났다. 가히 환상적이었다. 어느 날, 전문가 한 사람이 확신에 차서 자기 동료에게 이런 반응을 끌어낼 방법은 전기 충격뿐이라고 말하는 것을 우연히 들었을 정도였다.

실생활에서 반응 시간 제한하기는 간단히 말해, 어떤 요구나 지시가 실행될 때까지 우리가 기꺼이 기다릴 수 있는 시간의 길이를 정하는 것이다. 일단 제한된 시간, 즉 어떤 행동이 강화를 받기 위해 일어나야만 하는 시간을 설정하고 기대하는 것에 대해 일관성 있게 강화를 준다면, 그 시간이 아주 짧다 하더라도 교육 대상자는 부모, 상관, 교사, 트레이너를 공정하고 신뢰할 만한 대상으로 받아들인다.

신호 예상하기

실수를 유발하는 예상 행동 없애는 법

자극 통제된 행동에서 흔히 나타나는 결점 중 하나는 예상이다. 일단 신호가 학습되면 교육 대상은 너무 하고 싶은 나머지 신호가 주어지기도 전에 그 행동을 한다. '출발신호 건너뛰기'라는 표현은 달리기 경주에서 나타나곤 하는 인간의 예상 행동에서 나온 현상을 묘사한다. 일반적으로 신호나 다른 사람의 요구를 예상하는 사람들은 지나치게 열정적이다, 알랑거린다, 아부한다는 식으로 인식되는데 이건 미덕이냐 아니냐의 문제가 아니라 거슬리는 습관의 문제다.

도베르만 핀셔는 복종 훈련 대회에서 가끔씩 곤경에 처한다. 이 견종은 놀라울 정도로 교육이 잘되지만, 너무 기민해서 아주 작은 힌트만으로도 지시를 미리 추측해 버리고 종종 진짜로 지시받기 전에 행동해서 실점한다. 신호 예상은 로데오 경기[43]에서 카프 로핑calf-roping[44] 말이 흔히 저지르는 실수이기도 하다. 카우보이와 말은 장벽 뒤에서 출발점에 서 있는 송아지를 기다려야 하지만, 흥분한 말은 신호가 떨어지기도 전에 송아지를 향해 달리기 시작한다. 카우보이는 때로 자기가 진짜 승산이 있는 경주마를 가졌다고 생각하지만, 실상은 교육 중 자극 통제를 불완전하게 한 결과다. 신호를 예상해서 발생하는 또 하나의 흔한 상황이 미식축구 경기의 '오프사

---

43 미국 카우보이들이 길들이지 않은 말이나 소를 타고 누가 오래 버티는지 겨루는 경기
44 로데오 종목 중, 말을 탄 카우보이가 얼마나 빨리 송아지를 잡는지를 겨루는 경기

이드offside'다. 한 선수가 너무 열심히 뛴 나머지 경기 신호가 주어지기 전에 상대 팀 영역으로 진입하는 것으로 그 팀은 벌칙을 받게 된다.

신호 예상하기를 고치는 방법의 하나가 타임아웃을 사용하는 것이다. 교육 대상이 신호를 예상한다면, 그리고 그것이 바람직하지 않다면 모든 활동을 중단한다. 온전히 1분간 신호도 주지 않고 아무것도 하지 않는다. 그래도 또 신호를 예상하고 미리 반응하면 그때마다 타임워치를 재설정하면 된다. 그러면 자신의 열의가 오히려 일을 지연시키는 원인이 된다는 것을 깨닫게 된다. 이 방법은 훈계, 벌, 반복적인 지시가 효과가 없을 때 신호 예상 행동을 성공적으로 없애줄 것이다.

강화물로서 자극,
행동 체인

연속적 행동을 가르치는 가장 쉬운 방법

일단 조건화된 자극이 설정되면 이 자극이 강화물로 변하는 흥미로운 일이 발생한다. 학교에서 쉬는 시간을 알리는 종소리를 떠올려 보자. 쉬는 시간 종소리는 '이제 자리에서 일어나 가서 놀아도 돼'를 의미하는 신호다. 그럼에도 이 신호는 강화물로 인식된다. 아이들은 종소리를 듣고 즐거워하고 만약 종을 더 빨리 울리게 만들 수 있는 무언가를 할 수 있다면 바로 그렇게 할 것이다. 또 교실이 조용하지 않으면 쉬는 시간 종소리가 울리지 않는다고 가정해 보자. 쉬는 시간이 될 즈음부터 교실이 정말 조용해질 것이다.

변별 자극은 강화의 기회를 신호하는 것이기 때문에 기다려지는 사건이 된다. 기다려지는 사건은 그 자체가 강화물이 된다. 이는 어떤 행동에 대한 자극을 제시함으로써 사실상 다른 행동을 강화할 수 있다는 의미다. 예를 들어 보자. 내가 고양이가 벽난로 선반 위에 앉아 있는 것을 보게 될 때마다 "이리 와"라고 말하고 고양이가 내게 왔을 때 먹이로 보상을 준다면 고양이는 이 행동을 배우고 계속 그렇게 할 것이다. 즉, 머지않아 먹이를 먹고 싶은 고양이가 벽난로 선반 위에 앉아 있는 모습을 발견하게 될 것이란 이야기다. 고양이 입장에서 보면 고양이가 나를 교육시키고 있는 것이다. 고양이가 나로 하여금 "이리 와"라고 말하게 만드는 방법을 찾아낸 것이니 말이다. 이번에는 먹이 또는 "이리 와"를 강화물로 이용해 벽난로 선반을 손으로 가리키면 고양이가 그 위로 뛰어 올라가도록 가르친다고 가정해 보자. 그런 다음 (a) 고양이가 배고플 때를 알아차릴 때마다 또는 (b) 고양이가 바닥에서 뒹굴 때마다 벽난로 선반을 가리키면….

이렇게 해서 나는 방금 행동 체인을 교육시켰다.

행동 체인은 아주 흔하다. 우리는 종종 실생활에서 여러 단계로 연결된 일련의 행동들을 한다. 목공 작업과 집안일이 그렇다. 우리는 동물에게도 같은 것을 기대한다. 즉 명확한 강화가 없어도 "이리 와", "앉아", "엎드려", "옆에heel" 등의 지시어를 길게 연이어 말하며 행동을 유도한다. 이러한 일련의 긴 행동이 행동 체인이다. 단순히 오래 지속되는 행동, 즉 한 시간 동안 하기, 한 가지 행동을 수백 번 하기와는 달리 행동 체인은 각 행동이 실제로 다음 행동을 할 수 있는 신호나 기회로 인해 강화되기 때문에, 아무 문제 없이 혹은 지연되거나 중단되는 일 없이 일이 완전히 끝나 최종 강화를 받을 때까지 편안하게 유지될 수 있다.

행동 체인에는 몇 가지 유형이 있다. 첫째, '동질적homogeneous' 행동 체인은 말이 연이어 동일한 장애물을 계속해서 점프하는 것처럼 같은 행동이 계속 반복되는 것이다. 둘째, '이질적heterogeneous' 행동 체인은 여러 가지 다른 행동들로 구성되며 마지막 행동이 완료되었을 때만 강화가 이루어진다. 개의 복종 훈련 대회의 공식 종목 대부분은 이질적 행동 체인이다. 예를 들어, 중급 종목에 출전한 개는 (1) 보호자가 장애물 너머로 덤벨을 던지는 동안 보호자 옆에 앉아 있기, (2) 신호가 들리면 장애물 넘기, (3) 덤벨이 던져진 위치에 가서 덤벨을 입에 물기, (4) 덤벨을 입에 문 채로 몸을 돌려서 장애물을 다시 뛰어넘어 오기, (5) 보호자가 덤벨을 받을 때까지 보호자 앞에 앉아 있기, (6) 신호가 주어지면, 보호자 옆에 앉아 있는 상태로 돌아가기 과정을 연이어 한다. 복종 훈련 대회에서는 이런 행동 체인이 항상 같은 순서로 수행된다. 그러나 개는 이런 행동들을 별개로 각각 교육받았거나 다른 순서로 구성된 행동 체인 중 일부로 교육받았을 수 있다.

순서 패턴은 행동 체인의 본질이 아니다. 중요한 것은 연이어지는 행동들이 시간차 없이 서로에 이어서 연결된다는 것, 트레이너나 주변 환경에서 오는 신호에 의해 작동한다는 것, 그리고 일차 강화물이 행동 체인의 마지막에 주어진다는 것이다. 같은 개가 사냥견 대회[45] 또는 양몰이견 대회에 나가서 환경에 따라 하루는 길고 복잡한 일련의 학습 행동을 보여 줄 수도

---

45 조렵견의 자질 향상을 목적으로 사냥터에서 사냥 기술을 겨루는 경기

있고, 다음 날은 상당히 다른 순서의 행동들을 수행할 수도 있다. 그러나 결국 꿩을 찾아 물어 오거나 양 떼를 우리 안에 넣으면 전체 과정이 강화된다.

행동 체인이 가능한 것은 각 행동이 강화를 받은 이력이 있고 각 행동이 자극 통제 하에 있거나 신호에 따라 일어나기 때문이다. 즉, 학습된 신호가 앞으로 강화물이 있을 것임을 보장해 주기 때문에 행동 체인 내에서 각 행동이 유지된다. 신호는 핸들러가 제시할 수 있다. 예를 들어, 양치기는 호루라기 소리로 양몰이 개가 어느 길로 돌아야 하는지, 얼마나 빨리 가야 하는지, 언제 멈춰야 하는지, 언제 되돌아와야 하는지 정확하게 말해 줄 수 있다. 신호는 환경에 의해서 제공될 수도 있다. 일단 복종 훈련 대회에서 개가 점프대를 잘 넘은 뒤 눈앞에 보이는 덤벨은 그것을 물어 올리라는 신호가 된다. 또 덤벨을 입에 문 것은 보호자에게 돌아가라는 신호이고, 이어 점프대가 보이는 것은 한 번 더 그것을 뛰어넘으라는 신호다. 보호자는 이 행동 체인의 각 부분들에 언어적 신호를 제시할 필요가 없다. 신호들이 거기에 있기 때문이다.

때로는 다음 행동을 위한 신호가 이전 행동으로 이루어지기도 한다. 나는 최근 새로운 도시로 이사를 해서 집과 사무실을 모두 새로 마련했다. 새 주소, 전화번호, 팩스 번호, 이메일 주소를 외웠는데, 수개월 동안 이 정보들이 하나로 행동 체인이 되어서 어떤 것도 따로따로 떠올릴 수가 없었다. 누군가 사무실 우편번호를 물으면 머리가 멍해졌고, 주와 도시 이름을 먼저 말해야 비로소 우편번호가 생각났다. 전화번호를 떠올릴 때도 마찬가지였다. 전체 숫자들을 떠올리기 위해서는 지역번호부터 읊기 시작해야 했다. 내적으로 신호화된 행동 체인이었던 것이다.

샤워하고 옷을 입는 것과 같이 매일 우리가 하는 많은 일들이 이런 성격의 행동 체인이다. 행동 분석가들은 발달장애인 교육에서 신호가 주어지고 강화를 받는 행동 체인을 세심하게 구축하는 것이 발달장애인들의 독립적인, 혹은 거의 독립적인 삶에 필요한 기술을 습득시키는 데 유용하다고 밝히고 있다.

우리는 행동 체인이 매우 유용하고 강력하다는 것을 잘 안다. 하지만 우리가 항상 인식하지 못하는 것은, 우리가 행동 문제라고 보는 것이 종종 행동 체인이 무너져서 나타나는 결과일 뿐이라는 것이다. 일례로 개 트레이너들에게 오페란트 조건화를 가르치다 보면 행동 문제가 일어날 때마다 수많은 이유를 듣게 된다. 개가 고집이 세다, 내게 앙갚음하고 있다, 스트레스를 받았다, 발정기이거나 발정기에서 막 벗어났다 등등 말이다. 하지만 그 행동 문제들은 사실 트레이너가 행동 체인을 만들거나 유지하는 데 실패했기 때문에 일어난 결과다.

행동 체인 안에 학습되지 않은 행동이 있거나 자극 통제 아래 있지 않은 행동이 있다면 행동 체인은 끊어지고 엉망이 된다. 교육 대상이 그 신호를 인식하지 못하거나 그 신호가 가리키는 행동을 해낼 수 없다면 그 신호로는 교육 대상을 강화할 수 없다. 이는 행동 체인을 '역순으로backward' 교육해야 한다는 뜻이다. 즉 행동 체인의 가장 마지막 행동부터 교육해야 한다. 먼저 이 행동을 잘 학습했는지, 그리고 이 행동을 시작하라는 신호를 제대로 인식하고 있는지 확인한다. 그런 다음 끝에서 두 번째 행동을 교육하고, 계속 이런 식으로 역순의 교육을 한다. 예를 들어, 시, 악보, 연설문, 연극 대사를 암기해야 한다면 우선 전체 과제를 가령 다섯 부분으로 나누고 가장 마지막 부분부터 역순으로 암기한다. 이렇게 하면 항상 약한 부분에서 강한 부분으로 이동하게 된다. 아직 완전히 확실하지 않은 부분에서 시작해서 잘 외운, 확실히 아는 부분으로 넘어가는 것이다. 자료를 작성된 순서대로 또는 발표할 순서대로 암기하는 것은 익숙한 것에서 더 어렵고 낯선 것으로 계속 나아가야 하는데, 이는 동기부여가 매우 되기 힘든 경험이다. 암기 작업을 행동 체인으로 다루면 필요한 암기 시간을 상당히 단축할 뿐만 아니라 전체 경험을 더 즐겁게 만들 수 있다.

행동 체인은 특이한 개념이다. 나는 동물, 어린아이, 심지어 나 자신조차 너무 간단한 일련의 행동을 하도록 가르치는 데 실패했다는 생각이 들어 자주 좌절감에 빠지곤 한다. 결국 내가 행동 체인을 잘못된 순서로 교육하려 하고 있었기 때문이라는 사실을 깨닫고 나면 문제가 해결된다. 케이크를 만들 때 시럽을 입히는 작업은 가장 마지막에 해야 한다. 하지만 자녀에게 케이크 만드는 것을 즐기도록 가르치고 싶다면 시럽 입히는 것을 도와 달라고 하는 것부터 시작해야 한다.

행동 체인 사례
: 개에게 프리스비 가르치기

뉴욕에 사는 친구 하나는 주말마다 자신의 골든 레트리버를 센트럴 파크에 데리고 가서 프리스비 놀이를 하는데, 자기 개에게 이 놀이를 가르치는 걸 힘들어하는 사람들이 너무 많은 것 같다고 말한다. 프리스비는 도심에서 대형견을 운동시킬 수 있는 얼마 안 되는 훌륭한 방법인데 사람들이 이를 어려워한다는 점이 안타깝다. 프리스비 원반은 일반 공에 비해 훨씬 느리고 불규칙하게 움직여서 아마도 더 진짜 사냥감같이 느껴질 것이다. 개가 멋지게 뛰어올라 원반을 잡는 근사한 모습을 보면 보호자도 정말 즐겁다. 게다가 보호자는 한자리에 가만히 선 채로 개를 계속 달리게 만들 수 있다.

사람들이 자주 불평하는 부분은, 원반을 이리저리 흔들어서 개의 흥미를 끌면 개가 원반을 향해 뛰어올라 잡으려고 하면서도 막상 던지면 날아가는 것을 그 자리에서 가만히 지켜보기만 한다는 것이다. 또는 개가 원반을 쫓아가 잡긴 하지만 다시 가져오지는 않는다는 것이다.

이 게임에는 두 가지 트레이닝 문제가 고려되어야 한다. 첫째, 개가 원반을 쫓아가는 거리를 행동형성해야 한다. 둘째, 이 게임이 행동 체인이라는 것이다. 우선 개는 원반을 쫓아가고, 원반을 잡고, 그런 다음 보호자가 다시 던지도록 원반을 가지고 온다. 따라서 각 행동을 따로 교육해야 하고 행동 체인에서 마지막 행동인 원반 가져오기를 가장 먼저 교육해야 한다.

실내의 아주 근접한 거리에서부터 낡은 양말처럼 입에 물기 쉬운 물건을 가져오는 것을 가르칠 수 있다. 사냥개[46]들은 이 행동을 거의 저절로 해낸다. 불도그와 복서 같은 품종은 줄다리기처럼 잡아당기는 터그 놀이tug를 좋아하기 때문에 물건을 내려놓거나 다시 돌려주는 행동을 주의 깊게 형성해야 할 수 있다.

신호에 맞춰 개가 물건을 가져와 우리 앞에 내려놓으면 이제는 원반을

---

46 흔히 사냥개 하면 동물을 죽여서 물고 오는 것을 연상하는데, 대부분의 사냥개는 총으로 새를 사냥하던 시절 이를 보조하는 역할을 했다. 풀숲에 숨어 있는 새를 날려서 위치를 알리거나 총에 맞고 떨어진 새를 찾아 물고 온다.

잡는 행동을 형성한다. 먼저, 개의 얼굴 근처에서 원반을 흔들어 개가 원반에 완전히 집중하게 한다. 원반을 줬다가 다시 돌려받기를 몇 번 하는데 물론 원반을 돌려받을 때는 미친 듯이 칭찬을 해 준다. 이어서 원반을 높이 들고 있다가 개가 뛰어오르면 원반을 주고 다시 돌려주게 한다. 그런 다음 원반을 순간적으로 공중에 던지고 개가 원반을 잡으면 호들갑을 떨며 칭찬해 준다. 개가 이 순간의 의미를 깨달았다면, 이제 행동 체인의 첫 번째 행동인 원반 쫓아가기 행동을 형성할 수 있다. 원반을 몇 발짝 떨어진 거리에서 이리저리 던지면서 개가 원반을 잡기 위해 쫓아가게 하면 된다. 이제 개는 멋지게 프리스비 놀이를 즐기게 될 것이다.

원반을 던지는 거리가 점점 멀어짐에 따라 개는 원반의 움직임을 관찰하고 있다가 잘 잡을 수 있는 위치를 잡는 법을 익혀야 한다. 이는 연습이 필요하기 때문에 개가 40미터쯤까지 가게 하려면 몇 주가 걸릴 수도 있다. 결국 빠른 개는 우리가 최대한 멀리 던진 원반 아래까지 가서 그것을 잡을 수 있다. 프리스비를 잘하는 것으로 유명했던 애슐리 휘펫Ashley Whippet이라는 개는 미식축구 경기장 길이만큼 멀리 던진 원반을 뛰어가 잡을 수 있었다. 개는 자신만의 전문 기술을 정말 즐기는 것 같다. 환호성을 자아내는 환상적인 질주와 땅을 박차고 날다시피 뛰어올라 어깨너머로 멋들어지게 원반을 잡아내는 모습을 보면 온몸에 생기가 넘친다. 어쨌든, 행동 체인의 마지막 행동을 제일 처음에 교육했기 때문에, 그리고 이 행동으로 보호자의 칭찬이든 프리스비를 다시 던져 주는 것이든 강화를 받았기 때문에 개는 원반을 잡은 후 다시 가져온다.

물론, 보호자가 부주의해서 개가 칭찬이나 원반 던져 주기 같은 강화를 반복해서 받지 못한다면 원반을 물고 돌아오는 행동은 엉망이 된다. 또 개가 프리스비를 계속하기에 지쳤다면 보호자에게 돌아올 때 속도가 느리거나 중간에 원반을 떨어뜨리는 등 불안정해지기 시작할 것이다. 놀이를 끝낼 시간이 되었다는 의미다. 이미 충분히 재미있게 즐기지 않았는가.

자극 통제의 일반화

일단 한번 배우고 나면
속도가 빨라지는 이유

동물 대부분은 처음에는 자극 통제를 확립하는 데 어느 정도 노력이 필요하다. 하지만 세 번째나 네 번째 행동을 자극 통제 아래에 두기 시작할 무렵이 되면 동물이 일반화하거나 어느 정도 개념을 이해한 것처럼 보일 수 있다. 신호에 따라 행동하기를 서너 가지 학습하고 나면 대부분의 교육 대상들은 특정한 사건이 신호라는 것, 각 신호가 다른 행동을 의미한다는 것, 그리고 강화물을 얻는 것은 신호를 정확하게 인식하고 반응하는 것에 달려 있다는 것을 깨닫게 된다. 그때부터는 학습된 자극을 설정하는 것이 쉬워진다. 교육 대상이 이미 전체 그림을 이해하고 있으므로 새로운 신호를 식별하고 이것을 올바른 행동과 연결하는 것만 배우면 된다. 트레이너로서 우리가 매우 명확하게 행동하는 한, 후속 교육은 초기의 번거로운 단계들보다 훨씬 빠르게 진행될 수 있다.

사람은 일반화가 훨씬 빠르다. 학습된 지시에 대한 올바른 반응을 보상하면, 심지어 한 번만 그렇게 해도 사람들은 강화를 받기 위해 다른 지시에도 재빨리 반응하기 시작한다. 뉴욕의 거친 지역에서 6학년 수학교사로 일하고 있는 내 친구 리Lee는 새 학년이 시작되면 항상 지시에 따라 학생들에게 껌을 뱉게 하는 것부터 가르친다. 물론 강압은 없다. 그저 "좋아요. 우리가 제일 먼저 할 일은 입 안에 있는 껌을 뱉는 겁니다. 그렇죠! 어머나, 잠시만. 도린은 여전히 입에 껌이 있네. 잘했어요! 이제 도린도 뱉었어요. 도린에게 박수를 쳐줍시다!"라고 말한다. 그러고는 수업이 끝나기 직전에 껌을 다시 씹어도 좋다고 알려 준다. "수업 끝!"이라는 말이 강화물로 사용된다. 적어도 리 입장에선 자기가 싫어하는 껌 씹는 모습을 피할 수는 있겠지만 이 첫 연습은 별 의미도 없고 심지어 어리석어 보일 수도 있다. 그러나 학생들에게는 선생님의 요구에 따르면 강화를 얻을 가능성이 있다는 점을 일깨워 준다.

물론 그도 훌륭한 범고래 트레이너처럼 게임, 친구들의 인정, 일찍 수업 끝내기, 심지어는 껌 선물을 포함해 좋은 성적과 교사의 인정 같은 다양한 강화물을 사용한다. 또한 처음에는 분수를 가르치는 것만큼이나 상당한 양의 시간을 껌에 할애한다. 학생들도 그가 껌에 대해 유난스럽다고 생각한다. 하지만 동시에 학생들은 그의 말을 곧이곧대로 이해하고 따라야 하며 선생님이 원하는 것은 할 만한 가치가 있음을 배운다. 결국 학생들의 반응 수준 및 주의집중 수준이 전반적으로 높아진다.

동료 교사들은 그가 교실을 조용하게 만드는 타고난 재주가 있다고 생각하고, 교장은 그를 엄격하지만 좋은 교사로 여긴다. 리는 아이들이 스스로의 반응을 일반화할 만큼 충분히 똑똑하다고 믿고 그런 아이들을 사랑할 뿐이다. 물론 껌 씹는 모습은 아니지만.

사전 학습의
퇴보와 짜증

잘 하던 행동이 느닷없이 무너지는 까닭

행동을 자극 통제 아래 둔다는 것은 때때로 내가 '사전 학습의 퇴보 prelearning dip'라고 부르는 재미있는 현상을 유발하기도 한다. 예를 들어 어떤 행동을 형성해 이를 자극 통제 아래 두고 있다고 가정해 보자. 그런데 교육 대상이 이 자극에 반응하고 있다는 신호를 보여 주는 듯 하더니 갑자기 자극에 전혀 반응하지 않을 뿐만 아니라 모든 반응을 일제히 멈춰 버린다. 마치 그동안 기껏 형성한 행동에 대해 한 번도 들어 본 적 없다는 듯이 행동하는 것이다.

이것만큼 트레이너를 좌절시키는 일도 없다. 영리하게 닭에게 춤을 추도록 가르쳤고 이제는 오른손을 들 때만 춤을 추게 만들고 싶다고 해 보자. 그런데 닭이 우리 손을 보고도 춤을 추지 않거나 우리가 신호를 줄 때는 가만히 있다가 신호가 사라지면 격렬하게 춤을 춘다.

이 과정을 그래프로 나타내 보면, 교육 대상이 정확하게 반응하는, 즉 신호에 맞춰 반응하는 비율이 증가함에 따라 점점 상승 곡선이 그려지다가, 무반응 및 오반응 빈도수가 엄청나게 증가하느라 정확도가 0 수준으로 떨어지면서 곡선이 급락한다. 그러나 그 이후에도 교육을 지속하면 불현듯 통찰의 순간이 온다. 교육 대상이 갑자기 전적인 실패에서 벗어나 크게 도약하는 것이다. 즉, 손을 들면 닭이 춤을 춘다. 이제 행동이 자극 통제 아래 있다!

내 견해로, 이런 상황은 처음에 교육 대상이 자기가 신호를 배우고 있다는 것을 인식하지 못한 채 학습하기 때문에 발생한다. 트레이너가 올바른 퍼포먼스의 점진적 증가에만 주목하는 것도 한몫할 것이다. 하지만 그러다가 교육 대상은 그 신호를 '알아차리고' 그 신호가 강화와 관련 있다는 것을 깨닫게 된다. 이 시점부터 교육 대상은 행동을 보여 주기보다 신호에 집중한다. 당연히 교육 대상은 반응을 보이지 않으므로 강화도 받지 못한다. 그러다가 우연한 기회가 주어지거나 트레이너가 인내심을 가지고 계속하면, 교육 대상이 신호에 맞춰 다시 한 번 그 행동을 하고 그에 대한 강화를 받으면 교육 대상은 드디어 '이해'하게 된다. 이제부터 교육 대상은 신호가 무엇을 의미하는지 제대로 '알고' 정확하고 자신감 있게 반응한다.

나는 교육 대상의 머릿속에서 무슨 일이 일어나는지 설명하기 위해 "인지하다", "알고 있음"과 같은 단어들을 많이 사용하는 편이다(한때 대부분의 심리학자들은 동물에게 이런 단어가 적용되는 것을 달가워하지 않았다). 또한 동물을 교육할 때 가끔은 어떤 큰 사건이 일어나지 않아도 반응의 정확도가 점점 증가하는 경우가 있다. 동물이 자기가 무엇을 하고 있는지 의식적으로 인지하게 되는 시점을 명확히 말하기는 어렵다. 하지만 사전 학습의 퇴보가 발생했다면, 종이 무엇이든 인식의 변화가 있었다는 신호로 봐야 한다. 나는 하와이 대학의 연구원 마이클 워커Michael Walker의 데이터에서 참치를 대상으로 한 감각-식별 실험에서도 명백한 사전 학습의 퇴보이자, 결과적으로 일종의 인식 변환이라 여겨지는 현상을 확인한 바 있다. 참치는 지능이 우수한 편에 속하지만 어쨌든 어류다.

교육 대상에게도 사전 학습의 퇴보는 매우 큰 좌절감을 안겨 준다. 수학 이론처럼 제대로 이해하지 못한 채로 반만 이해한 무엇과 씨름하는 것이 얼마나 속상한 일인지 우리는 모두 잘 안다. 종종 교육 대상은 심한 좌절감을 느낀 나머지 분노와 공격성을 나타낸다. 아이들은 눈물을 터뜨리고 수학책을 연필로 찍어 댄다. 돌고래는 요란한 소리가 나도록 수면에 몸을 내던지며 반복해서 수면 위로 튀어오른다. 말은 꼬리를 휘젓고 발길질한다. 개는 으르렁거린다. 워커 박사는 자극 인지 교육 동안 일부러 참치가 실수하도록 만들고는 45초 이상 동안 강화를 주지 않았다. 그러자 참치들이 물탱크 밖으로 튀어올랐다.

나는 이것을 '사전 학습에 대한 분노 발작' 또는 '짜증'이라고 부른다. 내가 보기에 교육 대상은 이전까지 항상 진실이라고 생각했던 것이 갑자기 진실이 아닌 것으로 보이기 때문에 짜증을 부리는 것 같은데 아직 명확한 이유는 밝혀지지 않았다. 사람의 경우에는 오랫동안 고수했던 믿음이 도전받을 때, 교육 대상이 이 새로운 정보가 어느 정도 진실이라는 것을 내심 '알' 때 사전 학습에 대한 짜증을 표현하는 것 같다. 그동안 배운 것이 완전히 맞는 게 아니라고 인식하게 되면, 당장 이의 제기를 하거나 의심을 넘은 맹렬한 반격 및 지나친 반응을 보인다. 가끔씩 과학 분야 회의에서 강화에 관해 이야기하면, 인지 심리학자부터 신경학자, 가톨릭 주교에 이르기까지 여러 분야의 사람들이 내 예상보다 더 큰 적대감을 보이며 나를 자극할 때가 있다. 나는 종종 분노를 표현하는 언어들이 실제로는 사전 학습에 대한 분노 발작 증상이라는 의심을 하곤 한다.

나는 참치조차도 사전 학습에 대한 분노 발작을 보인다는 사실이 항상 유감스러운데, 왜냐하면 능숙한 사람이 가르치면 학습 대상이 그렇게 큰 좌절감을 일으키지 않고도 학습 전이 과정을 통과하도록 이끌 수 있기 때문이다. 하지만 이제 사전 학습에 대한 분노 발작을 드디어 진짜 학습이 일어나기 직전이라는 강력한 지표로 여기게 되었다. 뒤로 물러나 폭풍우처럼 그것을 지나가게 두면 그 반대편에는 무지개가 있을 것이다.

자극 통제 사용하기

내 말을 무시하는 사람의
행동을 바꾸는 법

트레이너든 교육 대상이든 늘 신호를 통해 통제하거나 통제받을 필요는 없다. 생명체는 기계가 아니다. 대부분 시간에는 이래라저래라 할 필요가 없다. 아이가 꾸물대더라도 부모가 급한 것이 없다면 여유롭게 해도 된다. 이미 열심히 일하고 있는 직원에게는 명령이나 지시가 필요 없다. 불필요한 규칙과 규정들로 우리 자신이나 주변 사람들을 옭아맬 이유도 없다. 그러면 오히려 저항감만 낳을 뿐이다. 사실 학습된 신호에 반응하는 것은 노력이 필요한 일인데 그 노력을 계속할 수는 없는 노릇이다.

자극 통제는 협조적인 자녀, 순종적인 반려동물, 신뢰할 만한 직원 등을 키우거나 만드는 일과 분명히 관련 있다. 매우 구체적인 자극 통제는 군악대, 무용단, 팀 스포츠 같은 수많은 그룹 단위 활동에도 필요하다. 정교하게 학습된 신호 세트에 반응하는 것은 상당한 만족감을 선사한다. 동물들도 이 만족감을 즐기는 것 같다. 행동 체인에서처럼 신호가 강화물이 되어 모든 행동과 신호에 숙달되면 신호에 반응하는 것으로 많은 강화를 얻기 때문인 듯하다. 한마디로 재미있기 때문이다. 실제로 커플 댄스, 축구 경기, 합창이나 합주처럼 신호로 통제되는 그룹 단위 활동에 참여하는 건 재미있는 일이다.

우리는 수업에 열중하는 학생들의 예의 바른 모습부터 미해군 제트기 곡예 팀, 블루 엔젤Blue Angles의 공연까지 자극 통제 아래 아름답게 수행되는 행동 사례들을 보면, "교사가 기강을 제대로 세우는 법을 아나 봐" 또는 "정말 엄격하게 훈련받았나 봐"라며 규율, 훈련, 기강 같은 단어를 써서 칭찬한다. 하지만 '훈련, 기강, 규율'이라는 단어는 처벌의 의미를 내포하고 있는데, 이는 자극 통제를 확립할 때 전혀 필요 없다.

소위 '군기 반장'은 완벽함을 요구하고 그렇지 못하면 처벌하는 사람을 말하지, 올바른 방향으로 향상되는 것에 보상을 주어 완벽함을 끌어내는 사람을 뜻하지 않는다. 그래서 '규율'을 확립하려는 사람은 종종 "내가 말한 대로 해. 그렇지 않으면…"이라며 자극 통제를 얻으려고 한다. 하지만 교육 대상은 "그렇지 않으면…"이 의미하는 것을 알아내기 위해 잘못된 행동을 하거나 불복종해야 하고, 그렇게 한 후에는 이미 한 행동을 되돌리기엔 늦다. 이런 측면에서 규율 중심의 접근법은 정말로 효과가 없다.

행동형성과 강화물을 사용하면서 확립된 진짜 우아한 자극 통제는, 교육 대상에게서 우리가 '훈련'이라 해석할 수 있는 무언가를 만들어 낼 수도 있다. 이때 정말로 훈련받아야 하는 사람은 트레이너이다.

그렇다면 어디서부터 시작하면 될까? 당신이 '신호 무시자'로 확인된 사람들 사이에서 생활하거나 근무하고 있다면? 이 난해한 문제를 해결하는 데 매우 유용한 카렌 프라이어Karen Pryor 시스템을 소개한다. 놀러 온 손님처럼 구는 사춘기 자녀와의 문제 상황을 어떻게 해결하는지 살펴보자.

카렌 프라이어: (사춘기 손님이 거실 소파에 젖은 수영복과 타월을 그냥
　　　　　　　올려둔 것을 보면서) 젖은 것을 소파에서 치우고 건조기
　　　　　　　에 넣어 두겠니?

사춘기 손님: 예, 잠시만요.

카렌 프라이어: (아무 말도 하지 않으면서, 사춘기 손님에게 가까이 다
　　　　　　　가가 선다.)

사춘기 손님: 왜 그러세요?

카렌 프라이어: 소파에 놓은 젖은 수영복을 건조기에 넣어 줄래? (주의:
　　　　　　　"즉시!", "지금 당장", "내가 말했지!"와 같은 말은 절대
　　　　　　　하지 않는다. 나는 이 친구가 처음으로 내 요구에 따르
　　　　　　　도록 교육하는 중이지, 이 신호가 더 세부적이고 위협적
　　　　　　　으로 고조될 때까지 기다리게 만드는 교육을 하는 게 아
　　　　　　　니다.)

사춘기 손님: 음, 에이. 그렇게 급하면 직접 하는 건 어때요?

카렌 프라이어: (쾌활한 미소는 보이되, 말은 하지 않는다. 나는 내가 원
하는 행동을 강화할 수 있는 순간을 기다리고 있다. 나
에게 시비를 거는 것은 내가 원하는 행동이 아니므로 나
는 이것을 무시한다.)

사춘기 손님: 좋아요, 알았어요. (일어나서 소파로 간다. 물건을 집어
서 건조기가 있는 방에 던진다.)

카렌 프라이어: 건조기 안에 넣어야지.

사춘기 손님: (투덜거리며 건조기에 넣는다.)

카렌 프라이어: (진심을 담아 환한 미소를 보여 준다. 빈정거림은 없
다.) 고마워!

다음에 내가 이 사춘기 손님에게 뭔가를 해 달라고 부탁해야 할 때 아마
도 내가 할 일은 그 행동을 취하도록 아이를 바라보는 것이 전부일 것이다.
머지않아 아이는 집안일은 나 몰라라 하는 '손님'이 아니라 내 요구 사항에
즉각 반응하는 '가족'이 될 것이고, 나는 내 역할을 다해 공정하게 행동할
것이다. 즉 그것이 타당하다면 나도 '아이'가 요구하는 것을 해 주고 아이의
몫보다 과도한 요구를 하지 않도록 주의할 것이다.

소란과 강요 없이 자극 통제를 하는 방법을 알게 되면 트레이너와 교육
대상 모두의 삶이 훨씬 평온해진다. 나의 딸 게일은 고등학교 2학년 때 한
수업에서 연극 연출을 맡았다. 매년 선택된 학생이 하는 역할이었다. 게일
은 약 20명의 남녀 학생으로 구성된 출연진들과 함께 연극을 준비했고 모

든 일은 잘 진행되었다. 연극은 큰 성공을 거두었다. 무대 인사에서 연극 지도 교사는 나에게 딸이 리허설 동안 출연진에게 소리치는 일이 없어서 놀랐다고 이야기했다. 매년 학생 감독들은 고함을 질러 왔는데 게일은 전혀 그렇지 않았다는 것이다. 나는 별생각 없이 "물론 그랬을 거예요. 우리 아이는 동물 트레이너거든요"라고 답했다. 교사의 얼굴을 보자마자 내가 잘못 대답했다는 사실에 아차 싶었다. 자기 학생들을 동물이라고 하다니! 내 말의 의미는 게일이 불필요한 갈등 유발 없이 자극 통제를 수립하는 방법을 안다는 뜻이었다.

자극 통제를 완벽히 이해하고 있는 사람은 불필요한 지도, 비합리적이거나 이해 불가능한 지시, 애초에 따를 수 없는 명령은 하지 않는다. 그들은 완수할 준비가 되어 있지 않은 요청은 하지 않으려고 노력한다. 그래서 우리는 그들이 기대하는 것이 무엇인지 항상 정확하게 알 수 있다. 그들은 나쁜 반응에 덜컥 화내지 않는다. 바라는 것을 얻기 위해 잔소리, 꾸중, 투덜거림, 강압, 애원 또는 위협도 하지 않는다. 그럴 필요가 없기 때문이다. 우리가 '그들에게' 무언가를 하라고 요청했을 때 그들이 '알았다'고 답한다면 그들은 그대로 실천한다. 우리가 가족이나 동료들을 실제로 자극 통제 아래에서 행동하게 한다면, 즉 모든 사람이 약속을 지키고, 원하는 것이 무엇인지 밝히고, 말한 것을 실행한다면, 별다른 지시 없이도 보다 많은 일이 처리되고, 더욱 빠르게 신뢰가 형성된다. 좋은 자극 통제란 곧 진정한 커뮤니케이션, 즉 정직하고 공정한 의사소통이다. 자극 통제는 포지티브 강화로 이뤄지는 가장 복잡하고, 까다로우며, 고차원적인 교육이다.

POSITIVE
REINFORCEMENT

4장

언트레이닝,
강화를 사용해 행동 수정하기

원하지 않는 행동 없애는 법

행동을 제거하는 여덟 가지 방법, 악마의 방법 VS 천사의 방법

우리는 이제 새 행동을 만드는 법에 대해서는 완전히 익혔다. 그렇다면 이미 만들어진 행동 중 우리가 원하지 않는 행동은 어떻게 없앨 수 있을까?

사람과 동물은 하지 말았으면 하는 것들을 한다. 아이들은 차 안에서 소리를 지르고 싸운다. 개는 밤새 짖어 댄다. 고양이들은 가구를 발톱으로 긁는다. 룸메이트는 더러운 빨랫감을 사방에 널어놓고 외출한다. 어떤 친척은 전화를 걸어 걸핏하면 언성을 높인다. 모두 우리가 원하지 않는 행동이다.

지금부터 행동을 제거하는 여덟 가지 방법에 관해 이야기해 보자. 겨우 여덟 가지다. 아이들이 차에서 너무 시끄럽게 구는 것 같이 단기적 문제냐, 아니면 지저분한 룸메이트를 둔 것처럼 장기적 문제냐는 중요하지 않다. 뭐든 여덟 가지 중 하나에 속할 것이다. 단, 정신질환을 가진 사람의 발작이나 느닷없이 사나워지는 개처럼 여러 가지가 복잡하게 얽힌 행동 문제는 다루지 않을 것이다. 원하지 않는 행동이라는 하나의 문제만 고려할 것이다.

여덟가지 방법의 개요는 다음과 같다.

방법1	**쏴 버리기** Shoot the animal	확실한 효과가 있다. 특정 교육 대상의 특정 행동 문제를 다시는 다룰 필요가 없어진다.
방법2	**처벌하기** Punishment	사실 거의 효과 없지만 모든 사람들이 선호하는 방법이다.
방법3	**네가티브 강화하기** Negative reinforcement	원하는 행동이 일어날 때 불유쾌한 뭔가를 제거해준다.
방법4	**소거하기** Extinction	어떤 행동이 저절로 사라지게 둔다.
방법5	**양립 불가능한 행동 가르치기** Train an incompatible behavior	특히 운동선수와 반려견 보호자들에게 유용한 방법이다.
방법6	**신호에 맞춰 행동하게 만들기** Put the behavior on cue	특정 신호와 행동을 연결한 후, 이 신호를 절대 주지 않으면 된다. 돌고래 트레이너들이 원하지 않는 행동을 제거할 때 사용하는 가장 우아한 방법이다.
방법7	**행동의 부재 형성하기** Shape the absence	원치 않는 행동이 '아닌' 모든 행동을 강화한다(불쾌한 친척을 유쾌한 친척으로 바꾸는 친절한 방법이다).
방법8	**동기 바꾸기** Change the motivation	모든 방법 중에서 가장 근본적이고 온화한 방법이다.

여기에 소개된 것 중 네 가지는 거친 결을 가진 '악마의 방법' 또는 부정적인 방법이고, 나머지 네 가지는 온화한 결을 가진 '천사의 방법' 또는 포지티브 강화를 사용하는 방법이다. 각각 쓰이는 상황이 다르다. 이제부터

나는 각 방법의 장단점을 설명하고 각 방법이 효과를 보였던 상황에 대한 일화도 소개할 것이다. 또한 그 방법 속에서 시끄러운 개, 신경질적인 배우자 등 반복되는 친숙한 문제들도 다루면서 각 문제를 특정 방법으로 해결할 수 있는 예시들을 다룰 것이다.

나는 여덟 가지 방법을 다 추천하지는 않는다. 예를 들어, 수의사를 찾아가 성대를 절제해 짖지 못하게 하는 [방법 1]은 밤새 짖는 개의 문제를 해결하는 데 좋은 해결책이 아니다. 여덟 가지 중 어떤 것이 당신의 특별한 골칫거리를 해결하는 데 가장 좋은 방법인지는 말하기 힘들다. 선택은 트레이너인 당신의 몫이다.

[방법 1]
쏴 버리기

존재 자체를 없애 버리면 문제도 사라진다. 하지만…

이 방법은 언제나 효과는 있다. 다시는 그 교육 대상이 가진 행동 문제를 다룰 필요가 없어지니 말이다. 실제로 이것은 양을 물어 죽이는 습관을 지닌 개를 다룰 때 전 세계적으로 유일하게 승인받은 방법이다.

사형 집행이 [방법 1]에 해당한다. 사형의 도덕적 의미와 기타 시사점에 관한 논의는 제쳐 두고, 살인범에게 사형을 집행하면 이 사람은 더 이상 살인을 저지르지 못한다. [방법 1]은 행위자를 제거해 그 행동이 일시적으로 또는 영구적으로 사라지도록 한다.

직원을 해고하고, 배우자와 이혼하고, 지저분한 룸메이트를 다른 사람으로 바꾸는 것 모두 [방법 1]이다. 새롭게 만난 사람으로 인해 또 다른 문제가 발생할 수 있겠지만, 일단 진절머리 나는 행동을 하는 상대방이 사라지면 그 행동 역시 사라진다.

[방법 1]은 상당히 가혹하지만, 죄질이 너무 심각해서 용납하기 어렵거나 행동이 쉽게 고쳐질 것 같지 않을 때 유용할 수 있다. 예를 들어, 부모나 배우자(또는 자녀)로부터 폭력을 당하는 경우, 폭력을 가하는 사람을 실제로 죽이는 것으로 이 문제를 다루는 사람들이 종종 있는데 극단적으로 심각한 상황인 경우 자기방어의 일환으로 정당화될 수 있다. 집을 떠나는 것도 [방법 1]에 속한다. 이는 보다 인도적인 해결책이다.

우리 주변에서도 [방법 1]에 속하는 단순하고 흔한 사례를 많이 볼 수 있다. 어른들의 대화에 방해가 되지 않도록 아이를 방에 들어가 있게 하는 것, 개가 자동차를 쫓아가지 못하게 묶어 두는 것, 범죄자들을 저마다 다양한 기간 동안 감옥에 가두는 것 모두가 이에 해당한다. 우리는 이런 조치들을 처벌하기, 즉 [방법 2]라고 생각하는 경향이 있고 교육 대상들은 이것을 처벌로 생각할 수도, 아닐 수도 있지만 이는 모두 [방법 1]의 테크닉이다. 근본적으로 해당 행동을 하지 못하도록 물리적으로 통제하거나 그 존재 자체를 없애는 것으로 행동이 사라지게 하는 것이니 말이다.

[방법 1]에 대해 우리가 이해해야 할 중요한 핵심은, 이 방법은 교육 대상에게 아무것도 가르쳐 주지 않는다는 것이다. 통제, 감금, 이혼, 사형 집행을 통해 교육 대상이 그 행동을 하지 못하게 막긴 하지만 해당 대상에게

가르쳐 주는 것은 거의 없다. 절도죄로 교도소에 보내졌던 사람이 물건을 다시 훔치기 전에 고심할 것이라 여기겠지만 꼭 그렇지만은 않다. 우리가 확신할 수 있는 것은 그가 수감된 동안에는 도둑질을 할 수 없다는 사실 하나뿐이다.

행동은 반드시 합리적이지만은 않다. 그 행동이 이미 강화를 얻는 방법으로 학습이 되어 있다면, 그리고 그 행동을 유발하는 동기와 상황이 존재한다면 그 행동은 다시 일어나기 쉽다.

교육 대상이 물리적 구속 상태에 있을 때는 행동에 대한 재학습이 진행되지 않는다. 일어나지 않는 행동은 수정할 수가 없다. 자기 방에 갇힌 아이도 뭔가를 배울 수 있지만 아마도 부모에게 화를 내거나 부모를 두려워하는 것과 관련 있기 쉽다. 반면, 예절 바른 사교적 대화에 참여하는 방법은 배우지 못한다. 묶여 있던 줄이 풀리면 개는 그 즉시 다시 차로 돌진할 것이다.

[방법 1]도 나름의 입지를 가지고 있다. [방법 1]이 가장 실용적인 해결책이 될 때도 종종 있다. 이 방법이 꼭 잔인한 것도 아니다. 우리는 교육 및 감독할 수 없는 상황일 때 일시적으로 감금하는 방법을 선택하곤 한다. 아기를 그네나 아기용 의자에 잠깐 앉혀 두면 대부분 짧은 시간 내에는 별다른 거부감을 보이지 않는다. 요즈음은 대부분 반려견을 항상 실내에 두다 보니 강아지를 크레이트crate라 불리는 이동용 상자에 가둬 두는 것이 대소변 교육의 기본이 됐다. 개는 안에 들어가 잘 수 있는 편안하고 사적인 공간을 갖기 좋아한다. 대부분의 개가 자신의 크레이트를 집으로 여기고 낮에는 자발적으로 여기 들어가 쉰다.

어린 강아지도 자신의 잠자리가 더럽혀지는 것을 좋아하지 않기 때문

싹 버리기 사례

어느 정도 문제를 해결할 수 있지만 주어진 상황에 따라
선택할 방법일 수도 아닐 수도 있다.

행동	접근
룸메이트가 더러운 빨랫감을 여기저기 널어놓고 나간다.	룸메이트를 바꾼다.
개가 마당에서 밤새 짖는다.	개를 안락사시킨다. 개를 팔아버린다. 성대 절제 수술을 시킨다.
자녀들이 차에서 너무 시끄럽게 군다.	집까지 걸어가게 한다. 버스를 타고 가라고 한다. 다른 사람이 운전하는 차를 타게 한다.
배우자가 습관적으로 불편한 심기로 귀가한다.	이혼한다.
테니스 스윙이 엉망이다.	테니스를 그만둔다.
직원이 할 일을 미루거나 게으르다.	직원을 해고한다.
선물을 보내 준 사람에게 감사 편지를 쓰기가 싫다.	어떤 감사 편지도 쓰지 않는다. 그러면 아마도 사람들은 당신에게 더 이상 선물을 주지 않을 것이다.
고양이가 식탁에 올라간다.	고양이를 밖에서 살게 하거나, 고양이를 파양한다.
버스기사가 당신에게 무례하게 군다.	버스에서 내려 다음 버스를 탄다.
독립해야 할 성인 자녀가 다시 들어와 살고 싶어 한다.	자녀의 요구를 거절하고 내 뜻을 고수한다.

에, 보호자가 강아지를 지켜볼 수 없을 때는 크레이트에 가두어 두면 사고가 발생할 가능성을 줄일 수 있다. 보호자가 강아지를 크레이트에서 꺼낸다는 것은 강아지가 대소변할 준비가 됐다는 의미다. 오랫동안 강아지를 가둬야 할 경우에는 바닥에 신문지나 배변 패드를 깔고 펜스를 두른 후, 문을 열어둔 크레이트를 한쪽에 두고 펜스 안에 강아지를 넣어 둔다. 이렇게 하면 강아지는 뒹굴뒹굴하며 놀 수 있는 공간이 생겼고 대소변을 하고 싶을 때는 크레이트 밖에서 할 수 있다. 이후의 청소도 쉽다. 적어도 보호자가 없는 동안 카펫 위에 얼룩을 남길 일은 없다.

[방법 2]
처벌하기

처벌이 효과가 없는 이유

처벌은 우리 인간이 즐겨 사용하는 방법이다. 잘못된 행동을 보면 우리는 처벌을 가장 먼저 생각한다. 아이들을 꾸짖고, 개를 때리고, 임금을 삭감하고, 회사에 벌금을 물리고, 반체제 인사를 고문하며, 국가를 침략한다. 하지만 처벌은 행동을 수정하는 데 서투른 방법이다. 사실 처벌은 대부분의 경우 전혀 효과가 없다.

처벌이 무엇을 할 수 있고 무엇을 할 수 없는지 따지기에 앞서, 우리가 처벌했는데 효과가 없을 때 어떤 일이 일어나는지부터 살펴보자. 어떤 행동 때문에 자녀나 반려견 혹은 직원을 처벌했는데 그 행동이 다시 나타난다고 가정해 보자. 우리는 "흠, 처벌이 먹히지 않았네? 그럼 다른 걸 해 볼까?"라고 생각할까? 아니다. 처벌의 강도를 높인다. 말로 혼내서 듣지 않으면 회초리를 든다. 아이가 형편없는 성적표를 받아 오면 아이의 자전거를 압수한다. 그다음 성적표도 여전히 형편없다면 스케이트보드도 압수한다. 직원이 빈둥거린다면? 혼을 낸다. 그래도 효과가 없으면? 임금을 깎는다. 여전히 변화가 없으면? 정직 처분을 내리거나, 해고하거나, 때로는 경찰을 부른다. 매질로도 이단자의 행동이 바뀌지 않으면? 손톱을 뽑거나 고문대에 앉힌다.

처벌은 수위를 높이기 시작하면 끝도 없이 강도가 세진다는 점에서 끔찍하다. "아마도 '이 정도는 해야' 효과가 있을 거야"라며 더 악랄한 처벌을 찾는 것은 유사 이래 유인원이나 코끼리 같은 소위 짐승이 아닌 우리 인간만이 몰두해 온 관심사다.

처벌이 효과가 없는 이유 중 하나는 원치 않는 행동과 처벌이 '동시에' 일어나지 않기 때문이다. 처벌은 나중에, 심지어는 법정 판결처럼 한참 후에 일어나곤 한다. 따라서 교육 대상이 그 벌을 자신의 이전 행동과 연결 짓지 못할 수 있다. 특히 동물은 처벌과 이전에 한 행동을 절대 연결하지 못하고 사람도 마찬가지로 자주 실패한다. 아마도 도둑질할 때마다 손가락이 떨어져 나가거나 불법 주차를 할 때 차가 폭발해 화염에 휩싸인다면 도둑질이나 주차 위반은 거의 존재하지 않을 것이다.

[방법 2]를 통해서도 [방법 1], 즉 '쏴 버리기'와 마찬가지로 교육 대상은 아무것도 배우지 못한다. 즉각적인 처벌이 현재 일어나고 있는 행동을 '중단'시킬 수는 있지만, 개선이 이루어지지는 않는다. 처벌은 아이에게 더 좋

은 성적을 거두는 방법을 가르쳐 주지 않는다. 처벌하는 사람이 기대할 수 있는 최대치는 아이의 동기가 바뀌는 것이지만, 아이는 그저 미래의 처벌을 피하고자 행동을 바꾸려 할 뿐이다.

미래의 결과를 피하고자 미래의 행동을 바꾼다는 것은 대부분의 동물에 겐 배우기 힘든 개념이다. 예를 들어 보호자가 새 사냥개가 토끼를 쫓았다는 이유로 개를 붙잡아 때린다고 가정할 때, 막상 그 개는 어떤 행동 때문에 혼나고 있는지 알지 못한다. 개는 보호자를 더 무서워하게 되고, 이에 따라 다음에 보호자가 개를 불렀을 때 토끼를 쫓는 것을 멈추게 할 수도 있지만 반대로 개를 더 빨리 도망치게 만들 수도 있다. 즉, 개를 때리는 것 자체는 토끼를 쫓는 행동 자체에는 영향을 미치지 않는다.

고양이는 처벌을 자신의 행동과 연결하는 것에 더 둔감한 편인 것 같다. 그래서 사람들이 고양이는 교육하기 어렵다고 생각한다. 처벌로는 정말이지 고양이를 교육할 수 없다. 하지만 포지티브 강화를 사용하면 식은 죽 먹기이다.

처벌 또는 위협은 교육 대상이 자기 행동을 어떻게 바꿔야 하는지 배우는 데 도움이 되지 않는다. 처벌 또는 위협을 가한 자에게 붙잡히지 말아야 한다는 것을 배울 뿐이다. 예를 들어 배고파서 음식 훔치기, 질풍노도의 사춘기를 거치느라 불량한 행동하기 같이 교육 대상이 그 행동에 매우 강한 동기가 있어서 이를 계속해야 할 '필요'가 있다면 더욱 그렇다. 처벌 체제에서는 회피성evasiveness이 급격하게 증가하는데 한 가정의 문제로도 슬픈 일이고 사회적으로도 바람직하지 않다. 또한 반복적이거나 심각한 수준의 처벌은 끔찍한 부작용을 낳는다. 처벌을 받은 대상은 공포, 분노, 반항심 그리고 심하면 증오심을 느끼고, 처벌을 주는 사람 역시 때때로 동일한 정서를 경험한다. 이런 심리적 상태가 학습에 주는 이점은 없다. 교육 대상이 공포, 분노, 증오심을 배우도록 의도적으로 테러리스트 훈련을 하는 경우가 아니라면 말이다.

처벌이 효과가 있으려면….

그런데도 우리가 계속 처벌이 효과가 있다고 생각하는 건 처벌을 받은 행동이 이따금 중단될 때가 있기 때문이다. 교육 대상이 어떤 행동 때문에 처벌을 받고 있는지 이해할 때, 그 행동의 동기가 약할 때, 미래의 처벌에 대한 두려움이 클 때, 그리고 교육 대상이 처음부터 그 행동을 통제할 수 있을 때는 행동이 멈추기도 한다. 야뇨증을 처벌로 고치지 못하는 이유도 이 때문이다. 벽에 크레용으로 그림을 그린 첫날 따끔하게 혼난 아이는 집 안에 낙서하는 것을 그만둔다. 소득 신고를 허위로 하고 벌금을 냈던 사람은 다시는 그 행동을 하지 않을 것이다.

처벌은 행동을 초기 단계에서 잡아냈을 때 가장 효과적으로 중단시킬 수 있고 이를 통해 습관으로 굳어지지 않도록 해야 한다. 처벌 자체가 교육 대상에게 새로운 경험일 때, 즉 사람이나 동물이 아직 처벌에 무뎌지지 않아서 충격으로 받아들여질 때가 가장 효과적이다.

내가 자라는 동안 부모님은 정확히 딱 두 번 나를 처벌하셨다(단지 꾸짖기만 하셨다). 한 번은 여섯 살 때 좀도둑질을 했을 때고 또 한 번은 열다섯 살 때 무단결석을 해서 모두가 내가 납치된 줄 알았던 때다. 극도로 드문 처벌 경험은 실로 대단한 효과를 가져왔다. 두 행동은 그 즉시 중단되었다.

굳이 처벌을 사용하려고 한다면, 교육 대상이 그 혐오 자극을 우리와 연관된 것이 아니라 자신의 행동으로 인한 결과라고 받아들이게끔 조치하는 것이 좋다. 자, 소파에서 자길 좋아하는 커다란 털북숭이 개를 키우고 있는데 당신은 그 행동을 원치 않는다고 가정해 보자. 혼내기 같은 처벌로 당신이 집에 있을 때는 개가 소파에 못 올라가게 할 수 있지만, 당신이 집을 비운 사이에는 그럴 수 없다. 오래된 방법 한 가지는 작은 쥐덫 몇 개를 소파 위에 놓아 두는 것인데 이렇게 하면 부재 시에도 처벌을 줄 수 있다. 개가 소파로 뛰어오르면 쥐덫이 덜컥 작동해 개를 깜짝 놀라게 하고 어쩌면 살짝 꼬집을 수도 있다. 쥐덫이 개가 소파에 뛰어오르는 행동을 처벌한 것이다. 이 사건은 쥐덫을 피하고자 바닥에 내려가 있는 행동을 강력하게 만들거나 또는 이를 네가티브 강화한다. 개의 행동은 혐오적 사건을 촉발했고 이 한 번의 불쾌한 경험은 몰래 소파에 올라가는 행동을 제거할 만할 것일 수 있다. 하지만 이것은 어떤 개에게는 효과가 있을 수 있지만 모두에게 그런 건 아니라는 점을 서둘러 덧붙인다. 어떤 복서Boxer 보호자는 자기 개가 쥐덫을 두 번째 접했을 때, 소파 뒤에 있던 담요를 끌고 와 쥐덫을 덮은 뒤, 쥐덫이 튕겨서 닫히자 소파 위 담요에 편히 누웠다는 이야기를 한 적 있다.

처벌이 효과적으로 행동을 중단시키게 되면 그 일련의 사건은 처벌을 한 사람을 매우 강력하게 강화한다. 이 사람은 다시 이 처벌하기 방법을 사용하려고 자신 있게 나서게 된다. 나는 일부 사람들이 처벌의 효과에 대해 엄청난 믿음을 갖게 되는 과정을 목격할 때마다 놀란다. 규율을 맹신하는 학교 교사, 선수를 괴롭히는 운동 코치, 군림하는 상관, 그리고 선의의 부모들이 처벌을 하고 그 효과를 옹호하는 모습을 자주 목격할 수 있다. 그들의 처벌 행동은 그저 그런 결과를 낳은 몇 안 되는 빈약한 성공 사례에 의해 유지되며, 처벌을 전혀 하지 않고도 더 훌륭한 결과를 끌어내는 교사, 코치, 상관, 지휘관, 회장 또는 부모들의 넘쳐나는 반박 증거들을 무시한 채 고수된다.

죄책감과 수치심은
자기 자신에게 주는 처벌이다

처벌은 종종 복수를 의미한다. 처벌을 하는 사람은 희생자의 행동이 변하는지 여부에는 별로 신경 쓰지 않을 수 있다. 단지 복수를 하고 있을 뿐이며 때로는 받는 사람을 향해서가 아니라 사회적 불만을 표출하는, 사회를 향한 복수일 수 있다. 고의로 딴죽을 걸어 당신이 면허를 받거나 대출을 받거나 도서관 이용권을 받는 것을 지연시키거나 방해하는 냉담한 담당 직원들을 떠올려 보자. 당신은 벌을 받고 그들은 복수를 하고 있는 것이다.

처벌은 주는 사람에게도 강화 효과가 있다. 권위를 입증하고 유지하는데 도움이 되기 때문이다. 폭력적인 아버지는 아들이 반격할 만큼 성장하기 전까지 처벌을 하며 우월감을 느끼고 실제로도 지배적인 존재로 여겨진다. 이것이 사실 인간의 벌 주기 경향 뒤에 있는 주요 동기일 수 있다. 권위를 확립하고 유지하는 것이 그렇다. 벌을 주는 사람은 행동 그 자체보다는 더 높은 지위를 증명받는 것에 더 관심이 있을 수 있다.

계급 제도, 우위권 분쟁 등은 거위 떼부터 인간의 정부에 이르기까지 모든 사회적 집단의 근본 특성이다. 하지만 어쩌면 우리 인간만이 우위에 있다는 보상을 스스로 얻기 위해 처벌을 사용하는 것을 배운 것 같다. 우리가 언제 처벌의 유혹을 받는지 떠올려 보자. 반려견, 자녀, 배우자, 직원이 어떤 행동을 바꾸길 원하는가? 이 경우는 교육의 문제이므로 교육 도구로서 처벌의 취약점을 인식할 필요가 있다. 아니면 진정으로 복수를 원하는가? 그렇다면 자신을 위해 더 유익한 강화물을 찾는 것이 낫다.

아니면 자녀, 배우자, 직원, 이웃 국가 등을 당신에게 복종하도록 만들고 싶은가? 어떤 형태로든 상대가 당신의 우월한 의지와 판단에 맞서는 것을 막고 싶은가? 이런 경우는 우위권 분쟁의 문제이므로 당신 혼자 해결해야 한다.

죄책감과 수치심은 스스로에게 주는 처벌이다. 모든 감각 중에서 죄책감만큼 불쾌한 감정도 없다. 이는 오직 인간만이 발명할 수 있었던 '처벌물'이다. 개와 같은 일부 동물들이 당황스러움을 표현하긴 하지만, 과거 행동에 대한 죄책감으로 고통스러워하며 시간을 낭비하는 동물은 없다[47].

우리가 스스로에게 가하는 죄책감의 정도는 매우 다양하다. 누군가는 껌 하나 씹은 것에 죄책감을 느끼지만, 누군가는 중범죄를 저지르고도 자신을 정당화한다. 많은 사람이 매일의 일상에서 죄책감이나 수치심을 느끼지는 않는다. 이 사람들이 완벽해서도, 무감각한 쾌락주의자여서도 아니다. 단지 자기 행동에 각기 다른 방식으로 반응하기 때문이다. 어떤 사람은 돌이켜 봤을 때 스스로를 괴롭혔던 일을 다시는 하지 않지만, 어떤 사람들은 다음 날 지옥에 떨어진 것 같은 죄책감을 느낄 것이 확실한데도 파티에서 바보짓을 하고, 사랑하는 사람에게 용서받지 못할 말을 하는 등 같은 실

---

47 개가 죄책감을 보이는 것 같은 행동은 사실 카밍 시그널(calming signal)의 일부로, 심하게 스트레스를 받거나 겁을 먹어서 보이는 행동이지 죄책감과는 상관없다.

처벌하기 사례

이 방법은 거의 효과가 없고, 반복될 경우
그나마도 효과가 없어짐에도 널리 사용되고 있다.

행동	접근
룸메이트가 더러운 빨랫감을 여기저기 널어놓고 나간다.	고함을 지르면서 꾸짖는다. 옷가지를 압수하고 버리겠다고 협박하거나 실제로 그렇게 한다.
개가 마당에서 밤새 짖는다.	마당으로 나가 개를 때리거나 호스로 물을 뿌린다(주의: 개는 당신이 나온 것을 너무 기뻐하면서 아마도 자신을 처벌한 것을 '용서'할 것이다).
자녀들이 차에서 너무 시끄럽게 군다.	아이들에게 소리친다. 협박한다. 뒤돌아 아이들을 때린다.
배우자가 습관적으로 불편한 심기로 귀가한다.	싸움을 시작한다. 저녁 요리를 다 태워버린다. 짜증을 내고, 혼을 내며, 엉엉 운다.
테니스 스윙이 엉망이다.	잘못 칠 때마다 스스로에게 저주를 퍼붓고 화를 내며 비난한다.
직원이 할 일을 미루거나 게으르다.	꾸중하고 비판한다. 가능하면 다른 사람들 앞에서 이렇게 한다. 임금을 깎는다고 협박하거나 진짜 그렇게 한다.
선물을 보내 준 사람에게 감사 편지를 쓰기가 싫다.	할 일을 미루고 있는 자신을 처벌하고 동시에 죄책감을 느낀다.
고양이가 식탁에 올라간다.	고양이를 때리고 주방 밖으로 쫓아버린다.
버스기사가 당신에게 무례하게 군다.	버스 등록번호를 알아두었다가 회사에 불만 신고를 해서 기사에게 불이익을 주게 한다.
독립해야 할 성인 자녀가 다시 들어와 살고 싶어 한다.	성인 자녀가 집으로 들어오도록 허락은 하지만 삶을 매우 비참하게 만들어 준다.

수를 반복한다.

죄책감에 대한 두려움이 행동을 억제할 것이라 생각할 수 있지만, 보통 우리가 나중에 죄책감을 느끼게 할 행동을 할 때는 전혀 두려워하지 않는다. 행동을 변화시키는 방법으로서 죄책감은 결국 매질이나 뒤늦게 주어지는 다른 형태의 처벌물과 마찬가지로 그다지 효과적이지 않다.

따라서 어린 시절부터 죄책감을 갖도록 교육받은 대부분의 우리가 그러하듯, 만약 당신도 스스로를 이런 식으로 처벌한다면 이것은 단지 [방법 2]에 속할 뿐 반드시 써야 하는 해결책이 아니라는 점을 인식해야 한다. 당신에게는 죄책감을 느끼게 만드는 그 행동을 없애고 싶은 이유가 있을 것이다. 스스로를 처벌하는 것 외에 다른 방법을 선택하거나 또는 다른 방법들과 결합하면 더 좋은 결과를 얻을 수 있다.

[방법 3]
네가티브 강화하기

잔소리를 계속하게 되는 이유

네가티브 강화물이란 그 강도가 아무리 약하더라도 행동을 바꾸면 중단시키거나 피할 수 있는 불쾌한 사건 또는 자극이다. 전기가 통하는 울타리로 둘러싸인 들판에 있는 소가 울타리를 건드리면 전기 충격을 느끼고, 놀란 소가 뒷걸음질치면 전기 충격이 멈춘다. 이러한 방법으로 소는 울타리를 건드리지 않는 것이 전기 충격을 피하는 길이라고 학습한다. 울타리를 건드리는 행동은 처벌받았고 울타리를 피하는 행동은 강화를 받았는데, 포지티브 강화물이 아닌 '네가티브 강화물negative reinforcer'로 강화를 받은 것이다.

우리 삶은 네가티브 강화물로 가득하다. 우리는 의자가 불편하면 자세를 바꾼다. 비가 오면 비를 피해 실내로 들어온다. 어떤 사람은 마늘 냄새가 식욕을 돋운다고 생각하지만, 또 다른 사람들은 역겹다고 생각한다. 자극은 받아들이는 주체가 불쾌한 것으로 인지할 때만, 그리고 그 불쾌함을 없애기 위해 행동이 수정되는 경우에만 네가티브 강화물이 된다. 가령, 마늘을 먹은 사람에게서 멀어지기 위해 버스에서 자리를 옮겨 앉는 것처럼 말이다.

1장에서 살펴보았듯, 거의 모든 전통적인 방식의 동물 훈련은 응용된 네가티브 강화물을 사용하는 것으로 이뤄졌다. 말은 왼쪽 고삐가 당겨지면 왼쪽으로 방향을 트는 것을 배우는데, 그래야만 입 왼쪽 구석이 당겨지는 불쾌감에서 벗어날 수 있기 때문이다. 코끼리, 황소, 낙타 등 짐을 싣는 동물들도 당겨진 고삐를 느슨하게 만들거나 채찍질에서 벗어나기 위해 앞으로 가고, 멈춰 서고, 짐을 끄는 것 등을 배운다.

네가티브 강화를 행동형성에 사용할 수 있다. 포지티브 강화와 마찬가지로 강화물은 행동에 따라 달라지며 원하는 반응을 얻었을 때는 '독촉'을 멈춰야 한다. 유감스럽게도 어떤 형식으로든 독촉은 행동에 변화를 불러오기 때문에 독촉하는 사람의 행동이 포지티브 강화를 받을 수도 있어서, 처벌과 마찬가지로 이 혐오 자극을 이용하는 경향이 증가한다. 예를 들어, 잔소리꾼은 결국 원하는 결과를 얻는데 이는 잔소리꾼을 강화한다. 그래서 잔소리는 더욱 심해지고 때로는 원하는 반응이 나타나든 말든 계속된다. 소설 《포트노이 씨의 불만Portnoy's Complaint》에서 주인공의 어머니는 아들을 조금이라도 더 가까이 붙잡아 두고 싶은 마음에 온갖 불평을 쏟아내는데 심지어 아들이 자기를 찾아왔을 때도 "나는 절대 너를 안 만날 거다!"라고 불평한다.

포지티브 강화와 네가티브 강화는 서로 영향을 미친다. 행동주의 심리학자 마이어나 리비Myrna Libby 박사가 나에게 이런 예시를 들려준 적 있다. 한 아이가 상점에서 사탕을 사 달라고 떼를 쓰고 있었다. 부모는 아이의 떼쓰기에 항복해 사탕 하나를 사 준다. 이로써 아이의 떼쓰기는 사탕에 의해 포지티브 강화되었다. 그런데 이보다 강력한 사건은 부모가 아이에게 항복하는 것이 네가티브 강화되었다는 것이다. 부모에게 너무 불쾌하고 곤혹스러운 일인 아이의 떼쓰기가 감쪽같이 중단되었으니 말이다.

떼쓰는 행동은 악순환의 일부가 될 수 있다. 부모는 아이의 짜증을 멈추기 위해 달래기, 설득하기, 윽박지르기, 강화하기 등 온갖 방법을 다 쓸 것이다. 그래서 떼쓰는 행동은 점점 더 심해지고, 부모의 무의식적인 강화 노력 또한 증가한다. 내가 아는 한 가정의 경우 아이가 매일 저녁 15~20분간 다짜고짜 괴성을 지르며 짜증을 냈는데 유독 저녁 시간에만 그랬다. 아이의 행동과 불안해하는 부모의 반응 둘 다 포지티브 강화와 네가티브 강화의 결합으로 강력하게 유지되어 이 행동은 3년 넘게 이어졌다.

소심하고 자신감 없는 아이를 만드는
네가티브 강화

우리 인간은 자연스럽게 경고하는 눈빛, 눈살 찌푸리기, 못마땅하다는 말 같은 네가티브 강화물을 자주 사용한다. 누군가는 부모나 배우자가 자신을 못마땅하게 여기는 것에서 벗어나기 위해 매일 끊임없이 노력한다. 과도한 처벌을 받은 아이들은 적대적이거나 회피적 성향을 가지게 되고 성인이 되었을 때 처벌하는 사람이 될 수도 있다. 이와 반대로, 부모를 기쁘게 해 주기 위해서가 아니라 부모가 보이는 만성적인 못마땅함을 잠시나마 중단시키기 위해 고군분투하는 아이는 소심하고, 자신을 의심하며, 불안감을 느끼는 사람으로 성장할 수 있다. 한 공포증 전문 심리치료사는 군중 속이나 엘리베이터 안에서 비이성적으로 과도한 공포증을 보이는 사람들이 대체로 어린 시절에 일상적으로 네가티브 강화를 받으며 자랐다고 말한 바 있다.

처벌과 마찬가지로, 누군가는 향상된 행동을 형성하기 위해 네가티브 강화를 효과적으로 '사용할 수' 있기 때문에, 이 경험은 강압적으로 가르치려는 트레이너의 의지를 강화할 수 있다. 머레이 시드먼 박사의 말대로, '가벼운 네가티브 강화로 고작 몇 번의 성공을 경험한 트레이너는 네가티브 강화 맹신자가 된다'.

그런데 네가티브 강화물은 혐오적인, 즉 대상이 피하고 싶은 무엇이다 보니 네가티브 강화물의 사용 사례마다 처벌물 또는 처벌자가 포함된다. 왼쪽 고삐를 당기면 앞으로 곧장 가는 것을 처벌하는 것이고, 동시에 고개를 왼쪽으로 돌리는 순간 고개를 왼쪽으로 돌리는 행동을 네가티브 강화하는 것이다. 전통적 훈련법을 쓰는 트레이너들은 전형적으로 고삐, 초크 체인, 언어적 처벌 같은 네가티브 강화물을 처벌이라 생각하지 않는다. 어쨌든 그들은 이 도구들을 전반적으로 부드럽게 사용한다고 설명한다. 이 말은 진짜 처벌하기를 원할 경우에는 훨씬 더 가혹한 교정법을 사용한다는 뜻이다. 그리고 지속적으로 제기되고 있는 그들의 전형적인 논리는 그들의 방법에 칭찬과 포지티브 강화물을 함께 많이 사용하면 보통 장기적으로는 아무 해가 없다는 것이다.

그러나 혐오 자극의 강도는 그것을 받는 자만이 판단할 수 있다. 트레이너는 가볍다고 생각하더라도 교육 대상은 고통을 느낄 수 있다. 게다가 정의에 의하면 모든 네가티브 강화는 처벌물을 포함하기 때문에 네가티브 강화를 습관적으로 사용하면 회피, 침묵, 두려움, 혼란, 저항, 수동성 그리고 자주성 감소 같은 예상치 못한 처벌의 후유증뿐만 아니라 또 트레이닝 환경과 트레이너를 포함해 주변의 모든 것을 혐오스럽게 인식하거나 심지어 도망치고 싶을 만큼 불쾌해하고 싫어하게 되는 부정적 연관을 형성할 위험을 증가시킨다.

네가티브 강화물 또는 교정을 사용하는 교육은 고전적이고 관례적인 시스템이어서 그로 인한 부작용이 극명하다. 나는 전국적 규모의 복종 훈련 대회에 참석했다가 최고 수준의 수많은 참가견에게서 침울한 표정, 뻣뻣하게 굳은 꼬리, 조심스럽고 억제된 움직임을 보고 깜짝 놀란 적이 있다. 승마 교실이나 승마 체험 행사에 가서 말들이 즐거워 보이는지 스스로에게 물어보자. 심지어 전문적인 승마 선수들과 스스로를 현대적이고 인도적인 트레이너라고 자부하는 사람들조차도 대부분 행복한 눈빛을 가진 말이 어떤 모습인지 모를 것이다. 그들은 행복한 말을 본 적이 없다.

네가티브 강화물은 앞서 소개했던 수줍음 많은 라마의 트레이닝 과정에서처럼 무해할 수 있다. 내 딸의 반려견은 애교가 많고 아기의 얼굴을 핥는 것을 좋아한다. 한 살짜리 아기는 개를 좋아하지만, 개가 자기 얼굴을 핥는 것은 좋아하지 않는다. 이 아기는 손을 내밀고 꺅꺅 소리를 지르면 개가 핥는 것을 멈춘다는 사실을 학습했다. 이제 개가 꼬리를 흔들며 다가오면 아기는 "안 돼!"의 아기 버전으로 개가 핥는 것을 막는다. 아기는 자신의 새로운 행동으로 매우 행복해하고 가끔은 이를 부모나 형제들에게 시도한다. 효과는 거의 없지만 말이다.

네가티브 강화 교육의 한계

그러나 전반적으로 아기들은 네가티브 강화를 교육 메커니즘으로 사용하기가 부적절한 유기체 중 하나다. 혐오적인 방법을 사용해 아기들에게 원하는 행동을 단념시키기는 꽤 어렵다. 아기들은 타임아웃이나 꾸중도 이해하지 못한다. 거실 탁자 위에 놓인 할머니의 장식품을 만지려고 엉금엉금 기어가던 아기가 "안 돼"라는 경고와 함께 손을 살짝 맞았다면 대성통곡하고는 다시 장식품으로 다가갈 가능성이 높다. 이때는 그 물건을 손이 닿지 않는 곳에 치워버리는 [방법 8]동기 바꾸기나 아기에게 다른 놀잇거리를 보여주는 [방법 5]양립 불가능한 행동 가르치기, 또는 이 두 방법을 함께 사용하는 것이 훨씬 낫다. 아기들은 혐오 자극을 피하는 법은 쉽게 배우지 못하지만, 포지티브 강화를 통해서는 매우 빨리 배울 수 있다. 누군가 아기는 기쁘게 하려고 태어났지 복종하려고 태어난 것이 아니라고 하지 않았던가.

어린 동물들도 포지티브 강화를 통해서는 더 쉽게 배우지만, 처벌과 네가티브 강화물에는 당황하고 겁을 먹는 경향이 있다. 전통적인 개 훈련사들도 대개 개가 6개월령이 될 때까지는 정식 복종 훈련을 권하지 않는다. 그들은 강아지가 너무 어려 배우기 어렵다는 이유를 대지만 실제로는 정식 복종 훈련이 일반적으로 혐오적인 방법으로 이뤄져서 강아지가 그 방식으로 배우기에는 너무 어리다는 의미이다. 칭찬, 쓰다듬어 주기 같은 포지티브 강화를 이용한 교육은 먹이만 있으면 어미 젖을 떼기 전이라도 거의 모든 것을 가르칠 수 있다. 하지만 강아지에게 초크 체인을 채워서 발치에 바짝 붙어 따라 걷기, 앉기, 기다리기를 하라고 강요한다면, 본격적인 교육을 하기도 전에 강아지를 위협하고 복종하게 만드는 셈이다.

네가티브 강화로 다루기 힘든 또 다른 교육 대상은 야생동물이다. 오셀롯[48], 늑대, 너구리, 수달 같은 야생동물을 직접 키워본 사람이라면 이들이 사람의 지시에는 전혀 관심이 없다는 것을 잘 안다. 예를 들어, 늑대를 새끼 때부터 키워 왔고 아주 잘 길들였다 하더라도 목줄을 채우고 산책하는 것을 가르치기란 엄청나게 어렵다. 줄을 당기면 늑대는 반사적으로 반대 방향으로 줄을 당기는데, 당신이 작심하고 줄을 세게 당긴다면 아무리 차분하고 사회성이 좋은 늑대라해도 기겁하며 달아나려 할 것이다.

길들인 수달에게 목줄을 채우면 수달이 가고 싶은 곳으로 끌고 가거나 아니면 젖 먹던 힘을 다해 저항하는 모습을 볼 수 있다. 순응하는 행동을 형

---

48 표범 비슷하게 생긴 고양잇과 동물

성하기 위해 줄을 살짝 당기는 것도 통하지 않는다.

돌고래도 마찬가지다. 돌고래는 놀라운 트레이닝 능력에도 불구하고 어떤 형태든 강요를 받으면 저항하거나 도망친다. 돌고래를 힘으로 밀면 녀석들은 반대 방향으로 밀어낸다. 그물로 돌고래들을 한 수조에서 다른 수조로 모느라 공간이 좁아지면 대담한 녀석들은 그물로 달려드는 반면, 소심한 녀석들은 공포감을 느끼며 무력하게 수조 밑바닥으로 가라앉는다. 돌고래가 그물 앞에서 신속하게 이동하도록 하려면 포지티브 강화물을 이용해 행동을 형성해야 한다. 그리고 설령 이렇게 하더라도 거의 모든 그물 작업에서는 그물로 돌진했다가 줄에 얽힌 돌고래가 익사하지 않도록 즉시 줄을 풀 인력이 대기하고 있어야 한다.

심리학자 해리 프랭크Harry Frank는 네가티브 강화에 대한 이 저항이 야생동물과 길들여진 동물 간의 주된 차이라고 말한다. 모든 길들여진 동물, 즉 가축은 네가티브 강화에 민감하다. 이들은 떼 지어 이동하고, 이끌리고, 쫓으면 쫓기는 등 일반적으로 이런저런 일을 시키는 대로 한다. 우리 인간은 의도적으로, 또는 우연히 길들여진 동물에게 이런 특성이 남도록 선택적으로 번식시켜 왔다. 몰려다니지 않거나 쫓기지 않는 소는, 혐오 자극이나 공포심에 저항하거나 패닉 상태로 도망친 늑대나 돌고래처럼 결국 축사 밖으로 나갔다가 사자의 먹잇감이 될 것이다. 또는 골칫거리라는 이유로 도축되어 사람들에게 잡아먹혔을 것이다. 결국 이런 소의 유전자는 유전자 풀에서 사라진다.

복종은 순순히 따르려는 의지로 표현되든 아니면 약한 네가티브 강화로

네가티브 강화하기 사례

네가티브 강화는 효과적일 수 있고, 상황에 따라 선택할 수 있는 방법이다. 특히 차 안에서 시끄럽게 구는 아이 때문에 피곤해서 짜증이 나 있는 상태이고 게임이나 노래 부르기와 같은 대안적 방법([방법 5])을 쓰기도 어렵다면 이 방법이 매우 효과가 있다.

행동	접근
룸메이트가 더러운 빨랫감을 여기저기 널어놓고 나간다.	빨랫감들을 치울 때까지 TV 선을 빼 버리거나 저녁 식사를 챙겨 주지 않는다(룸메이트가 순응해 빨랫감을 치우면 네가티브 강화물을 멈춘다. 처음에는 성의 없는 노력을 보여도 강화한다).
개가 마당에서 밤새 짖는다.	개가 짖을 때 강한 조명을 개집에 비춘다. 짖는 것을 멈추면 조명을 끈다.
자녀들이 차에서 너무 시끄럽게 군다.	소음 수준이 인내의 한계치에 이르면 길 한쪽에 차를 세운다. 책을 읽는다. 왜 차를 세웠냐며 따지는 자녀들의 반응은 무시한다. 이것도 소음이다. 아이들이 조용해지면 다시 운전을 시작한다.
배우자가 습관적으로 불편한 심기로 귀가한다.	배우자의 목소리가 심상치 않은 상태라면 잠깐 등을 돌리거나 방을 나간다. 목소리가 잠잠해지거나 평범한 상태가 되면 즉시 뒤돌아보고 관심을 기울인다.
테니스 스윙이 엉망이다.	스윙할 때마다 코치나 구경꾼에게 나쁜 스윙 자세 중간에 언어적으로 교정을 하게 한다("아- 아- 아!" 혹은 "아니야!"). 교정을 중단시킬 수 있는 다른 스윙 자세를 만든다.
직원이 할 일을 미루거나 게으르다.	일정 기준 이하로 업무 성과가 떨어질 때마다 감독을 강화하고 이를 질책한다.
선물을 보내 준 사람에게 감사 편지를 쓰기가 싫다.	주변의 친구나 사랑하는 사람들로부터 네가티브 강화물이 자동으로 날아온다. 고모는 당신이 자신의 스카프 선물을 받지 못했을까 봐 얼마나 걱정했는지 알려줄 것이고 가족들은 고모에게 감사 편지를 써야 한다고 알려줄 것이다. 명확한 혐오 자극도 함께 전달될 것이다.
고양이가 식탁에 올라간다.	테이프의 끈적끈적한 면이 위로 가도록 해서 식탁에 붙여 둔다.
버스기사가 당신에게 무례하게 군다.	문에 서 있거나 운전기사 옆에 서서 당신이 움직이기 전까지는 운전을 못하게 한다. 순간적이더라도 그가 화를 멈추면 자리에서 움직인다.
독립해야 할 성인 자녀가 다시 들어와 살고 싶어한다.	자녀를 집에 돌아오도록 하되, 집세, 음식, 세탁이나 아이 돌보기 같은 서비스에 대한 비용을 정확하게 요구한다. 나가는 것이 재정적으로 이득이 되게 만든다.

학습을 강요받아 생겨난 투쟁-도주 반응fight or flight reaction[49]에서의 망설임으로 표현되든 길들여진 모든 동물에 내재되어 있다. 단, 예외가 하나 있는데, 바로 고양이다. 예를 들어, 고양이에게 목줄을 채우고 걷도록 가르치기는 쉽지 않아서 전문가들도 굳이 이를 시도하지 않는다. 케이지에 넣어 옮기지 목줄 및 리드줄을 하고 걷게 하는 것은 일반적이지 않다.

이를 두고 해리 플랭크는 고양이가 완전히 길들여진 동물이 아니어서 네가티브 강화에 대한 민감성이 부족하기 때문이라고 설명한다. 오히려 고양이는 쥐와 바퀴벌레처럼 우리의 거주지를 공유하는 공생 생물, 즉 상호 이익을 위해 우리와 호의를 거래하는 동물이다. 고양이는 인간에게 먹이, 안식처, 쓰다듬기를 얻는 대신, 쥐를 잡고, 즐거움을 주고, 갸르릉 소리를 들려준다. 하지만 절대로 일을 하거나 복종하지는 않는다. 통제 불가능함을 두려워하는 일부 사람들이 고양이를 싫어하는 이유일 수 있다.

[방법 4]
소거하기

아무 결과도 없는 행동은 사라진다

쥐에게 먹이 보상을 받기 위해 반복해서 레버를 누르는 것을 가르친 다

---

49 갑작스러운 자극이 주어졌을 때, 여기에 대항하여 싸울 것인지 도주할 것인지를 결정하는 본능적 반응

음, 갑자기 먹이 지급 장치를 꺼 버리면 쥐는 처음에는 레버를 많이 누르지만, 점점 횟수가 줄어들다가 결국엔 포기한다. 레버를 누르는 행동이 '소거'되었다.

'소거extinction'는 심리 실험에서 유래한 용어로, [방법4]에서 말하는 소거하기는 동물이 아니라 '행동'이 사라지는 것을 의미한다. 다 타버린 촛불처럼 강화 부족으로 어떤 행동이 스스로 꺼진 것이다.

아무 결과도 만들어 내지 않는 행동은, 즉 좋거나 나쁘거나가 아니라 결과가 아예 없는 행동은 아마도 사라질 것이다. 그렇다고 어떤 행동에 항상 반응하지 않으면 그 행동이 무조건 사라질 것이란 뜻은 아니다. 인간에게 무반응하는 행동 자체가 결과이며 매우 반사회적인 행동이다. 반응하지 않음으로써 다른 사람의 행동을 항상 소멸시킬 수는 없다.

관심에 의해 강화된 행동이라면 무반응이 효과가 있을 수도 있다. 나는 교향곡 지휘자인 토머스 시퍼스Thomas Schippers가 뉴욕 필하모닉의 리허설을 주도하는 모습을 본 적이 있다. 그는 상당히 권위적인 지휘자였는데 오케스트라 단원들도 만만치 않았다. 시퍼스가 지휘 단상으로 걸어가자 오케스트라 단원들이 다소 무례하게 굴기 시작했다. 목관 악기부는 불협화음을 내며 연주했고 바이올린 한 대는 "아이고, 저런"이라는 말이 나올 정도로 엉망인 소리를 냈다. 하지만 시퍼스는 이런 바보짓에 반응하지 않았다. 그러자 곧 오케스트라의 이상한 행동은 소거되었다.

내가 보기에 인간의 상호작용 중에서 소거가 제일 큰 효과를 보이는 것은 징징대기, 언쟁하기, 놀리기, 괴롭히기 같은 언어적 행동이다. 이런 유형의 행동은 결과가 나타나지 않으면, 즉 우리가 약올라 하지 않으면 사라진다. 누군가를 짜증 나게 만드는 행동은 포지티브 강화되고 있을 수 있다는 것을 기억하자. 남자아이가 여동생의 머리 모양을 놀려서 결국 울음을 터뜨리게 했다면 오빠는 강화를 받은 것이다. 직장에서 당신에게 깐죽거리는 사람에게 불같이 화를 내는 경우에도 그 사람이 이긴 것이다.

아이가 오랫동안 징징거리는 것은
부모가 그 행동을 강화했기 때문이다

우리는 사라지길 바라는 행동을 우연히 강화하곤 한다. 아이들이 징징대는 것 역시 대개 부모가 가르친 행동이다. 피곤하고, 배고프고, 어딘가가 불편한 아이라면 누구나 강아지처럼 칭얼댈 수 있다. 하지만 입이 떡 벌어질 정도로 징징거리는 아이는 부모가 참을성이 뛰어나서 엄청난 양의 칭얼거림을 견뎌내는 경우다. 계속 참고 있던 부모가 결국 무너져서 "알겠어, 아이스크림 사 줄게. 이제 그만 좀 해 줄래?"라고 말하는 순간, 이 최후의 강화가 아이의 징징거림을 지속시킨다는 사실을 우리는 잊고 있거나 아니면 이해하지 못한다. 특히 강화가 주어지기까지의 경과 시간이 매번 달라질수록 징징거림은 아주 오래 유지된다. 한번은 한 백화점에서 여섯 살 정도 된 귀여운 여자아이가 엄마, 할머니 그리고 백화점 직원 전부를 꼼짝 못하게 하는 장면을 목격한 적이 있다. 아이는 "나한테 '말했잖아', 아까 '약속했잖아', 난 싫어"라는 식의 명연기를 펼치고 있었다. 내가 알아차릴 수 있는 범위에서 그 아이는 쇼핑에 진절머리가 났고 아마도 그럴 법도 했다. 아니면 그저 피곤했다. 바로 그거다. 아이는 백화점을 나가고 싶었고 징징거리면 자신이 원하는 것을 얻는다는 것을 학습해 왔다. 그 행동이 결국에는 항상 강화를 받았기 때문이다.

만약 우리가 징징거리는 다른 집 아이와 오후 동안 붙어 있어야 한다면 어떻게 할까? 나라면 이렇게 할 것이다. 아이가 불만이 가득 찬 콧소리를 장착하고 시위를 시작하려는 순간 징징거리는 것이 나에게는 효과가 없다는 것을 알려 준다. 이렇게 하면 대개 아이에게 생각할 거리를 주게 된다. 아이들은 자기 행동을 징징대기라고 생각하지 않고 논리적이거나 심지어는 훌륭한 설득이라고 여긴다. 아이가 징징거리는 것을 멈추면 나는 즉시 칭찬이나 포옹 등으로 이를 강화한다. 아이가 잊고 다시 짜증을 내기 시작하면 눈썹을 치켜뜨거나 경고의 눈빛을 보내어 그 행동을 멈추게 한다. 사실 칭얼거리는 아이들이 게임을 포기하고 징징거림을 멈추면 상당히 영리하고 상냥한, 심지어 재미있기까지 한 친구가 된다.

행동을 스스로 사라지게 하는 법

말로 표현되는 행동을 다루는 문제 중 하나는 우리가 언어에 대해 지나치게 큰 믿음을 보인다는 것이다. 말은 거의 마법과도 같다. 괴롭힘을 당하거나, 놀림을 받거나, 칭얼거림을 듣거나, 특히 부부 싸움에서 우리는 행동이 아니라 말로 대처하는 경향이 있다. "하지만 당신이 약속했잖아"라는 말이 "아니, 나는 약속한 적 없어" 또는 "그건 알겠는데, 내일 시카고에 가야 하니까 약속을 지킬 수 없어. 그걸 이해 못 하니?" 등 끝없는 대답을 유발하는 식인데, 실제로 언어는 문제 해결에 큰 도움이 되지 않는다.

우리는 말과 행동을 분리할 필요가 있다. 예를 들어 부부가 싸울 때, 실제로 일어나고 있는 것은 싸움인데 싸움의 논제에 자꾸 주목하곤 한다. 각 논점에 대해 옳고 그름을 놓고 끝도 없이 논쟁할 수 있고 그 말들이 완전히 옳을 수도 있다(심리치료사들은 이런 내용의 녹음 파일을 수없이 들어야 한다). 하지만 여전히 싸우는 행동 자체를 멈추거나 해결하지는 못한다.

우리는 "그가 나보고 겁쟁이라고 했어요. 난 겁쟁이가 아니에요"라는 식으로 주고받는 거친 말들에 너무 쉽게 집착하고, 우리가 그것을 강화하고 있다는 사실도 잘 인식하지 못한다. 우리는 단순히 화만 내는 것이 아니다. 항상 기분이 나쁜 상태로 집에 들어오는 남편을 떠올려 보자. 남편이 괴팍하게 굴수록 아내는 더 빨리 남편을 달래려고 애쓴다. 아내가 진짜 강화하고 있는 것은 무엇일까? 괴팍함이다.

남편이 괴팍하게 굴어도 명랑한 태도로 대하고 저녁 식사를 다정한 분위기 속에서 천천히 즐기며, 걱정하거나 불안해하지 않아야 남편의 변덕이나 성질을 아무 효과 없게 만드는 데 도움이 된다. 반면에, 냉랭한 분위기를 만들거나, 되받아서 소리를 지르거나, 처벌하는 것은 모두 일종의 반응이 되어 결과적으로 남편의 행동이 강화될 수 있다.

행동에는 반응하지 않되 사람을 무시하지는 않는다면, 좋건 나쁘건 아무 결과가 없기 때문에 많은 불유쾌한 행동들을 스스로 사라지게 할 수 있다. 결과가 없으니 그 행동이 비생산적인 것이 되기 때문이다. 싸움은 엄청난 에너지가 필요하므로 효과가 없으면 대개 즉시 사라지게 된다.

행동은 일정 시간이 지나면 자연스럽게 저절로 사라지거나 감소하는 경우가 많다. 아이들, 개 또는 말을 한동안 가둬 두고 활동하지 못하게 했다가 문밖으로 내보내면 그들은 달리고 놀고 싶어 한다. 이를 통제하려면 상당히 큰 노력이 필요할 정도다. 대신, 욕구가 만족될 때까지 잠시 뛰어다니게 하는 것만으로 쉽게 문제가 해결되는 경우가 많다. 그런 후에 트레이닝을 시작하거나 규율에 맞는 행동을 요구하는 것이 좋다. 말 트레이너들은 이런 방법을 '에너지 발산시키기'라고 부른다. 현명한 말 트레이너는 망아지에게 안장을 얹고 교육을 시작하기 전 몇 분간 교육장을 돌면서 발을 차고, 껑충거리고, 달리면서 돌아다니도록 한다. 의장대 시범이나 축구 연습전에 준비 체조를 하는 것도 어느 정도 비슷한 목적이다. 긴장을 풀고 부상을 줄여 주기 위해 근육을 이완하는 것 외에도, 이런 '대근육 운동'은 에너지를 발산시켜서 뛰며 거칠게 밀고 당기는 장난을 소거하고 훈련 과정에 더욱 집중할 수 있게 한다.

기차 소리가 더 이상 들리지 않는 이유

습관화habituation는 무조건적 반응을 제거하는 방법 중 하나다. 사람이든 동물이든 교육 대상이 아무리 노력해도 피하거나 도망칠 수 없는 혐오 자극에 반복적으로 노출되면 결국 그 자극에 대한 회피 반응이 사라지게 된다. 교육 대상은 더 이상 그 자극에 반응하지 않고 주의를 기울이지 않으며, 결국 그 자극을 인식하지 못하게 되는데 이를 습관화라고 한다. 나는 처음 뉴욕 아파트에 살기 시작했을 때 길거리 소음이 참을 수 없도록 시끄럽게 느껴졌지만, 나중에는 대부분의 뉴요커들처럼 사이렌 소리, 고함 소리, 쓰레기 수거차 소리, 심지어 자동차 경적 소리 속에서도 익숙해져서 잘 잘 수 있

소거하기 사례

[방법 4]는 충분히 학습된 행동이나 자기 보상적인 행동 패턴을 제거할 때는 유용하지 않다. 그러나 징징거림, 삐짐, 놀림 같은 행동에는 효과가 있다. 아주 어린 아이들도 형, 누나가 놀릴 때 아무 반응을 보이지 않으면 그 행동을 멈출 수 있다는 것을 배우고, 그 사실을 발견하면 매우 기뻐한다.

행동	접근
룸메이트가 더러운 빨랫감을 여기저기 널어놓고 나간다.	룸메이트가 성숙하길 기다린다.
개가 마당에서 밤새 짖는다.	이 행동은 스스로 강화되는 것이기 때문에 저절로 소거되는 경우는 거의 없다.
자녀들이 차에서 너무 시끄럽게 군다.	어느 정도의 소음은 자연스러운 것이고 무해하므로 그냥 내버려 둔다. 아이들도 떠드는 데 싫증이 나고 지칠 것이다.
배우자가 습관적으로 불편한 심기로 귀가한다.	배우자의 고약한 말에 대해 좋은 결과든 나쁜 결과든, 어떤 결과도 생기지 않도록 한다.
테니스 스윙이 엉망이다.	다른 스윙이나 발동작 등을 연습하고 엉망인 스윙에는 집중하지 않음으로써 자연스럽게 사라지게 한다.
직원이 할 일을 미루거나 게으르다.	부적절한 행동이 주의를 끌기 위한 것이라면 주의를 기울이지 않는다. 그러나 일을 회피하는 것은 그 자체로 만족을 줄 수 있어 스스로 강화될 수 있다는 점을 기억하자.
선물을 보내 준 사람에게 감사 편지를 쓰기가 싫다.	이 행동은 보통 나이가 들면 자연스럽게 소거된다. 인생은 비용을 지불하고 세금을 납부하는 등의 번거로운 일로 가득 차게 되는데, 이와 비교하면 감사 편지 쓰는 일은 되려 휴식이 된다.
고양이가 식탁에 올라간다.	고양이의 행동에 반응하지 않는다. 그 행동이 사라지지는 않겠지만, 음식에 고양이 털이 들어가는 것에 대한 자신의 불만을 소거하는 것에는 성공할 것이다.
버스기사가 당신에게 무례하게 군다.	버스 기사에게 반응하지 않고 요금을 지불하고 그냥 잊는다.
독립해야 할 성인 자녀가 다시 들어와 살고 싶어 한다.	이를 임시방편으로 받아들이고 자녀의 재정 상태가 좋아지거나 현재 직면한 문제가 해결되는 즉시 이사 나갈 것으로 기대한다.

게 되었다. 습관화된 것이다. 경찰 기병대의 말들은 때때로 우산 펼치기, 종이 펄럭거리기, 덜그럭거리는 양철 깡통 두드리는 소리 듣기 등 해롭지는 않지만, 깜짝 놀랄 수 있는 모든 상황에 노출된 상태로 교육을 받는다. 결국 말들은 깜짝 놀랄 만한 장면이나 소리에 습관화되어서 도심 거리에서 어떤 사건이 벌어지든 흔들림 없는 상태를 유지할 수 있다.

[방법 5]
양립 불가능한 행동 가르치기

물리적으로 동시에 일어날 수 없는 행동

지금부터 소개하는 방법들은 원하지 않는 행동을 제거하는 긍정적인 방법이라는 점에서 온화한 결, '천사의 방법'에 해당한다.

그중 이 우아한 가르치기 방법은 원하지 않는 행동과 물리적으로 공존할 수 없는, 즉 양립할 수 없는 상반 행동을 수행하도록 교육하는 것이다. 예를 들면, 어떤 사람들은 반려견이 식탁 앞에서 음식을 달라고 애걸하는 것을 좋아하지 않는다. 나도 별로 좋아하지 않는데 개의 숨소리, 애처로운 눈빛, 그리고 내 무릎에 올린 큰 앞발을 보면 밥을 편히 먹기가 힘들기 때문이다.

이때 [방법 1] 쫘 버리기의 해결책은 식사 시간 동안 개를 밖에 내보내거나 다른 방에 가두어 두는 것이다. 그러나 [방법5]의 양립 불가능한 행동, 즉 동시에 일어날 수 없는 행동을 교육하면 음식을 구걸하는 행동 자체를 통제할 수 있다. 예를 들어, 사람들이 식사하고 있을 때는 개가 부엌 출입구에 엎드려 있도록 교육하는 것이다. 먼저 개에게 '엎드려'를 가르쳐서 그 행동을 자극 통제 아래 둔다. 이제 식사 시간 중에 개가 어디서든 '엎드려' 있게 할 수 있게 됐다. 식사가 끝난 후에는 주방에서 먹이로 이 행동에 보상을 준다. 식탁에서 멀리 떨어져서 엎드려 있는 행동은 식탁에서 음식을 달라고 조르는 행동과 동시에 일어날 수 없다. 개는 물리적으로 두 장소에 동시에 존재할 수 없으므로 식탁에서 음식을 달라고 애걸하는 행동은 사라지게 된다.

나는 한 오페라 리허설에서 양립 불가능한 행동을 훌륭하게 사용하는 지휘자를 본 적이 있다. 합창단이 갑자기 오케스트라와 불협화음을 이뤘다. 합창단원들은 한 소절을 빠른 리듬으로 외운 듯했다. 문제를 알아차린 지휘자는 이 소절의 가사에서 's'를 찾은 다음 단원들에게 "더 킹스스스스 커밍The king'ssss coming."처럼 's'를 강조해서 노래하라고 말했다. 그 덕에 우스꽝스럽게 윙윙거리는 소리가 만들어졌지만, 이 행동은 그 소절을 너무 빠르게 부르는 것과는 양립 불가능한 것이었으므로 문제가 해결되었다.

내가 처음으로 [방법 5]를 사용한 것은 잠재적으로 매우 심각한 돌고래 행동 문제를 다룰 때였다. 하와이 해양생물공원에서 근무하던 시절, 야외 공연을 하는 연기자는 세 종류가 있었는데, 첫 번째 그룹은 앙증맞고 작은 스피너 돌고래 여섯 마리였고, 두 번째는 아포Apo라는 이름의 거대한 암컷 큰돌고래였으며, 마지막으로는 공연의 일부를 스피너 돌고래들과 수영하면서 연기하는 예쁜 하와이 소녀였다. 흔히 생각하는 것과 달리 돌고래는 항상 친절하지는 않다. 특히 큰돌고래는 사람을 괴롭히고 짓궂게 구는 걸 좋아한다. 270킬로그램짜리 큰돌고래인 아포는 소녀 연기자가 물에 들어

오면 밑으로 돌진해서 그녀를 공중으로 들어 올리거나 꼬리를 휘둘러 머리를 치면서 못살게 굴곤 했다. 그래서 소녀는 물에 들어가기를 두려워했다. 실제로 매우 위험한 상황이기도 했다.

멋진 점프와 공중제비 덕에 우리 공연의 스타가 된 아포를 쇼에서 퇴출하고 싶지는 않았다. 우리는 소녀가 공연하는 동안 아포를 가둬 둘 수 있는 우리를 만들기 시작했다([방법 1] 쫙 버리기). 또한 동시에 양립할 수 없는 행동도 가르쳤다. 아포가 물고기 보상을 받기 위해 물속 가장자리에 설치한 레버를 누르도록 한 것이다.

아포는 매번 물고기를 받으려고 이를 열정적으로 학습했고, 심지어 다른 돌고래들로부터 자신의 레버를 지키기까지 했다. 공연 시간 동안 트레이너는 아포의 레버를 물탱크 속에 설치해 두었고, 소녀가 물탱크 가운데로 나와 스피너 돌고래들과 연기를 할 때마다 아포에게는 레버 누르는 행동을 강화했다. 아포가 레버를 누르면서 동시에 소녀를 괴롭히기란 불가능했다. 다행히도 아포는 소녀를 괴롭히는 것보다 레버 누르는 걸 더 좋아했고 소녀를 괴롭히는 행동은 제거되었다. 비록 소녀는 이 마법 같은 방법을 완전히 신뢰하지 못했고 아포가 안전대 뒤로 물러나 있을 때만 마음을 놓긴 했지만 말이다.

테니스 자세를 멋지게 고치는 법

양립 불가능한 행동을 가르치는 이 방법은 잘못된 테니스 스윙 자세를 비롯해 잘못 익힌 다른 근육 움직임 패턴을 바로잡는 데도 유용하다. 우리

몸 근육은 움직임을 익히는 데도 시간이 걸리지만 일단 특정한 움직임 패턴에 익숙해지면 바꾸기도 어렵다. 어린 시절, 나는 피아노 레슨을 받을 때마다 좌절감을 느꼈는데, 한 음을 잘못 학습한 바람에 매번 같은 부분에서 건반을 헛짚었기 때문이다. 바로 이럴 때 [방법 5]로 해결이 가능하다. 테니스 스윙을 예를 들어보자. 먼저 머릿속에서 전체 동작을 자세, 위치, 발동작, 시작 동작, 중간 동작, 종료 동작으로 나누어 본다. 그리고 천천히 각 동작을 해 보거나 필요하다면 한 동작만 여러 번 반복한다. 이렇게 완전히 다른 스윙, 즉 새 동작을 익히는 것이다. 새로운 동작이 몸에 익으면 전체를 연결하며 속도도 높일 수 있다.

이런 방법으로 연습할 때는 일단 공이 어디로 가는지는 신경 쓰지 말아야 한다. 그냥 동작만 연습한다. 이제 두 가지 스윙, 즉 이전의 문제가 있는 스윙과 새로 학습한 스윙을 모두 할 수 있을 것이다. 하지만 두 행동은 양립할 수 없다. 즉, 두 가지 스윙을 한 번에 할 수는 없다. 오래된 패턴을 완전히 없애지는 못할 수도 있지만 새로운 스윙 패턴으로 대체하면 그것을 최소한으로 줄일 수 있다. 이 패턴이 완전히 몸에 익으면 공이 움직이는 방향에 집중할 수 있다. 더욱 좋은 스윙을 하게 되면 아마 공도 제대로 날아갈 것이다. 내 피아노 레슨 문제도 이 방법으로 해결했다.

양립 불가능한 행동을 교육하는 것은 내 행동을 수정하는 데도 아주 유용하다. 특히 슬픔, 분노, 외로움 같은 감정 상태에 대처하는 데 도움이 된다. 어떤 행동들은 절대로 자기연민과 공존할 수 없다. 예를 들어 춤추기, 합창하기, 또는 달리기와 같이 매우 동적인 신체 활동을 하면서 동시에 절망감에 빠져 있을 수는 없다. 기분이 끔찍하게 나쁜가? 그렇다면 [방법 5]를 시도하자.

양립 불가능한 행동 가르치기 사례

현명한 사람들이 이 방법을 자주 활용한다. 차 안에서 노래하고 게임을 하는 것은 아이들은 물론 부모도 지루함에서 벗어나게 해 준다. 긴장감을 주는 많은 순간에 주의 환기, 기분 전환, 심심풀이 놀이는 좋은 대안이 된다.

행동	접근
룸메이트가 더러운 빨랫감을 여기저기 널어놓고 나간다.	빨래 바구니를 하나 사서 룸메이트가 빨랫감을 거기에 넣으면 보상한다. 바구니가 다 차면, 함께 빨래하면서 그 시간을 친목의 기회로 만든다. 빨래 관리와 빨랫감에 무반응하는 것은 양립할 수 없다.
개가 마당에서 밤새 짖는다.	지시에 따라 엎드리는 것을 가르친다. 개는 엎드린 자세에서는 거의 짖지 않는다. 창밖으로 엎드리라고 지시하거나 개집에 인터폰을 설치한다. 칭찬으로 보상한다.
자녀들이 차에서 너무 시끄럽게 군다.	노래 부르기, 이야기하기, 끝말잇기나 스무고개 같은 게임을 한다. 세 살 아기도 간단한 동요는 부를 수 있다. 다투고 소리치는 행동과는 양립 불가능한 행동이다.
배우자가 습관적으로 불편한 심기로 귀가한다.	배우자가 귀가하면 아이들과 놀기, 취미 활동 같이 하기 등 불평하기와 양립 불가능한 즐거운 활동을 시작한다. 종종 30분 정도 완전히 개인 시간을 주는 것도 좋다. 가족과의 일상으로 전환하기 전에 배우자에게 긴장을 풀 시간이 필요할 수 있다.
테니스 스윙이 엉망이다.	맨 처음부터 대체할 수 있는 테니스 스윙을 교육한다(본문 참고).
직원이 할 일을 미루거나 게으르다.	특정한 과업을 더욱 빠르고 열심히 하도록 지시한다. 지켜보다가 일을 완료하면 칭찬한다.
선물을 보내 준 사람에게 감사 편지를 쓰기가 싫다.	대체 행동을 교육한다. 만일 누군가 당신에게 수표를 선물로 보냈다면 수표 뒷면에 이서를 할 때 감사 인사를 짧게 적는다. 수령 확인을 위한 뒤처리는 은행이 알아서 해줄 것이다. 다른 선물을 받았다면 그날 밤에 바로 전화로 고맙다고 인사한다. 그러면 감사 편지를 따로 쓸 필요가 없다.

행동	접근
고양이가 식탁에 올라간다.	쓰다듬기 또는 먹이 보상으로 고양이에게 주방 의자에 앉도록 교육한다. 손길이 간절하거나 배고픈 고양이는 그 의자에 너무 세게 뛰어오르는 바람에 부엌을 반쯤 가로질러 미끄러질 수도 있겠지만 어쨌든 고양이는 식탁 위가 아니라 당신이 원하는 곳에 있다.
버스기사가 당신에게 무례하게 군다.	버스기사가 화를 내거나 무례하게 굴 때 눈 맞춤, 정중한 미소, '좋은 아침입니다' 같은 적절한 인사말로 응대한다. 혹시 기사가 정말 고함을 지른다면 "일이 정말 힘드시죠?"라는 말로 공감을 표한다. 이렇게 하면 되돌아오는 말이 공손해지는데 그때 그것을 강화한다.
독립해야 할 성인 자녀가 다시 들어와 살고 싶어 한다.	처음에는 당신이 관련 비용을 지불할 수 있겠지만, 자녀가 다른 거주지를 찾도록 도와준다.

[방법 6]
신호에 맞춰 행동하게 만들기

신호에 맞춰 행동하게 되면
그 행동은 신호가 없으면 사라진다

이 방법은 정말 훌륭하다. 다른 어떤 방법도 통하지 않는 상황에서 효과가 있다.

학습 이론의 핵심 중 하나는 어떤 행동을 자극 통제 아래 두면, 즉 유기체가 어떤 종류의 신호에 반응해 행동하는 것을 학습하면 그 행동은 신호가 없으면 사라지는 경향이 있다는 것이다. 우리는 이 자연 법칙을 이용해 원하지 않는 모든 종류의 행동을 제거할 수 있다. 그저 신호의 통제 아래 두고 그 신호를 제시하지 않으면 된다.

나는 돌고래에게 눈가리개를 씌우는 교육을 하는 동안, 이 우아한 방법을 처음 발견했다. 우리는 하와이 해양생물공원의 대중 공연에서 돌고래가 수중 음파를 탐지하거나 소리 반향으로 위치를 찾는 과정을 선보이고 싶었다. 나는 마쿠아라는 이름의 수컷 큰돌고래가 고무 재질의 흡착형 눈가리개를 쓰고 일시적으로 앞이 안 보이는 상태에서 자신의 소리 반향 시스템 echolocation system으로 물건의 위치를 파악해 가져오는 교육을 하고자 했다. 나중에 이 행동은 수족관 공연의 기본 레퍼토리가 되었다.

눈가리개가 아프지는 않지만, 마쿠아는 눈가리개를 좋아하지 않았다. 곧 마쿠아는 내 손에 눈가리개가 들려 있으면 물탱크 바닥으로 내려가 꿈쩍

206

도 하지 않았다. 마쿠아는 꼬리를 부드럽게 흔들며 "당신이 뭐 하려는지 다 알아!"라는 눈빛으로 물속에서 나를 예의주시하면서 한 번에 최대 5분까지 거기에 누워 있었다. 나는 녀석을 겁주거나 등을 떠밀어 수면으로 이동시켜서는 교육에 이득이 될 게 없고 뇌물을 주거나 단순한 속임수로 꾀는 것도 어리석은 짓이라고 판단했다. 그래서 어느 날 마쿠아가 내 쪽으로 잠수했을 때 호루라기를 불고 물고기 한 움큼으로 보상해 주었다. 마쿠아는 돌고래 세계의 말로 "뭐지?"를 뜻하는 야구공 크기의 공기 방울인 '놀람 방울'을 내뿜더니 위로 올라와서 물고기를 먹었다. 곧 마쿠아는 강화물을 받기 위해 의도적으로 잠수를 하기 시작했다.

이때부터 나는 신호로 물속에서 들을 수 있는 소리를 소개하고 이 신호에 따라 잠수할 때만 강화를 해 주었다. 아니나 다를까. 마쿠아는 신호가 주어지지 않을 때는 잠수를 하지 않았다. 잠수는 다시 문제가 되지 않았다. 눈가리개 쓰는 교육을 다시 시작하자 마쿠아는 노련한 배우처럼 눈가리개를 받아들였다.

나는 이 방법을 차 안에서 시끄럽게 구는 아이들을 조용히 만들 때도 사용해 보았다. 만약 놀이공원 같은 즐거운 장소에 가는 중이라면, 아이들은 흥분해서 시끄러워질 것이고 너무 들떠 있어서 게임을 하고 노래를 부르는 것 같은 [방법 5]양립 불가능한 행동 가르치기를 적용하기 어려울 수 있다. 그 즐거운 날에는 아이들이 조용해질 때까지 차를 세우고 운전을 멈추는 [방법 3]네가티브 강화하기는 물론 쓰고 싶지 않을 것이다. 이런 순간에는 자극 통제 아래 행동을 두는 [방법 6]이 유용하다. "좋아, 모두 최대한 시끄럽게 떠드는 거야. 지금부터 시작!"이라고 말한 뒤 당신도 소란 피우기에 동참한다. 약 30초간은 정말 재미있지만, 곧 시들해진다. 두세 번 반복하면 대개 나머지 승차 시간 동안에는 상당히 조용할 것임을 충분히 보장할수 있다. 신호에 따라 떠드는 것은 재미를 반감시키고 자극 통제 아래 일어나는 행동은 자극이 없으면 사라지는 경향이 있다. 다른 방법이 더 있을 수있지만, 아무튼 이 방법은 효과가 있다.

심리학자 B. F. 스키너의 딸인 데보라 스키너Deborah Skinner는 문 앞에서우는 개들을 통제하기 위해 [방법 6]을 인상적으로 사용했던 경험을 내게전해 주었다. 그녀는 작은 개를 키우고 있었는데 밖으로 내보내면 자유롭게 돌아다니며 혼자 노는 것이 아니라 뒷문 앞에 앉아서 짖고 낑낑거렸다. 데보라는 한쪽 면은 검은색, 반대쪽 면은 흰색을 칠한 작은 원형 판자를 만들어서 바깥쪽 문손잡이에 걸어 두었다. 검은색 면이 보이면, 개가 아무리요란하게 짖어도 문을 열어 주지 않았다. 흰색 면이 보이게 걸어 뒀을 때는개를 안으로 들여놓았다. 개는 검은색 신호가 주어졌을 때는 실내로 들어가려고 애써 봐야 아무 소용 없다는 것을 금방 학습했다. 데보라는 적당한시간이 지났다고 판단되면, 문을 살짝 열고 판자의 신호를 뒤집어 두고 개가 요청하는 즉시 안으로 들였다.

나는 내 딸이 토이 푸들 강아지를 키우기 시작했을 때 데보라의 문손잡이 신호를 시도해 보았다. 피터라고 이름을 지은 2개월짜리 강아지는 키가겨우 15센티미터가 될 정도로 작아서 지켜보는 사람이 없으면 실내라도 혼자 돌아다니게 하는 건 정말 위험했다. 내가 바쁘고 딸도 학교에 가고 없는시간에는 딸의 방에 먹이, 물, 신문지, 담요를 놓고 피터를 가두어 두었다.

당연히 혼자 갇혀 있을 때 피터는 엄청나게 소란을 피웠다. 나는 언제 짖는 것에 반응해 주고 언제 반응해 주지 않을지를 신호로 알려 주는 데보라의 방법을 시도해 보기로 했다. 나는 가장 가까이 있던 물건인 작은 수건을 하나 집어서 방문 손잡이에 걸어 두었다. 이 수건이 손잡이에 걸려 있을 때는 개가 아무리 요란하게 짖어도 전혀 반응해 주지 않았다. 수건을 치웠을 때는 강아지의 부름에 응해 주었다.

강아지는 금방 이해하고 문손잡이에 수건이 있을 때는 나가고 싶다고 요구하길 단념했다. 강아지의 행동을 유지하기 위해 내가 기억해야 할 유일한 것은 내가 그렇게 하고 싶을 때 강아지를 그냥 내보내는 것이 아니라, 문을 열고, 수건을 제거하고, 문을 닫고, 강아지가 짖을 때까지 기다리고, '그런 다음' 강아지를 밖으로 내보내는 것이었다. 이로써 짖는 행동이 자극 통제 아래 있게 되자 다른 모든 짖기가 소거되었다. 이 경우에는 '수건 없음'이 짖으면 보상을 받게 된다는 신호가 된 셈이다.

이 방법은 놀랍도록 효과가 있었지만 3일뿐이었다. 어느 아침, 갑자기 새롭게 피터의 소란스러운 요청 소리가 들려왔다. 방문을 열어 보니, 피터가 문손잡이의 수건을 끌어내리려고 젖 먹던 힘을 다해서 점프하고 있었다. 수건이 바닥에 떨어지자, 피터는 자신을 방에서 꺼내 달라고 아주 당당하게 요구하며 짖어 댔다.

신호에 맞춰 행동하게 만들기 사례

이 방법이 효과가 있을 것 같지 않겠지만, 놀랍도록 효과적일 수 있고 때로는 거의 즉각적으로 문제를 해결할 수 있다.

행동	접근
룸메이트가 더러운 빨랫감을 여기저기 널어놓고 나간다.	빨랫감 싸움을 시작한다. 10분 동안 둘이서 집안을 얼마나 엉망진창으로 만들 수 있는지 본다(효과가 있다. 평소 지저분한 사람도 때때로 엄청난 난장판을 보면, 이전에는 지저분하다고 여겨지지 않았던 자잘한 청소 거리들, 셔츠 하나, 양말 두 개 등을 알아채고 정리하게 된다. 물론 여전히 당신의 성에 차지는 않겠지만 말이다).
개가 마당에서 밤새 짖는다.	"짖어!"라는 지시에 따라 짖으면 먹이 보상을 주는 교육을 한다. 지시가 없을 때는 짖어도 아무 보상이 없다.
자녀들이 차에서 너무 시끄럽게 군다.	자극 통제 아래 소란 피우기를 해보자(본문 참고).
배우자가 습관적으로 불편한 심기로 귀가한다.	배우자가 짜증을 낼 수 있는 시간과 신호를 설정한다. 말하자면, 오후 5시부터 10분 동안 배우자 옆에 앉는다. 이 시간 동안 당신은 온전히 주의를 기울이고 공감하면서 모든 불평을 강화한다. 그러나 그 시간 이전과 이후의 불평에는 무반응한다.
테니스 스윙이 엉망이다.	만약 자신에게 공을 잘못 치라고 말하고 일부러 그렇게 하도록 배운다면, 지시를 내리지 않을 때는 그 결점이 사라질까? 그럴 수 있다.
직원이 할 일을 미루거나 게으르다.	직원에게 빈둥거리는 시간을 가지라고 요구한다. 이 방법은 내가 한때 일했던 광고 회사의 대표가 사용했던 테크닉인데 놀랍도록 효과적이었다.

행동	접근
선물을 보내 준 사람에게 감사 편지를 쓰기가 싫다.	메모장, 편지지, 우표, 펜, 주소록 그리고 빨간 상자를 구입한다. 이 물건들을 상자 안에 넣는다. 선물을 받으면, 준 사람 이름을 메모장에 적고 상자 위에 붙인다. 이 빨간 상자를 당신의 베개나 접시 위에 둔다. 그리고 이 상자를 신호로 삼아 감사 편지를 쓰고, 봉투에 넣고, 우표를 붙여 발송할 때까지 잠을 자지 않거나 식사하지 않는다.
고양이가 식탁에 올라간다.	신호에 따라 식탁 위로 뛰어오르기, 또 식탁에서 내려오기를 고양이에게 가르친다(이 모습은 손님들을 감동하게 한다). 그런 다음, 고양이가 신호를 기다려야 하는 시간의 길이를 형성할 수 있다. 결국은 하루종일 고양이는 신호를 기다린다.
버스기사가 당신에게 무례하게 군다.	이 행동을 신호에 맞추는 것은 추천하지 않는다.
독립해야 할 성인 자녀가 다시 들어와 살고 싶어 한다.	성인 자녀가 영원히 독립하자마자, 당신의 초대를 받아야 집에 올 수 있음을 분명히 하면서 집에 오라고 초대한다. 집에 들어와 살라는 말은 절대 하지 않는다.

[방법 7]
행동의 부재 형성하기

나쁜 행동을 직접 억제하는 대신,
그 행동 외에 다른 모든 행동을 강화하는 방법

[방법 7]은 우리가 교육 대상에게 특별히 바라는 건 없고 그저 지금 하는 행동을 멈추길 원하는 경우에 유용하다. 예를 들면, 친구가 전화를 걸어 불평을 해 대며 당신의 죄책감을 유발한다고 가정해 보자. 당신은 전화를 끊어버리는 [방법 1]쏴 버리기나 화를 내거나 비아냥대는 [방법 2]처벌하기, 또는 [방법 3]네가티브 강화하기를 써서 친구에게 상처를 주고 싶지는 않다. 이 경우에 [방법 7]이 유용한데, 전문 용어로는 [방법 7]을 '다른 행동 차별 강화DRO:Differential Reinforcement of Other behavior'라고 부른다.

동물심리학자 해리 프랭크는 새끼 늑대들을 집으로 데려와 사회화시킨 적이 있다. 그는 집을 망가뜨리지만 않는다면 어떤 행동이라도 쓰다듬기와 관심을 주는 것으로 강화하기로 했다. 소파, 전화선, 러그 등을 물어뜯는 것이 인간의 집에서 새끼 늑대들이 할 수 있는 유일한 오락거리였고 그 외에는 침대에 누워 있는 것이었다. 해리는 침대에 누워 있는 행동을 강화했고 시간이 흐르면서 저녁 시간은 해리와 그의 아내, 그리고 점점 자라는 세 마리의 새끼 늑대들이 가족 침대에 누워 뉴스를 보는 평화로운 시간으로 바뀌었다. 바로 [방법 7]이다.

나는 어머니의 행동을 바꾸기 위해 [방법 7]을 사용한 적이 있다. 병약해진 어머니는 몇 년간 요양원에서 생활했다. 가능할 때는 어머니를 찾아뵈었지만 대부분의 의사소통은 전화상으로 이루어졌다. 그런데 나에게 어머니와의 통화는 몇 년간 골칫거리였다. 통화 내용은 대개, 그리고 가끔은 전적으로, 통증, 외로움, 경제적 어려움 같은 어머니의 문제들과 관련 있었다. 내가 해결할 수 없는 문제들이었다. 어머니의 불평은 눈물로 바뀌고 눈물은 다시 나에 대한 비난으로 이어지는 식이었다. 어머니와의 전화를 피하게 될 정도로 유쾌하지 않은 일이었다.

나는 이 불편한 상황을 해결하기 위해 전화 통화 중 내 행동에 집중하기 시작했다. [방법 4]소거하기와 [방법 7]행동의 부재 형성하기를 사용했다. "아", "음", "뭐, 네"라는 별 의미 없는 말만 해서 의도적으로 어머니의 불평과 눈물이 소거되도록 한 것이다([방법 4]). 나는 전화를 끊어 버리거나 어머니를 비난하지 않았다. 그저 좋거나 나쁘거나 같은 결과가 일어나지 않게 내버려뒀다. 그러고는 불평이 아니라면 무엇이든 전부 강화했다. 내 아이들의 졸업 시험, 요양원의 새 소식, 책이나 날씨, 또는 친구들에 대한 이야기에는 열정적으로 반응했다([방법 7]).

놀랍게도, 20년간의 갈등은 두 달 만에 달라졌다. 눈물과 고통이 차지하던 자리를 대화와 웃음이 대신했다. 걱정거리로 시작해 불평불만으로 이어졌던 어머니의 전화 내용은 "수표는 발송했니? 의사랑은 이야기해 봤고? 내 담당 사회복지사에게 전화 좀 해 줄래?"와 같은 간단한 요청으로 바뀌었다. 더욱이 이제는 가십거리, 추억 이야기, 농담으로 가득 차게 되었다.

어머니는 젊었던 시절로 다시 돌아가 매혹적이고 재치 있는 여성이 되었다. 여생 동안, 나는 어머니와 직접 만나서 그리고 전화로 이야기하는 것을

행동의 부재 형성하기 사례

[방법 7]은 오랜 시간에 걸쳐 의식적인 노력이 필요하지만, 깊이 뿌리박힌 행동을 바꾸는 가장 좋은 방법일 수 있다.

행 동	접 근
룸메이트가 더러운 빨랫감을 여기저기 널어놓고 나간다.	숙소가 말끔하게 정리되어 있거나 룸메이트가 빨래할 때마다 맥주를 사주거나 좋아하는 친구들을 초대한다.
개가 마당에서 밤새 짖는다.	개가 조용히 하고 있을 때 10분, 20분, 1시간 등등 간격으로 밖으로 나가서 보상해 준다.
자녀들이 차에서 너무 시끄럽게 군다.	아이들이 조용해질 때까지 기다렸다가 "너희 모두 오늘 아주 조용히 했으니까 맥도날드에 들를 거야"라고 말한다(맥도날드 바로 근처에서 이 말을 해서, 아이들이 다시 시끄러워지기 전에 약속을 지킬 수 있도록 한다).
배우자가 습관적으로 불편한 심기로 귀가한다.	배우자가 좋아할 만한 강화물들을 생각해 낸 다음 배우자의 기분이 우연히 좋을 때마다 이것으로 놀라게 한다.
테니스 스윙이 엉망이다.	잘못된 스윙은 무시하고 잘한 스윙에 대해서 스스로를 칭찬한다(이건 '정말' 효과가 있다).
직원이 할 일을 미루거나 게으르다.	실질적으로 만족스럽게 해낸 모든 일에 대해 격렬하게 칭찬한다(평생 이 방법을 쓸 필요는 없다. 새 행동이 확립될 때까지 충분히 지속하기만 하면 된다).
선물을 보내 준 사람에게 감사 편지를 쓰기가 싫다.	선물을 받은 즉시 감사 편지를 써서 발송할 때마다 스스로에게 주는 보상으로 영화를 본다.
고양이가 식탁에 올라간다.	고양이가 식탁에 올라가지 않는 동안 보상을 하는 것이 효과적이다. 단, 당신이 집에 없을 때는 부엌문을 닫아 둬서 고양이가 혼자서 식탁에 올라가는 행동을 즐길 수 없게 한다.
버스기사가 당신에게 무례하게 군다.	매일 출퇴근길에 같은 버스 기사를 만나야 한다면, 그가 무례하지 않을 때 기분 좋게 "좋은 아침입니다!"라고 인사하거나, 꽃이나 음료수를 건넨다. 1~2주 안에 행동이 개선될 것이다.
독립해야 할 성인 자녀가 다시 들어와 살고 싶어 한다.	성인이 된 자녀가 집에서 멀리 떨어져 살 때 그것을 강화한다. 살림살이, 아파트 선택, 인테리어, 만나는 친구들에 대해 지적하지 않는다. 그렇지 않으면 자녀는 당신이 옳고, 당신의 집이 더 살기 좋다고 판단할 수도 있다.

진심으로 좋아했다.

한 정신과 의사 친구가 "이건 그야말로 사람을 조종하는 거 아냐?"라고 내게 물은 적이 있다. 물론 그렇다. 그러나 그전에 나에게 일어나고 있던 일들도 조종이었다. 치료사라면 내가 어머니를 다른 방식으로 대하거나, 또는 어머니가 나를 다르게 대했어야 했다고 설득할 수도 있을 것이다. 그러나 그것이 실제로 효과가 있었을지는 알 수 없다. 하지만 [방법 7]만큼 간단하면서 효과적인 방법이 또 있을까? 우리는 실제로 무엇을 강화할 수 있을까? 우리가 원하지 않는 것을 제외한 모든 것이다.

[방법 8]
동기 바꾸기

행동을 바꾸려면 동기를 바꾸면 된다

행동에 대한 동기를 없애는 것은 가장 친절하고 효과적인 방법이 될 수 있다. 먹을 것이 충분한 사람은 빵을 훔치지 않을 테니 말이다.

마트에서 떼를 쓰는 작은 아이를 부모가 조용히 시키려고 팔을 확 잡아당기는 것을 보게 되면 눈살을 찌푸리게 된다. 물론 누군가는 부모의 행동에 공감할 수도 있을 것이다. 아이의 팔을 잡아당기는 것은 소리를 지르거나 때리는 것보다 눈에 덜 띄면서도 아이에게 충격을 줘 조용하게 만들 수 있는 은밀한 방법임이 분명하다(하지만 정형외과 의사들이 말하듯 어린아이의 팔꿈치나 어깨뼈를 탈구시킬 위험이 있다). 아이가 마트에서 짜증을 내는 이유는 대개 배가 고프기 때문이다. 그런 상황에서 온갖 먹거리가 펼쳐져 있고 냄새까지 풍겨 대니 자극이 너무 많다. 게다가 일하는 젊은 부부들은 장을 보는 동안 아이를 맡길 곳이 없고 특히 퇴근 후 자신부터가 피곤하고 허기져서 짜증이 난 상태인 경우가 많다.

해결책은 장을 보러 가기 전 혹은 가는 길에 아이에게 먹을 것을 주는 것이다. 아이, 부모, 마트 직원 및 주변 사람을 화나게 하는 것보다는 인스턴트 음식이라도 주는 편이 더 나을 수 있다.

어떤 행동은 자체 강화적self-reinforcing이다. 즉, 그 행동을 하는 것 자체가 강화다. 껌 씹기, 흡연, 엄지손가락 빨기가 그러한데, 이런 행동을 없애는 가장 좋은 방법은 동기를 바꾸는 것이다. 나는 어렸을 때 껌 씹기를 그만두었는데 숙모가 나에게 껌을 씹으면 예뻐 보이지 않는다고 말했기 때문이었다. 그 당시 나에게는 예뻐 보이는 것이 껌을 씹는 즐거움보다 훨씬 중요했다. 흡연자들은 흡연 동기가 다른 방식으로 충족되거나, 흡연의 강화물보다 금연하려는 동기, 말하자면 암에 대한 공포심이 강해지면 금연을 한다. 엄지손가락을 빠는 행동은 아이의 자신감이 매우 높아져 더 이상 자기 위안이 필요 없게 되면 멈춘다.

동기를 바꾸려면 동기가 무엇인지 정확하게 파악할 필요가 있는데 우리는 이것에 무능한 편이다. 동기를 파악하기보다 "그녀는 나를 정말 싫어해", "사장은 내게 앙심을 품고 있는 것 같아", "그 아이는 도대체 예쁜 구석이 없어"라고 속단하길 좋아한다. 대개는 자기 자신의 동기도 이해하지 못하는 경우가 많다. 심리학과 정신의학 분야의 모든 직업도 어느 정도는 이런 이유로 생겨났다.

건강한 것일지라도 숨어 있는 진짜 동기를 막연한 속설에 의존해 잘못 판단했다가는 큰 대가를 치르게 된다. 특히 의학적 문제에서 그렇다. 신체적 문제는 아주 명백하지 않을 경우, 꽤 자주 심리적 원인으로 여겨져서 실제 신체적 원인을 파악하는 절차 없이 진단이 내려지곤 한다. 나는 과도한 업무로 지칠 대로 지친 한 사업가가 피로를 '느끼지' 않게 하려고 암페타민 amphetamines[50]을 처방한 의사를 본 적 있다. 또, 한 서부 해안 도시에 사는 한 여성은 신경증 진단을 받았는데, 증상에 대한 어떤 신체적 원인도 찾지 못한 의사 여섯 명으로부터 신경안정제를 처방받았다. 일곱 번째 의사가 그녀가 꾀병을 부리는 것이 아니라 집에 있는 난방 시설에서 새어 나온 일산화탄소에 중독되어 서서히 죽어 가고 있다는 것을 발견하지 못했더라면 그녀는 거의 정신병원에 입원할 뻔했다. 나 역시 처음 본 의사가 나를 꾸짖더니 신경안정제를 처방해 준 적이 있는데, 나중에 밝혀진 바로는 내가 앓고 있던 것은 '상상' 속 인후염이 아니라 진짜 초기 유행성 이하선염이었다.

물론 안정감에 대한 욕구가 동기인 경우가 있다. 따라서 안도감을 주는 대상이 강력하고 신뢰할 수 있는 사람으로 인식된다면 신경안정제나 심지어 설탕 알약, 플라세보placebo[51]로도 정신을 안정시키고 혈압을 떨어뜨리며 증상을 완화할 수 있다. 효과가 있을 것이라고 믿는다면 성수holy water나 축복 기도도 효과를 볼 수 있다. 소위 플라세보 효과라고 불리는 이 현상은 아

---

50 강력한 중추신경 흥분 작용을 통해 각성과 흥분을 일으키는 합성 화합 물질
51 위약, 즉 실제 별 효과가 없는 가짜 약을 말한다. 어떤 약물의 효과를 시험하거나 환자를 일시적으로 안심시키기 위하여 투여한다.

마도 주술사들이 계속 사업을 유지하는 데 도움이 될 것이다. 나는 여기에 전혀 문제가 없다고 본다. 이 경우 동기는 안심을 향한 매우 진정한 욕구이기 때문이다. 어떤 경우에도 서둘러 결론을 내리기보다는 동기를 확인하는 것이 중요하다. 이를 위해서는 무엇이 실제로 행동을 바꾸는 데 도움이 되는지, 그렇지 않은 것은 무엇인지를 알아내면 된다.

[방법 8]의 메시지는 다음과 같다. 당신이나 친구가 곤혹스러운 행동 문제를 가지고 있다면 원인이 될 법한 동기에 대해 깊이 생각하자. 허기, 질병, 외로움, 두려움 같은 원인이 문제를 유발했을 가능성을 놓쳐서는 안 된다. 근본적인 원인을 제거해 동기를 없애거나 바꿀 수 있다면 성공한 것이다.

박탈을 사용해 동기를 향상하는 것은 필요도 없고 유해하다

동기는 과학자들이 평생을 바쳐 연구하는 방대한 주제로 이 책에서 다룰 수 있는 범위를 넘어서는 것이지만 바람직하지 않은 행동과 관련 있기 때문에 논의할 필요가 있다. 여기서는 동기를 높일 때 사용되곤 하는 트레이닝 기법인 박탈deprivation에 대해 다룰 것이다. 이론적으로 동물이 포지티브 강화를 받고 있을 때, 그 강화물을 더 필요로 할수록 더 열심히 그리고 더 정확하게 일을 수행한다. 실험 연구에서 쥐와 비둘기는 보통 먹이 강화물로 조건화되는데 이들의 동기를 높이기 위해 평소 먹던 것보다 적은 양의 먹이를 준다. 통상적으로 정상 체중의 85퍼센트를 유지할 정도로 먹이를 주는데 이를 먹이 박탈이라고 한다.

오래전 내가 트레이닝을 막 시작했을 때 박탈은 실험 심리학에서 표준 기법이었고 나도 쥐와 비둘기와 일할 때 박탈은 불가피한 것으로 생각했었다. 물론 돌고래에게는 박탈을 적용하지 않았다. 돌고래는 충분히 먹지 못하면 병에 걸려 죽기 때문에 돌고래가 먹이 강화물을 받든 못 받든 상관없이 교육을 마치고는 나머지 분량을 모두 주었다. 그 시절, 조랑말과 아이들에게 음식과 사회적 강화물을 사용하면서 영양 공급이나 애정의 기본량을 박탈하지 않고도 꽤 성공적인 결과를 얻고 있다는 것을 깨달았다. 어쩌면 먹이 박탈은 쥐나 비둘기처럼 좀 더 단순한 유기체에게만 필요했던 것일까? 그러나 하와이 해양생물공원의 트레이너들은 먹이 강화물을 사용해 돼지, 닭, 펭귄, 심지어는 물고기와 문어 등의 행동을 형성하고 있었다. 누구도 이 불쌍한 동물들을 배고프게 만들 생각부터 하지 않았다.

박탈이 매우 널리 사용되고 있었으므로 나는 데이브 부처Dave Butcher의 바다사자를 만나기 전까지는 여전히 일부 교육에서는 박탈이 필요하다고 여겼다. 나는 바다사자를 직접 교육해 본 적이 없었고 바다사자는 오직 물고기를 받기 위해서만 행동하는 데다 반사회적이며 트레이너들을 문다는 선입견을 품고 있었다. 또 공연을 위해서는 어린 바다사자만 교육할 수 있다고 생각했다. 교육받는 바다사자들은 주로 45~90킬로그램 정도로 비교적 작았는데 야생의 바다사자는 그보다 꽤 덩치가 크다고 알고 있었다.

플로리다 씨월드Sea World의 트레이닝 감독이었던 데이브 부처는 내 모든 선입견을 단번에 없애 주었다. 그의 바다사자들은 물고기뿐만 아니라, 사회적 강화물, 촉각 강화물을 얻기 위해 일했다. 조건화된 강화물과 변동 계획으로도 교육했는데 결론부터 말하자면 바다사자들이 공연하도록 만들기

방법 8

동기 바꾸기 사례

동기를 찾을 수 있다면 이 방법은 언제나 효과가 있다.

행동	접근
룸메이트가 더러운 빨랫감을 여기저기 널어놓고 나간다.	가사도우미를 고용하면 당신이나 룸메이트가 집안일을 할 필요가 없어진다. 당신이 이 룸메이트와 결혼했고 맞벌이할 경우 이 방법이 최고의 해결책일 것이다. 또는 깔끔한 사람이 좀 더 무심해지도록 행동형성이 가능하다.
개가 마당에서 밤새 짖는다.	짖는 개는 외롭고, 두렵고, 지루하다. 개가 밤에 피곤하고 졸리도록 낮에 운동시키고 관심을 준다. 밤에 함께 잘 수 있도록 다른 개를 입양한다. 아니면 개를 집 안에 들여놓는다.
자녀들이 차에서 너무 시끄럽게 군다.	아이들이 떠들고 서로 싸우는 것이 심해지는 이유는 종종 배고픔과 피로감 때문이다. 음료수, 과일, 과자를 주고, 학교와 집을 오가는 동안 편안하게 쉬도록 베개를 마련한다. 긴 여행 중이라면, 앞서 제시한 방법에 덧붙여 한 시간마다 10분씩 차를 멈추고 밖에서 뛰어다니게 한다. 부모에게도 좋다.
배우자가 습관적으로 불편한 심기로 귀가한다.	직업을 바꿔 보라고 제안한다. 배고픔과 피곤이 동기라면 치즈나 크래커, 수프 한 컵을 현관에서 바로 먹인다. 스트레스가 문제라면, 와인 한잔, 신선한 공기, 운동이 적절한 해결책일 수 있다.
테니스 스윙이 엉망이다.	테니스 코트에서 우승해 세상을 제패하겠다는 목표를 버리자. 그냥 즐기자(세계 정상급 테니스 선수에게는 해당하지 않는다. 혹은 해당할지도?).
직원이 할 일을 미루거나 게으르다.	일한 시간이 아니라 완료한 일을 기준으로 급여를 지급한다. 과업 중심의 급여 방식은 종종 비서구권 직원들에게 매우 효과적이다. 이는 '헛간 짓기 원칙'[52]인데, 전체 구성원이 주어진 작업이 완료될 때까지 열정적으로 일을 해야 모두가 작업장을 떠날 수 있다. 할리우드 영화가 이런 방식으로 제작된다.

---

52 누군가의 헛간이 불타면 마을 사람이 모두 힘을 합쳐 새 헛간을 짓는 영국과 북미의 전통이다. 새벽부터 온 마을 사람이 달려들어 일을 하면 오후에는 헛간이 완성된다.

220

행동	접근
선물을 보내 준 사람에게 감사 편지를 쓰기가 싫다.	감사 편지 쓰기는 일종의 행동 체인([방법 6] 참고)이다 보니 시작이 힘들다. 특히 행동 체인의 마지막 단계에 좋은 강화가 없다(이미 선물을 받았다!). 게다가 훌륭하고, 완벽하며, 재치 있는 편지를 써야만 한다는 강박에 편지 쓰기를 미루게 된다. 그렇지 않다. 단지 애정이 담긴 선물에 감사하고 있다는 사실만으로 충분하다. 수표에 얼마나 화려한 필체로 서명하느냐가 중요하지 않듯, 감사 편지에 얼마나 수려한 문장을 담느냐는 중요하지 않다. 제때 전달하는 것이 중요하다.
고양이가 식탁에 올라간다.	고양이가 왜 식탁 위에 올라갈까? (1) 음식을 찾기 위해서라면 음식을 치운다. (2) 고양이가 무슨 일이 벌어지는지 한눈에 볼 수 있는 높은 곳에서 어슬렁대길 좋아하는 것이라면 식탁 상판보다 높은 위치에, 그리고 당신이 고양이를 쓰다듬을 수 있을 만큼 가까운 곳에 선반이나 받침대를 설치한다. 그렇게 부엌을 한눈에 볼 수 있게 해 주면 고양이는 여기에 머무는 것을 더 좋아할 것이다.
버스기사가 당신에게 무례하게 군다.	'당신'이 해야 할 일을 잘해서 기사가 화내는 상황을 없앤다. 즉, 잔돈을 미리 준비하고, 목적지를 잘 알아두고, 통로를 막지 않고, 웅얼대며 질문하지 않고, 교통 체증으로 얼마나 힘들지 공감하려고 노력한다. 버스 기사들이 괴팍해지는 이유는 승객들이 귀찮게 괴롭히기 때문이다.
독립해야 할 성인 자녀가 다시 들어와 살고 싶어 한다.	친구, 자존감, 삶의 목적, 안식처 그리고 직업을 가지고 있는 성인이라면, 대개 부모와 살고 싶어 하지 않을뿐더러 부모에게 의지하지도 않는다. 아이가 자라는 동안 친구, 자존감, 삶의 목적을 갖추도록 돕는다면 보통은 자신의 집과 직업을 잘 챙기게 될 것이다.

위해서 배고픈 상태로 만들 필요가 없었다. 하루 공연이 진행되는 동안, 그리고 공연 후에 바다사자들은 원하는 만큼 모든 물고기를 받을 수 있었다. 먹이 박탈 없는 교육 덕분에 그 바다사자들은 다른 배고픈 동물들처럼 으르렁거리거나 괴팍하게 굴지 않았다. 바다사자들은 순했고 사람들의 손길을 즐겼다. 나는 점심시간에 트레이너들이 바다사자 무리 속에서 일광욕하는 모습을 보고 놀랐다. 젊은 트레이너들은 바다사자의 풍만한 몸에 기대어 쉬고 있었다. 어떤 바다사자는 트레이너의 무릎을 베고 누워 있기도 했다. 먹이 박탈을 하지 않음으로써 얻은 또 다른 결과는 바다사자들이 자라고 또 자랐다는 것이다! 데이브가 추측하기로는 대부분의 바다사자들이 덩치가 작은 까닭은 어려서가 아니라 성장이 억제되었기 때문이었다. 씨월드에서 공연하는 바다사자들은 300~360킬로그램에 육박했다. 그들은 모두 활동적이고 절대 비만이 아니었다. 이 바다사자들은 열심히 일했다. 매일 다섯 번 이상의 공연을 한다니 놀라웠다.

박탈을 사용해 동기를 향상하려는 시도는 불필요할 뿐만 아니라 유해하기까지 하다는 것이 현재의 내 생각이다. 교육을 시작하기 전에 교육 대상이 좋아하거나 필요로 하는 음식, 관심, 동료, 그 밖의 어떤 것이라도 정상 수준보다 줄이는 것은, 즉 강화물의 효과를 높이기 위해 교육 대상을 더 간절하게 만드는 것은 나쁜 교육법에 대한 허접한 변명에 불과하다. 실험실 연구에서는 어쩔 수 없다 하더라도 현실에서는 분명 좋은 교육법이 높은 동기를 만들어 내지 그 반대는 아니다.

복잡한 문제
제거하기

이 장에 나온 표에서 결이 다른 여덟 가지 방법이 제각각 특정 행동 문제에 어떻게 적용될 수 있는지 살펴보았다. 몇몇 문제의 경우 분명 최상의 해결책이 한둘은 있다. 두려움과 외로움 때문에 밤에 짖는 개를 위해서는 개를 집 안으로 들이거나 친구를 만들어 주는 것이 최상의 해결책이다. 이렇게 하면 개는 정말 침입자를 알려야 할 때만 짖을 것이다. 다른 문제는 때에 따라 적절한 방법이 달라진다. 차 안에서 아이가 너무 떠들지 않도록 하는 최상의 방법은 상황에 따라 다르다.

그러나 복합적인 원인에서 비롯해 뿌리박힌 행동 문제들은 하나의 방법으로는 통제할 수 없다. 스트레스 증상인 손톱 물어뜯기, 만성적인 지각 같은 나쁜 습관, 흡연 같은 중독성 행동이 이에 해당한다. 이런 행동들은 여덟 가지 방법을 신중하게 사용해 줄이거나 제거할 수 있지만 완전히 없애기 위해서는 여러 방법을 결합한 조치를 취해야 할 수 있다. 다시 말하지만, 정신적 질환이나 손상을 입은 대상이 아니라 이성적으로 정상인 대상의 행동 문제에 관해서만 이야기하는 것이다. 복합적 방법으로 접근해야 하는 경우들을 살펴보자.

손톱 물어뜯는 습관 고치기

손톱 물어뜯기는 스트레스 증상이자 순간적으로 긴장감을 완화할 수 있

는 기분 전환 행동이다. 동물에서 이런 활동을 전위 행동displacement behavior[53]
이라고 한다. 예를 들어 개는 낯선 사람이 자기를 쓰다듬으려고 다가올 때
같은 긴장 상황에서 갑자기 앉아 자기 몸을 긁어 댈 수 있다. 우위 다툼 중
서로를 위협하던 말 두 마리가 갑자기 풀을 뜯는 행동을 할 수도 있다. 전위
행동은 종종 셀프 그루밍self-grooming[54] 행동으로 이루어진다. 갇혀 사는 동
물에게는 이 행동이 매우 반복적으로 일어나 자해로 이어질 수도 있다. 새
는 맨살이 드러날 때까지 깃털을 뽑아 가며 몸단장을 하고 고양이는 피부가
찢어질 때까지 앞발을 핥는다. 사람의 경우도 손톱 물어뜯기를 비롯해 머
리카락 뽑기, 긁기 및 그 외 몸단장 행동이 극단으로까지 이어지기도 하는
데 심지어 고통을 느끼면서도 이 행동을 멈추질 못한다.

　이런 행동은 스트레스로부터 순간적으로 벗어나게 해 주기 때문에 자체
강화가 되어 제거가 매우 어렵다. 실제로 이런 행동은 습관화되어서 스트
레스가 없을 때도 나타날 수 있다. 가끔은 [방법 4] 소거하기가 효과가 있
다. 이러한 습관은 나이가 들거나 자신감이 생기면 서서히 사라진다. 하지
만 몇 년이 걸릴 수 있다. 장갑을 껴서 손톱을 물어뜯기 불가능하게 하는
[방법 1] 싹 버리기나 꾸짖는 [방법 2] 처벌하기로는 손톱을 물어뜯는 사
람에게 이를 대신할 행동을 가르쳐 주지 못한다. 나쁜 맛이 나는 무언가를
손톱에 칠하는 [방법 3] 네가티브 강화하기는 이 행동이 어쨌든 사라지고
있는 단계에서만 효과가 있다. 엄지손가락을 빠는 버릇도 마찬가지다.

---

53 스트레스, 공포, 갈증, 욕구 불만 상황에 있는 동물이 하는, 이와 전혀 관련 없어 보
　　이는 제3의 행동
54 스스로 몸단장을 하는 행동

이 행동을 제거하는 가장 좋은 방법은 네 가지 긍정적인 방법 모두를 조합하는 것이다.

먼저 [방법5] 양립 불가능한 행동 가르치기를 사용해 손톱을 물어뜯기 시작하는 자기 자신을 관찰한 다음, 당신의 손이 입 쪽으로 움직일 때마다 벌떡 일어나서 네 번 심호흡하기, 물 한 잔 마시기, 깡충깡충 뛰기, 스트레칭 같은 다른 일을 한다. 손톱을 물어뜯으면서 이런 일을 동시에 할 수는 없다. 게다가 이런 행동들은 모두 그 자체로 긴장감을 풀어 주는 역할을 한다.

그러는 동안, 동기를 바꾸는 [방법 8]을 적용한다. 생활 속 스트레스를 줄이는 것이다. 실제 해결책을 알 법한 사람들에게 걱정거리를 털어놓는 것도 좋다. 신체 활동을 늘리는 것도 일반적으로 문제를 더 쉽게 대면하게 도와준다. 또한 처음에는 손가락에 붕대를 감아야 할 수도 있지만 일단 손톱이 보일 만큼 충분히 자라면 즉시 반지나 예쁜 매니큐어로 스스로를 보상해 행동의 부재를 형성하는 [방법 7]을 쓸 수 있다. 심리학자 제니퍼 제임스 Jennifer James의 훌륭한 제안인 신호에 맞춰 행동하게 하는 [방법 6]도 시도해 볼 수 있다. 손톱을 물어뜯으려 할 때마다 그 순간 당신을 괴롭히는 것이 무엇인지 적어 둔다. 그리고 매일 저녁, 정해진 시간에 앉아 목록에 적힌 모든 것을 걱정하면서 20분 동안 계속 손톱을 물어뜯는다. 그러다 보면 손톱 물어뜯는 시간이 '0'이 되도록 행동을 형성할 수 있다. 앞에서 제시한 다른 방법들과 이 노력을 결합하면 더욱 효과가 있을 것이다.

만성적인 지각 습관 고치기

워킹맘이나 급성장하는 사업에 종사하는 사람처럼 할 일이 너무 많은데 이 모든 걸 어떻게든 해내야 하는 사람들은 때때로 지각할 수 있다. 반면 어떤 사람은 바쁘든 안 바쁘든 상관없이 습관적으로 지각을 하는 경향이 있다. 세계적으로 가장 바쁜 사람들도 칼같이 시간을 지키는 것을 보면 자주 지각하는 사람들 중 일부는 일부러 그러는 게 아닌지 의심이 된다.

네가티브 강화로 이런 행동이 저절로 사라질 것으로 생각할 수 있겠다. 영화의 절반을 놓치고 파티는 거의 끝나가고 기다린 사람이 엄청나게 화를 낼 테니까 말이다. 그러나 이는 네가티브 강화물이 아니라 처벌물이 되기 쉽다. 즉, 늦긴 했지만 어쨌든 도착한 행동을 처벌하는 것이다. 게다가 습관적으로 지각하는 사람들은 보통 그럴싸한 변명을 준비하는데, 이 변명들로 인해 용서를 받아 오히려 기분 좋게 강화가 된다. 이로써 그들이 변명을 만드는 요령은 늘고 지각하는 행동은 강화된다.

지각을 근절하는 가장 빠른 방법은 동기를 바꾸는 [방법 8]이다. 지각의 이유는 다양하다. 학교에 가고 싶지 않아서 꾸물거리는 아이는 두려워서일 수 있고, 혹은 "내가 너무 안쓰러워. 일이 너무 많아 약속을 지킬래야 지킬 수가 없어" 같은 공감을 바라는 마음이 원인일 수도 있다. 적대적인 지각도 있다. 그 사람들과 함께 있고 싶지 않다는 것을 은밀히 나타내거나, 이곳에 있는 것보다 훨씬 더 중요한 일이 있다는 것을 과시하기 위해 지각을 할 수도 있다.

하지만 각 상황에 어떤 특정 동기가 있는지는 중요하지 않다. 지각을 안

하기 위해 필요한 것은 제시간에 도착하는 것을 다른 무슨 일보다도 최우선으로 삼겠다고 결심하는 것으로 동기를 바꾸는 것이다. 그러면 마법처럼 비행기를 타러 뛰거나 약속을 놓칠 일이 없다. 평생 지각 대장이었던 내가 바로 이렇게 해서 지각 습관을 고쳤다. 시간을 지키는 것을 최우선 기준으로 둔 이후에는 "위원회 미팅 전에 머리 손질할 시간이 있나?", "치과 예약 시간 전에 잡무 몇 개를 더 처리할 수 있을까?", "지금 공항으로 출발해야 하나?"와 같은 질문에 답이 반사적으로 나온다. 답은 항상 '아니', '아니', '맞아'다. 가끔 실수하긴 하지만 대체로 제시간에 도착하는 것을 먼저 선택함으로써 내 일상은 엄청나게 편안해졌고 내 가족, 친구, 동료들도 마찬가지다.

만약 동기 바꾸기가 충분하지 않다면 약속 장소에 일찍 도착하는 것을 목표로 삼아서 양립 불가능한 행동을 가르치는 [방법 5]를 추가할 수 있다. 일찍 도착해 기다리는 동안 읽을 책을 가져가면 된다. 또는 행동의 부재를 형성하는 [방법 7]을 추가하자. 지각하지 않는 것이 다른 사람들에게는 당연한 일이라 해도 당신에게는 특별한 노력이 요구되는 것이므로 스스로를 강화하고 친구들이 당신을 강화하도록 만들자. 그리고 지각을 신호에 맞추는 [방법 6]을 시도해 보자. 정말 늦게 가고 싶은 이벤트 몇 가지를 골라 지각할 거라고 미리 알리고 진짜 늦게 가는 것이다. 신호에 의해 일어난 행동은 신호가 없으면 사라지는 경향이 있기 때문에 늦어도 괜찮은 상황에서 일부러 지각하는 것은 정말로 제시간에 도착해야 할 때 '우연히' 또는 무의식적으로 지각하는 행동을 사라지게 하는 데 도움이 될 것이다.

담배, 술, 카페인,
약물 중독에서 벗어나기

담배, 술, 카페인, 약물 등 섭취하는 물질에 중독되면 신체적으로 영향을 받아 계속 그 물질에 집착하게 하고 그 물질 없이 지내야 할 경우 심각한 금단 증상이 나타난다. 하지만 이런 중독에도 엄청난 행동적 요소들이 있다. 어떤 사람은 차, 탄산음료, 초콜릿처럼 비교적 무해한 물질이나 달리기, 먹기 같은 활동에 중독된 듯 행동한다. 반면 어떤 사람은 중독 상태를 켰다 껐다 한다. 예를 들어, 대부분의 흡연자는 흡연 충동이 규칙적으로 일고 담배가 떨어지면 미칠 지경이 되지만 일부 정통 유대교도들은 일주일에 6일간은 담배를 엄청나게 피우지만, 안식일에는 극심한 고통 없이 흡연 욕구를 완전히 자제한다.

신체적 증상 외에도 대부분의 중독은 일시적인 스트레스 완화를 제공한다는 점에서 전위 행동이 되어 제거하기가 두 배로 어려워진다. 하지만 중독 역시 강력한 행동적 요소가 있기 때문에 여덟 가지 방법 중 하나 이상의 방법으로 행동적으로 접근해 해결할 수 있다.

금주 클리닉부터 마약 중독자를 위한 모임까지, 거의 모든 중독 재활 프로그램은 [방법 1] 쏴 버리기와 [방법 8] 동기 바꾸기에 의존한다. 즉, 원하는 물질에 물리적으로 접근할 수 없게 만들고, 자존감, 통찰력, 작업 능력 등 교육 대상이 만족감을 얻을 수 있는 다른 원천을 찾기 위한 치료를 제공해 동기를 바꾸는 것이다. 또한 실수를 질책해 죄책감을 유발하는 [방법 2] 처벌하기에 의존하기도 한다. 나는 실제로 금연 프로그램에 참여한

228

적 있다. 사실 종종 규칙을 어기고 몰래 담배를 피우긴 했지만 사실 매우 도움이 되었다. 예를 들어 긴장되는 비즈니스 회의에서 다른 사람의 담배를 피우고 나면 끔찍한 죄책감을 느꼈고 다음 날 아침에는 죄책감에 몸까지 아팠다. 하지만 이것도 흡연을 막지는 못했다. [방법 2] 처벌하기와 [방법 3] 네가티브 강화하기는 나에게 그다지 효과가 없었던 것이다. 그러나 일부 사람에게는 효과가 있다. 체중 감량 프로그램은 종종 체중이 준 것에 대해 공개적으로 칭찬하고 체중이 늘어난 것에 대해서는 그룹 앞에서 부끄러움을 느끼게 한다. 그래서 일부 사람들은 수치심을 피하고자 체중 감량에 노력을 기울인다.

수많은 중독성 행동에는 미신적 행동 요소가 있다. 먹기, 흡연 등 무엇이든 충동을 촉발하는 환경적 신호에 우연히 걸려드는 것이다. 하루 중 특정 시간이 되면 술이 마시고 싶어지고, 전화벨이 울리면 담배에 불을 붙일 생각을 하는 식이다. 이런 신호들을 체계적으로 파악한 다음, 신호가 있을 때 그 행동을 '하지 않는' 것으로 해당 행동을 소거하는 것은 중독성 습관을 제거하는 데 유용한 [방법 4] 소거하기의 보조 수단이다. [방법 4]는 재떨이를 눈앞에서 치우는 것처럼 간단할 수도 있고, 오랫동안 친숙했던 곳에서 벗어나 특정 행동을 촉발하는 신호들이 전혀 없는 완전히 새로운 환경으로 옮기는 것처럼 복잡할 수도 있다. 치료에 성공한 마약 중독자들이 다시 친숙한 길거리로 돌아가고 나면 '깨끗한' 상태를 유지할 가능성은 낮다.

처벌은 중독을 통제하는 행동적 방법으로 권장되고 있다. 예를 들어, 알코올 중독자가 술잔을 들면 약한 전기 충격을 주는 식이다. 술을 마시면 구토를 유발하는 약도 있다. 대부분의 네가티브 강화물이 그렇듯 이런 방법은 실제 관리자가 있어야만 잘 작동하며, 가능하면 당사자가 예측할 수 없게 적용되어야 효과가 있다.

대부분의 중독적 행동은 하나의 방법으로는 바로잡을 수 없다. 자기 자신의 중독적 행동을 다루는 데는, 즉 교육 대상이 가장 효과적인 트레이너가 될 수도 있는 상황은 여덟 가지 방법을 모두 공부하고, 처벌을 제외한 모든 방법을 하나씩 자주 적용해 보는 것이 최선이라고 생각한다.

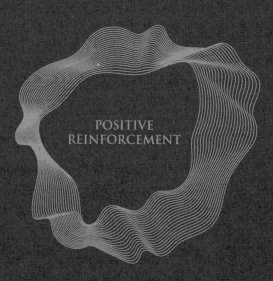

POSITIVE
REINFORCEMENT

5장

일상생활 속 강화

변화하는 세상

앞서 행동주의 심리학자 스키너의 이론에 대한 논의에서 '모든 독창적인 생각은 처음에는 웃음거리가 되거나 맹렬하게 공격받지만 결국 당연하게 받아들여진다'고 한 쇼펜하우어의 말을 언급했다. 나는 아이디어는 네 단계에 거쳐 진화한다고 생각한다. 즉, 사람들은 새로운 아이디어를 받아들이는 것에 그치는 것이 아니라, 이 아이디어를 이해하고, 소중히 여기며, 일상에 활용한다. 포지티브 강화와 관련된 생각도 마찬가지다. 특히 스키너 이론과 관련 개념이 하나의 시대정신이었던 시기에 성장한 사람들은 요즘 아이들이 컴퓨터를 좋아하듯 아무런 두려움이나 저항 없이 포지티브 강화와 행동형성을 받아들였다. 이들은 다른 세대와 포지티브 강화와 관련된 기법들을 공유하고 열정적으로 주변 사람들에게 전파했다. 이제부터는 내가 고무적이라고 생각한 몇 가지 사례들을 소개하겠다.

스포츠 분야에서의 강화

운동을 잘 못하는 것은 학습자의 탓이 아니다
적절한 행동형성 절차가 없었기 때문이다

내가 관찰한 바에 의하면, 축구 같은 팀 스포츠에서는 여전히 네안데르탈 시대에서나 써먹었을 법한 방식, 즉 많은 박탈, 처벌, 편애, 언어적·정신적 학대 등을 활용해 트레이닝하는 경우가 많다.

반면, 개인 스포츠에서는 혁명이 일고 있는 듯하다. 사실 이 책의 집필을 자극한 것도 이러한 혁명의 징후였다. 나는 뉴욕 웨스트체스터주 Westchester County에서 열린 한 저녁 파티에서 집주인의 테니스 코치 옆에 앉았다. 그는 호주 출신의 멋진 청년이었다. 그는 나에게 "돌고래를 트레이닝하신다고요? 스키너와 관련된 것에 대해 알고 있나요?"라고 물었다.

내가 그렇다고 답하자, 그는 "그럼, 더 좋은 테니스 코치가 되기 위해 도움이 될 만한 스키너에 관한 책을 어디서 구할 수 있을지 알려 주시겠어요?"라고 물었다.

나는 그런 책이 아직 없다는 것을 알았다. 나 역시 이런 책이 아직 세상에 나오지 않은 것이 의아했고 결국 내가 책을 쓰기로 했다. 바로 이 책이다. 한편, 나는 그 테니스 코치를 비롯해 많은 이들이 자신이 필요로 하는 것을 정확히 알고 있다는 놀라운 사실에 대해 곰곰이 생각해 보았다. 이것은 강화 트레이닝에 대해 이미 이해하고 있으며 더 알고 싶어 하는 사람들이 있다는 의미였다.

그즈음 나는 뉴욕시에 살았다. 나는 집에 갇힌 채 장시간 앉아서 일하는 일상에서 벗어나고 싶기도 했고, 트레이너로서 호기심도 일부 발동해 유명한 운동 수업부터 스쿼시, 보트, 스키(활강 스키와 크로스컨트리 종목 모두), 피겨 스케이팅, 춤 등 여러 신체 활동을 배울 수 있는 수업을 듣기로 했다.

그런데 놀랍게도 원하는 행동을 끌어내기 위해 전통적인 방식의 협박과 조롱을 활용하는 강사는 단 한 명뿐이었다. 나머지는 모두 시기적절하게 포지티브 강화물을 사용했고 매우 기발한 행동형성 절차를 자주 적용했다. 이전에 내가 받았던 발레 수업, 승마 교습, 중고등 및 대학 시절의 체육 수업과는 완전히 달랐다. 나는 체육을 잘하는 편이 아니었고 즐기기는 했으나 그만큼 두려움도 컸다. 예를 들면 스케이트 수업이 그랬다. 나는 어릴 적, 꽤 유명하고 규모가 큰 스케이트 교실에서 피겨 스케이트 수업을 들었다. 강사가 먼저 익혀야 할 동작을 보여 주면 학생들은 될 때까지 허우적거리며 그 동작을 연습했다. 강사는 자세를 교정하고 더 열심히 하라고 훈계했다. 나는 결국 '아웃사이드 엣지outside edges', 그러니까 왼발 바깥 가장자리에 몸무게를 싣고 왼쪽으로 미끄러지듯 원을 그리며 도는 것을 해낼 수 없었다. 이 동작은 대부분의 피겨 스케이트 동작을 위한 준비 동작이었기에 결국 나는 더 이상 진도를 나가지 못했다.

최근 나는 올림픽 코치가 운영하는 스케이트 학교에서 몇 가지 수업을 들어 보았다. 이들은 어른도 아이와 똑같은 방법으로 가르쳤다. 꾸지람이나 독촉은 없었고 목표를 이룰 때마다 즉각적으로 강화를 주었다. 또 넘어지고 다시 일어나는 동작부터, 스케이트를 타기 위해 알아야 할 모든 것을 학습자가 쉽게 해낼 수 있게 단계별로 쪼개어 행동형성했다. 한 발로 미끄러지기는 어땠을까? 쉬웠다. 즉, 벽에서 떨어져서 발을 나란히 놓고 두 발로 미끄러진 후 아주 짧게 한 발을 들었다가 내려놓고, 이어서 다른 발을 들면 된다. 그리고 이 과정을 반복한다. 이후에는 한 발을 드는 시간을 조금씩 길게 하면서 반복하기만 하면 되었다. 체력이 약하거나 다리 힘이 부족하거나 아주 어리거나 혹은 나이가 많은 것과 상관없이 초급반 수강생들은 모두 10분 만에 놀라움과 환희에 찬 표정으로 한 발로 미끄러지는 외발 미끄러지기를 했다.

수업 후 자유 스케이팅 시간에 아웃사이드 엣지로 기분 좋게 코너를 돌고 있는 나 자신을 발견하기 전까지는, 두 번째 수업에서 그들이 행동형성한 '다리 교차' 동작으로 어린 시절 나를 괴롭혔던 균형 잡기 문제가 해결되었다는 사실조차 깨닫지 못했다. 그리고 더 많은 발전이 있었다! 세 번째 수업을 듣자 나는 회전을 할 수 있었는데 선수들이 하는 것과 같은 진짜 회전이었다. 어린 시절에는 꿈도 꾸지 못했을, 꽤 세련된 작은 점프 회전도 할 수 있었다. 처음에 이 동작들은 벽을 따라서 움직이는 연습부터 하도록 만들어서 창의적으로 형성되었다. 정말 놀라운 일이었다. 신체 기술을 학습하는 것에 실패하는 건 학습자의 신체 조건 때문이 아니라 적절한 행동형성 절차가 없기 때문이다.

스키 타기도 또 다른 예시이다. 한때는 선수들만의 전유물이었던 스키는 대중 스포츠가 된 지 오래다. 그러나 정작 대중을 스키장으로 이끈 건 교육 방법이었다. 스키 수업은 처음에 쇼트 스키short ski[55] 연습으로 시작했고, 이어 스키를 탈 때 필요한 행동들, 즉 감속하기, 회전하기, 멈추기, 넘어지기와 일어나기를 쉽게 성취할 수 있는 수준으로 작게 쪼개어 하나씩 단계적으로 형성하는 방식으로 진행되었다. 물론 각각의 행동마다 포지티브 강화물이 제공됐다.

실제로 나는 겨울 스포츠로 유명한 아스펜Aspen에 가서 스키 강습을 세 개 수강했고, 산 전체를 스키를 타고 내려왔다. 내가 속했던 초급반의 열정적인 학생들은 한 주 만에 중급자 슬로프에 도전했다.

빠른 성과를 이뤄내는 개인 교사들은 항상 존재했다. 지난 10년 또는 20년 사이에 달라진 것은 빠른 성과를 내는 원리가 표준화된 티칭 전략에 암묵적으로 포함되기 시작했다는 것이다. 그 원리는 다음과 같다. "이것이 스키를 가르치는 방법이다. 수강생들에게 소리 지르지 말고, 1단계에서 10단계까지 하나씩 밟으며 단계마다 성취가 있을 때 칭찬하고 강화하면 3일 안에 대부분의 수강생이 슬로프를 잘 내려가게 될 것이다." 행동형성과 강화를 사용하는 대부분의 강사들이 빠르게 결과를 끌어내자, 나머지 강사들도 살아남기 위해 새로운 방식으로 전환해야 한다는 것을 깨달았다. 이런 현상이 개인 스포츠 전 분야에서 일어나게 되면 소위 운동 열풍이 일어날 것이다. 운동 기술을 배우는 것은 분명 재미있어졌다.

---

[55] 일반적인 스키보다 길이가 짧은 스키로 초보자용이나 연습용으로 사용하지만, 폴대 없이도 속도와 방향 전환을 빠르게 할 수 있어 레포츠로 인기있다.

238

비즈니스 분야에서의 강화

직원들이 실제 동기부여를 받는
강화물을 사용해 보상한다

미국에서 근로자와 경영자는 전통적으로 적대적인 입장을 취한다. 다함께 같은 게임을 하고 있다는 생각은 그다지 인기가 없다. 일반적인 비즈니스 관행은 각자가 가능한 한 적게 주면서 최대한 많은 것을 얻어내는 것이다. 이런 태도는 교육적 관점에서 볼 때는 정말 어리석은 것이어서 일부 경영진은 다른 접근법에 기댄다. 한때 '감수성 교육sensitivity training[56]'과 기타 사회심리학적 접근법이 유행하면서 동료 및 직원의 니즈와 감정을 경영진에게 알리는 데 도움을 줬다. 그러나 경영자가 아무리 많이 깨달았다 하더라도 직원 문제에 대해 무엇을 해야 할지 여전히 모를 수 있다. 비즈니스의 현실은 높은 지위를 갖는 사람과 낮은 지위를 갖는 사람이 정해져 있고, 지시를 내리고 받는 사람도 정해져 있다는 것이다. 일할 때의 환경은 가정에서의 상황과 같지 않고 그래서도 안 된다. 따라서 일터에서는 가족 유형의 대인 문제 해결 방식은 부적절하다.

최근 비즈니스 뉴스나 출판물에는 보다 교육적인 접근법들이 여기저기 등장하고 있다. 아주 기발하고 탁월한 강화 방법들을 보고 있자면 매우 흥

---

56 15명 내외의 소집단에서 자신의 감정과 이것이 상대방에게 미치는 영향, 나아가 집단에서의 상호작용 과정을 경험하도록 하여 대인관계를 이해하고 소통 기술을 향상하는 사회성 교육 기법이다.

미룹다. 예를 들어, 한 경영 컨설턴트는 직원 일부를 반드시 해고해야 한다면 하위 10퍼센트와 상위 20퍼센트를 식별하라고 제안한다. 그런 다음 하위 10퍼센트에 해당하는 직원은 해고하고 상위 20퍼센트의 직원들에게는 그들이 매우 잘하고 있어서 일자리를 유지한다는 사실을 확실히 알려 준다. 얼마나 합리적인가. 이 방식은 최고의 직원들에게는 걱정 없이 밤에 잠을 잘 수 있게 해 주어 강력한 강화 효과를 주는 한편, 중간 수준의 직원들에게는 이 점을 강화물로 추구하거나 또는 최하위 수준으로 떨어지지 않도록 동기를 부여하는 것이다.

중간 수준, 중년층 관리자들을 위한 강화 요소는 승진 대신 현재 직급에서 더 흥미로운 업무를 제공하는 것이 강화물이 될 수도 있다. 승진은 그들이 감당하지 못할 수도 있고 또는 가족 전체가 이사해야만 하는 상황으로 이어져 원치 않을 수도 있다. 한 컴퓨터 소프트웨어 회사에서 비흡연자와 금연한 직원에게 현금 포상금을 지급한 적이 있는데 그 이유가 아주 좋았다. 그 회사가 생산하는 제품이 담배 연기 입자로 인해 손상될 수 있다는 것이었다. 점점 사용이 확대되고 있는 다른 강화물로는 근무 시간을 자유롭게 선택하는 '탄력근무제flextime'(특히 어린 자녀가 있는 젊은 부부들에게 바람직하다), 자율적으로 운영되는 생산 팀에서 일하기, 근무 시간이 아닌 완료한 업무에 대해 보상받기 등이 있다. 이러한 모든 관리 기법은 단순히 회사의 이익을 위한 것이 아니라 직원들이 실제로 강화 요소로 여기는 것이자 동기부여를 받는 요소들, 즉 사람들에게 효과가 있는 것을 중심으로 고안된다.

비용 절감과 작업 속도 향상을 목표로 하는 프로그램, 즉 본질적으로 근로자들에게 현재 하는 것보다는 생산성을 더 높이도록 강요하기 위한 프로그램은 직원들이 일을 더 잘하도록 돕고 그에 대한 보상을 주는 프로그램만큼 효과적이지 않다. 포지티브 강화를 사용하는 기업들은 대체로 결실을 본다. 이런 사례 중 하나가 우수한 인사 관리로 유명한 델타항공Delta Airlines이다. 1981년 경기 불황 동안 델타항공은 영업 손실에도 불구하고 37,000명의 직원 중 단 한 명도 해고하지 않았다. 오히려 회사 전체에 임금을 8퍼센트 인상했다. 포지티브 강화가 오랫동안 기업 문화로 정착된 분위기 속에서 직원들도 같은 방식으로 생각했다. 직원들은 자발적으로 기금을 모아 3,000만 달러짜리 보잉 767기를 사줌으로써 회사를 강화했다.

동물 교육 분야에서의 강화

동물의 심리 상태를 알려 주다

이 책 전반에 걸쳐 전문적인 동물 트레이너들이 강화 이론으로 고양이, 퓨마, 닭, 날아다니는 새, 고래, 돌고래처럼 단순히 강압적인 방법으로는 교육할 수 없는 동물의 행동을 만들어 낸 방법에 관해 이야기했다. 강화 교육을 통해 우리는 이제 막 탐구하기 시작한 새 땅에 발을 디뎠다.

강화 교육의 장점 중 하나는 트레이너가 동물이 해야 할 일을 생각하고 교육하는 것이 아니라 어떤 것이든 동물이 우연히 하는 행동을 강화해서 그것이 어떤 결과를 끌어내는지 보면 된다는 것이다. 잔점박이 바다표범harbor seals이 '말'을 할 수 있을 거라고는 아무도 생각하지 못했지만, 뉴잉글랜드 수족관New England Aquarium에서 대학원생 벳시 콘스탄틴Betsy Constantine은 구조된 후버Hoover라는 이름의 잔점박이 바다표범이 사람 같은 소리를 낸다는 사실을 발견했다. 그녀는 물고기 강화물을 사용해 후버의 소리를 행동형성했다. 곧 후버는 몇 가지 '말'을 하게 되었다.

트레이너: "후버, 이 여성 분에게 인사해."

후버: "반가어요, 안녕하세요Hiya, honey, h'are yu"

(거친 저음이지만 매우 분명하게)

재밌게 들리겠지만 이는 포유동물학자나 생태음향학자들에게는 실제로 과학적 연구 대상감이다.

행동주의 생물학자인 내게 강화 교육의 가장 유용하고 환상적인 측면은 이것이 동물의 마음속으로 통하는 창문을 열어 준다는 점이다. 수십 년간 동물에게 마음이나 감정이 있다는 사실을 부정하는 것이 유행이었고 이는 어떤 면에서는 건강한 역할도 했을 것이다. 덕분에 수많은 미신과 "우리 개는 내가 하는 말을 전부 알아들어요" 같은 과잉 해석이나 오해의 소지들이 해소되었다. 그러나 콘라드 로렌츠Konrad Lorenz를 필두로 한 동물행동학자들이 등장해 동물이 분노, 두려움 같은 내적 상태를 가지고 있으며 이런 심리 상태들은 명확한 자세, 표정, 움직임으로 신호화되고 이를 통해 우리도 그들의 감정을 인식하고 해석할 수 있다고 했다.

트레이너가 교육 대상을 볼 수 있고 교육 대상도 트레이너를 볼 수 있지만 둘 다 물리적 접촉이나 신체적 손상을 입지 않도록 보호받는 상태에서는, 다시 말해 동물은 우리나 울타리 안에 있고 우리는 안전한 밖에 있는 상태에서는 동물이 교육의 상호 작용이 유발하는 내적 상태를 표현하기가 자유롭다. 동물은 그 결과로 나타나는 사회적 행동을 트레이너에게 매우 자주 직접적으로 보낸다. 인사부터 짜증까지를 아우르는 신호로 말이다. 특정 종에 대해 아무것도 모르더라도 교육 대상이 다양한 트레이닝에 어떻게 반응하는지 알면, 이 동물이 같은 종끼리 상호 작용하는 모습을 한 달간 관찰하는 것보다 단 30분 교육을 하면서 해당 종의 사회적 신호에 대해 더 많은 것을 배울 수 있다. 예를 들어, 돌고래 한 마리가 공중으로 뛰어올라 다른 돌고래들이 있는 물탱크에 큰 물보라를 일으키며 떨어지는 모습을 보게 된다면 그 돌고래가 왜 그랬을지 그저 추측만 할 수 있을 뿐이다. 하지만 교육 세션 중, 내가 이전에는 매번 강화해 주던 행동을 강화하지 않았더니 돌고래가 점프한 뒤 큰 물보라를 일으키며 떨어져 나를 흠뻑 젖게 했다면, 그 점프와 물보라가 공격적 표현이고 또한 효과적인 표현이라고 어느 정도 확신할 수 있다.

그 이상도 알 수 있다. 야생 동물에게 간단한 행동형성을 해 보면 그 동물 종의 기질로 볼 수 있는 것을 발견하게 된다. 즉 한 개체뿐 아니라 그 전체 종이 환경에 어떻게 대처하는지에 대한 놀라운 통찰을 얻을 수 있다. 나는 미국 국립동물원의 사육사들에게 강화에 대해 강의할 때 다양한 종을 시범 동물로 활용했다. 울타리 밖에서 호루라기 소리를 조건화된 강화물로 사용해 먹이를 던져 주었고 동물들은 울타리 안에서 자유롭게 움직였다. 이 과정에서 북극곰은 엄청나게 끈기 있고 고집이 세다는 사실이 밝혀졌다. 가만히 앉아 있는 동안 우연히 강화를 받은 북극곰 한 마리가 강화에 대한 반응으로 '가만히 앉아 있기'를 시작한 것이다. 이 곰은 희망에 가득 차서 침까지 흘리면서 트레이너에게 눈을 떼지 못했고 강화를 바라며 30분 넘게 가만히 앉아 있었다. 얼음판 위의 물개에게 몰래 접근해야 하는 이 동물에게 이런 끈기와 고집은 매우 중요한 생존 가치를 지닐 가능성이 있다.

코끼리들이 아무리 전담 트레이너의 말을 순순히 따른다고 하더라도 나는 미국 국립동물원의 코끼리 우리 안으로 들어가는 건 꿈도 꾸지 않았다. 하지만 사육사 짐 존스Jim Jones의 도움으로 샨티Shanti라는 이름의 어린 암컷 인도코끼리와 함께 철제 울타리를 사이에 두고 '프리스타일freestyle' 교육 세션을 몇 번 가진 적 있다. 나는 샨티가 프리스비 원반을 던지도록 행동형성을 하기로 결심하고는 원반을 찾아서 가져오는 행동부터 시작했다. 샨티는 즉시 프리스비 원반으로 할 수 있는 가장 기초적인 놀이를 했는데 특히 소음을 내면서 놀았다. 짐의 말에 따르면 코끼리들은 소음 내는 것을 좋아한다고 했다. 샨티는 원반을 코로 잡고 벽에 탁탁 치고 막대기를 든 아이처럼 철제 울타리를 따라 덜거덕거리고 바닥에 내려놓고 이리저리 발로 밀어 댔다. 나는 이미 즐거웠고 샨티도 재미있어 했다.

샨티는 호루라기 소리와 양동이에 있는 먹이를 얻는 대가로 내게 프리스비 원반을 가져다주는 것을 금방 학습했다. 또한, 그녀는 내가 프리스비를 잡으려면 더 멀리 손을 뻗어야 하게끔 조금씩 더 멀리 서 있는 것도 금방 배웠다. 내가 그 속임수에 넘어가지 않자, 그녀는 내 팔을 쳤다. 짐과 내가 모두 이 행동에 소리치자, 즉 코끼리들이 존중하는 '안 된다'는 신호를 보내자, 샨티는 얌전하게 원반을 돌려주기 시작했다. 그런데 어찌 된 일인지 당근을 집어 올리는 건 잊어버린 척했다. 그녀는 내 손 안에 있는 당근을 코로 느끼면서 양동이 안을 의미심장하게 들여다봤는데, 그러길 1분이 지나고 나서야 나는 그녀가 양동이 속 사과와 고구마를 더 좋아한다는 것을 이해할 수 있었다. 내가 지능적이고 자기 말도 잘 들어준다는 것이 입증되고 자기가 더 좋아하는 강화물을 주기 시작하자, 샨티는 내가 울타리를 잠근 자물쇠를 열게 하려고 똑같은 기술을 썼다. 코끝으로 만지면서 의미있는 시선과 눈 맞춤을 하는 것으로 말이다. 코끼리는 그저 좀 영리한 정도가 아니라 어마어마하게 영리하다.

많은 종을 대상으로 행동형성 세션을 하다 보면 그 종의 기질이 드러난다. 내가 부주의하게 하이에나에게 강화를 주는 데 실패했을 때 하이에나는 화를 내거나 포기하는 대신 내 앞에 앉아서 털을 뒤집어쓴 코미디언처럼 입을 활짝 벌리고 키득키득 웃으며 매력을 드러냈다. 늑대에게 우리 안 덤불 주위를 돌도록 행동을 형성할 때도 강화를 줘야 할 순간을 놓쳐 버리는 실수를 저질렀는데, 늑대는 어깨너머로 나를 돌아보고 긴 생각에 잠긴 눈빛으로 한참 시선을 맞춘 다음 다시 바로 덤불 주변을 돌았고, 결국 내 주머니에 있던 사료를 모두 얻어 냈다. 아마도 늑대는 내가 계속 쳐다보고 있었기 때문에 아직 게임이 진행되고 있다고 판단하고 무엇이 효과가 있을지 추측하고 기회를 잡았던 것 같다. 늑대는 대단한 모험가다. 하이에나가 재치 있게 매력을 드러내는 코미디언이라면 늑대는 저돌적으로 문제를 해결하는 용감한 모험가다.

때로 동물들은 강화의 의미를 완벽하게 이해한다. 미국 국립동물원에서 대형 유인원 교육을 담당하는 멜라니 본드Melanie Bond는 햄Ham이라는 침팬지의 다양한 행동을 강화하기 시작했다. 어느 날 아침, 멜라니가 추측건대 햄은 야외 방사장에서 먹을 요량으로 먹이를 먹지 않고 모으고 있었다. 마침

내 멜라니가 문을 열고 햄을 야외 방사장으로 내보내려 하자 햄은 해야 할 일을 한다는 듯이 멜라니에게 셀러리 한 줄기를 건넸다! 강화물로 말이다.

생물학자들은 동물의 자연스러운 행동을 방해나 간섭 없이 관찰하고 싶어 한다. 그래서 나는 그들이 트레이닝 같은 간섭을 거부하는 것에 공감할 수 있다. 또한 단순 관찰에 의한 결론은 피하고 수치 데이터로 뒷받침되지 않으면 연구 결과로 인정하지 않는 실험심리학자의 관점 역시 비록 공감은 못 해도 이해는 한다. 그러나 나는 행동형성 세션이 이 두 접근 방식을 결합하여 얻을 수 있는 유익한 방법을 제공한다고 확신한다. 이를 고려하지 못하거나 고려하지 않는 생물학자 및 실험심리학자 모두 중요한 것을 놓치고 있을 수 있다.

강화와 사회

인간의 마음을 이해하게 해 주다

행동형성과 강화는 능숙하게 사용된다면 다른 방법으로는 접근할 수 없는 인간의 마음을 이해하는 데도 상당히 큰 영향을 미칠 수 있다. 내 친구 베버리Beverly는 중복 장애 아동, 즉 시각 장애와 청각 장애를 동시에 가지고 있거나 마비와 발달 지체를 동시에 보이는 아동을 위한 기관에서 치료사로 근무했다. 그녀는 마이크로 들어오는 소리에 반응해 색색의 불빛 패턴이 생성되는 장치를 고안했다. 뇌성마비에 발달 지체 증상을 가진 데비Debbie

라는 아동은 전혀 움직일 수가 없어서 온종일 누워서 지냈는데 그 불빛을 처음 보고 웃음을 터뜨렸다. 데비는 자신의 목소리가 증폭되고 불빛이 밝아지는 것을 보았고 계속 웃고 소리를 내면서 불빛이 춤추게 할 수 있다는 것을 금방 익혔다. 데비가 스스로 의미 있는 사건을 만들어 낼 수 있다는 이 발견 덕분에 치료사가 데비에게 의사소통을 가르치는 것이 가능했다. 또한 두개골 일부가 제대로 형성되지 못한 상태로 태어나 항상 헬멧을 쓰고 있던 한 아동은 완전히 실명된 상태로 진단받았는데, 아이가 이리저리 더듬어서 방향을 찾고 어떠한 시각적 자극에도 반응하지 않았기 때문이었다. 베버리는 아이가 마이크에 목소리를 내도록 격려했고 그 아이는 자신의 목소리가 증폭되는 것을 들으면서 점점 더 오래 소리를 내어 색색의 불빛을 춤추게 했다. 그러다 그녀는 아이가 깜빡거리는 색깔 조명을 향해 얼굴 방향을 돌린다는 것을 알아챘다. 사실은 볼 수 있었던 것이다. 이 사실을 알게 됨으로써 직원들은 아이에게 다가가 도움을 줄 수 있는 완전히 새로운 '채널'을 갖게 되었다.

하지만 안타깝게도 이 특별한 트레이닝 장치는 제도적 한계로 창고에 처박히는 신세가 되었다. 베버리는 석사였고 혁신적인 치료를 하리란 기대도 받지 못했다. 중복장애 아동이 색깔 불빛으로 치료에 도움을 받을 수 있다는 사실을 다룬 학술 논문도 없는 데다 전수되어 오는 치료 프로토콜에서 벗어나는 시도는 다른 직원들의 불쾌감을 샀다. 이것이 논의의 핵심은 아니다. 핵심은 강화 교육이 교육 대상자에게 행동 변화를 일으키는 것뿐만 아니라 교육 대상자에 대한 깊이있는 이해도 도울 수 있으며 트레이닝 순간에 이런 통찰을 얻을 수 있다는 사실이다. 때로는 단 몇 분의 교육 시간만으로도 가능하다.

강화에도 한계가 존재한다

때때로 행동주의자들이 인간 행동의 모든 것이 학습과 조건화의 산물이고 작은 뾰루지부터 큰 전쟁까지 인간의 모든 아픔은 적절한 강화를 통해 치유될 수 있다고 설교하는 것처럼 보일 때가 있다. 물론 이는 사실이 아니다. 행동은 외부와 내부의 반응, 학습되거나 학습되지 않은 것들이 어우러진 풍부한 응집체다. 아이를 키워 본 사람이라면 누구나 알듯 개별성은 타고난다. 생물학자 슈네일라T. C. Schneirla는 심지어 곤충에게도 개체적 행동 특성이 있음을 입증했다. 게다가 인간이 가진 행동과 감정은 사회적 동물로서 얻은 진화의 산물이다. 여기에는 협력하고 서로에게 잘하려는 성향, 즉 '상호 이타주의'뿐만 아니라 누군가가 우리의 아이디어나 재산을 침해할 경우 공격적으로 반응하는 경향성, 즉 '영역성'도 포함된다. 또한 특정 순간에 우리가 하는 말이나 행동은 과거의 경험이나 미래에 대한 기대감 못지않게 개인의 신체 상태에 따라서도 달라질 수 있다. 무척 배가 고프거나 심한 감기에 걸린 사람은 편안할 때와는 전혀 다른 사람처럼 행동할 수 있다.

이처럼 강화에는 한계가 있지만 나는 이 점에 아무 문제가 없다고 생각한다. 나는 행동에 대한 우리의 이해가 세 개의 서로 연결된 연동 고리와 닮았다고 본다. 한 고리 안에는 스키너 같은 행동주의자들과 행동 학습 및 습득에 대해 우리가 알고 있는 모든 것이 있다. 또 다른 고리에는 로렌츠 같은 동물행동학자들과 행동의 생물학적 진화에 관해 우리가 알고 있는 모든 것

248

이 있다. 그리고 세 번째 고리에는 놀이와 같이 우리가 아직 잘 이해하지 못하는 행동들이 있다. 각각의 고리는 완전히 떨어져 있는 것이 아니라 다른 두 개의 고리와 부분적으로 겹쳐 있어 일부 내용을 공유한다.

사회가 전적으로 강화물의 교환으로 이루어지는 것은 아니기 때문에 집단적 환경에서 이뤄지는 강화를 다룬 사회적 실험은 엇갈린 결과를 보여주곤 한다. 예를 들어, 교도소, 병원 또는 구금 시설 같은 구조화된 사회에서 강화물을 사용하는 것은 강화하는 사람으로 인해 훼손될 수 있다. 한 심리학자 친구가 내게 설명하길, 다른 기관에서는 훌륭하게 작동했던 토큰을 이용한 강화 프로그램이 소년원에 수감된 청소년들을 대상으로 했을 때는 완전히 무너졌고 심지어 불화와 반란을 일으켰다고 했다. 알고 보니 규정에 따라 담당자들이 수업 출석이나 기타 바람직한 행동에 강화물을 나눠 주긴 했는데 이 토큰을 건네면서 미소를 보이지 않았던 것이다. 이 사소한 실수로 어리지만 마초적인 소년원 수감자들은 모욕감을 느꼈고 모든 노력이 수포가 되었다.

창의성도 강화할 수 있다

강화는 단순히 특정 행동뿐 아니라 사회에 가치 있는 특성, 말하자면 책임감 같은 것을 증진하기 위해서도 개인 및 집단 단위로 사용된다. 보통 '타고나는 것'으로 간주되는 특성들도 행동으로 형성될 수 있다. 예를 들면, 우리는 창의성을 강화할 수 있다. 내 아들 마이클은 예술학교에 다니며 맨해튼의 다락방에서 사는 동안 길에서 새끼 고양이를 한 마리 발견해 데려와 키웠는데 고양이가 자신을 즐겁게 해 줬던 행동이라면 무엇이든 강화해서 '애교'를 부리도록 만들었다. 이 고양이는 대담하고, 세심하고, 충직했으며, 중년이 넘어서도 늘 유쾌함으로 가득한 아주 특별한 고양이가 되었다. 우리는 하와이 해양생물공원에서 돌고래 두 마리에게 이전에는 한 적 없는 참신한 행동을 할 때마다 강화해 창의성을 형성한 적이 있다. 곧 돌고래들은 상당히 재미있는 행동들을 자주 했고 재미있는 행동들을 스스로 '고안' 하기 시작했다. 돌고래 두 마리 중 한 녀석은 엉뚱한 행동을 더 많이 생각해 냈다. 전반적으로, 심지어 동물들도 창의성이나 상상력의 수준은 개체마다 다를 수 있다. 그러나 교육을 통해 누구나 자신의 수준보다 창의성을 더 높일 수 있다.

사회는 때때로 창의성을 장려하기보다 위축시킨다는 비판을 받는데, 특히 학교 제도가 그렇다. 나는 이러한 비판이 타당하다고 생각하지만, 사회가 현상 유지를 선호하는 것은 이해할 수 있다. 일단 앞서 말한 돌고래들은 혁신적 행동의 가치를 배우자, 출입문을 열고 공연 소품을 훔치고 못된 장난을 만들어 내는 등 트레이너들에게 정말 골칫거리가 되었다. 혁신적인 사람들은 일반적 개념으로는 예측할 수 없으므로 아마도 사회는 이런 유형의 사람들을 일정 비율만 수용할 수 있을 것이다. 만약 모든 사람이 창의적인 돌고래처럼 행동한다면 우리는 절대 아무것도 성취할 수 없을 것이다. 그래서 매우 자주, 개인의 창의성은 집단의 규범에 유리하도록 억제된다. 아마도 그 경향성에 맞서는 데 필요한 용기가 성공한 혁신가들에게 이익이 됐을 것이다.

통제권,
교육 대상도 강화 트레이닝을 좋아하는 이유

나는 강화 이론이 우리 사회에 미치는 중요한 영향력은 특정 행동이나 제도를 변화시키는 것이 아니라 포지티브 강화 그 자체가 개인에게 미치는 영향에 있다고 생각한다. 강화는 정보이다. 우리가 하는 일이 '효과'가 있다는 정보를 제공하는 것이다. 환경이 우리를 강화하는 방법에 대한 정보를 가지고 있다면 우리는 환경을 통제할 수 있다. 즉 더 이상 환경에 휘둘리지 않는다. 실제로 우리의 진화적 적응력은 어느 정도 이런 성공에 달려 있다.

그래서 교육 대상들은 강화 트레이닝으로 배우는 것을 좋아하는데 음식이나 다른 보상을 얻기 때문이어서가 아니라 일어나고 있는 일에 대해 사실상 어느 정도 통제권을 갖기 때문이다. 또 사람들이 강화를 통해 타인의 행동을 수정하는 것을 좋아하는 건 그 반응이 매우 만족스럽기 때문이다. 동물에게서 생기가 돌고, 아이들의 눈이 빛나며, 당신의 도움으로 성취를 이룬 사람들이 성장하고 빛을 내는 모습을 보는 것 자체가 매우 강력한 강화물이 된다. 좋은 결과를 이끌어내는 경험에 완전히 매료되는 것이다.

가르치는 자와 배우는 자가
서로 애정을 갖게 된다

강화 교육의 신기하면서도 중요한 부수적 효과는 교육 대상과 트레이너 둘 다 서로에게 애정을 갖게 된다는 것이다. 하와이 해양생물공원에서 근무했을 때 마커 신호인 호루라기와 먹이 강화물로 행동형성을 하던 중이던 아직 길들지 않은 돌고래 한 마리가 갑자기 아주 온순해져서, '손길을 좋아하도록 길들이려는' 노력이나 그렇게 만들려는 별도의 트레이닝 없이 자신을 쓰다듬도록 허락하고 사회적 관심을 요구하는 일이 여러 번 있었다. 나는 말에게서도 비슷한 경험을 한 적 있는데 가끔은 단 한 번의 교육 세션으로도 그랬다. 심지어 결코 온순해지거나 반려동물로 길들지 않는 몇몇 동물도 그랬다. 이 동물들은 마치 트레이너를 사랑하는 것처럼 행동한다.

트레이너 역시 빠르게 교육 대상에 애착을 갖게 된다. 나는 코끼리 샨티와 늑대 달타냥을 존경했던 마음을 기억하고 있으며 교육에 다소 부진했던 북극곰에게도 애정을 느낀다. 나는 교육 상호 작용의 성공이 참여자들을 서로를 위한 일반화된 조건 강화물로 전환하는 경향이 있다고 믿는다. 교육 대상에게 트레이너는 재미, 흥미, 보상 및 일상의 질을 높여 주는 사건의 원천이고, 트레이너에게 교육 대상의 반응은 흥미롭고 보람찬 것이 되어 서로에게 진정으로 애착을 갖게 된다. 의존이 아닌 애착 말이다! 인생이라는 전투 속 전우애라고나 할까?

인간의 상호 작용 측면에서도 포지티브 강화를 적절하게 잘 사용하면 큰 효과를 얻을 수 있다. 포지티브 강화는 가족적인 분위기를 조성하고 강화하며, 우정을 두텁게 만들고, 아이들에게 용기를 주고, 그리고 결과적으로 사람들이 풍부한 상상력을 가진 숙련된 강화 트레이너가 되도록 가르친다. 포지티브 강화는 훌륭한 연인 관계에도 기여하는데 결국 연인 관계란 부분적으로 포지티브 강화물들의 상호 교환으로 이루어지기 때문이다. 만약 두 사람이 서로를 강화하는 데 정말로 능숙해진다면 그들은 행복한 동반자가 될 가능성이 높다.

강화에 대한 오해와 오용

강화를 제대로 사용한다는 것은 보상을 무차별적으로 남발한다거나 '틀렸어' 또는 '안 돼'라는 말을 절대 하면 안 된다는 의미가 아니다. 하지만 사람들은 이러한 오해를 곧잘 한다. 한번은 아기를 태운 유모차를 길 아래로 밀고 있는 한 엄마를 본 적이 있다. 그녀는 아기가 칭얼거리기 시작할 때마다 멈춰 서서 건포도나 견과류 같은 건강에 좋은 간식을 몇 봉지 꺼내어 아기에게 주었다. 그 아기는 특별히 배가 고픈 것 같지도 않았고 때때로 엄마의 손을 밀어내기까지 했는데 말이다. 그녀로서는 옳은 일을 하려고 노력한 것이겠지만 아기가 불평하는 행동에 공들여 강화물을 준 셈이다. 정작 옷이 구겨졌다거나 그 외 아기를 불편하게 한 것들은 확인하지 않은 채 말이다.

물론 우리 중 누구도 완벽할 수 없다. 우리가 늘 강화에 대해 생각하고 있어야 한다고 말하는 것도 아니다. 많은 가정과 조직에 만연하는 거칠음, 시비 걸기, 무관심에서 벗어나 다른 사람들과의 상호 작용에 긍정적으로 반응하는 방식으로 변화를 주면 관련된 개인뿐만 아니라 그 파급 효과를 통해 사회 전체에 영향을 미치게 된다고 제안하는 것이다.

포지티브 강화가 움트는 사회

나는 미국 사회가 이 모든 자유에도 불구하고 처벌을 일삼는 사회 같다는 생각이 든다. 미국인은 각자의 개인적 배경과 상관없이 칼뱅주의[57]에 대한 부정적 태도를 보이고 있으며 그것은 우리의 모든 제도와 많은 판단에 영향을 미친다. 포지티브 강화로의 전환은 놀라운 사건일 수 있다. 1981년 애리조나의 한 작은 마을에서는 좋은 교사를 확보하기 위해 재단을 설립하고 지역에서 자금을 모금했다. 교직원과 지역 사회의 투표로 다섯 명의 교사에게 현금 보너스를 주었는데 일부에게는 한 달 치 월급에 해당하는 포상금이었다. 상금은 고등학교 졸업식에서 수여되었고 교사는 학생들에게서 기립 박수를 받았다. 프로그램이 운영된 지 3년 차에 접어들었을 때, 그 프로그램은 교사들뿐만 아니라 학생들에게도 혜택을 주고 있는 것으로 보였다. 다양한 인종, 민족적 배경, 그리고 부유층과 빈곤층이 섞여 있는 이 학생들은 당시 전국 시험에서 평균을 훨씬 상회하는 성적을 기록하고 있었다.

내가 이 이야기에서 중요하게 느끼는 부분은 최고의 교사들을 강화한 방법 자체가 아니라 그 사건이 방송을 타서 전국적인 뉴스가 되었다는 사실이었다. 현재 우리 문화에서 포지티브 강화를 도입하는 것은 새로운 아이디어다. 그러나 곧바로 수용가능한 환경이 조성되어 더 이상 실험적이라거나 엉뚱한 짓이라고 일축당하지 않을 것이다.

---

[57] 칼뱅주의란 프랑스의 종교 개혁가 장 칼뱅이 주창한 기독교의 사상 및 성경을 따르는 신학 사상으로, 성경에 근거하여 교회, 신앙의 개혁 이외의 가치, 특히 물질적 보상을 터부시한다.

한 세대나 두 세대, 혹은 그 이상이 걸릴 수도 있다. 포지티브 강화는 이제 문제가 발생할 때 일어나는 일을 분석할 수 있게 해 주는 이론 체계와 결합되어 있기 때문에, 시간이 지나면 억제할 수 없을 정도로 확산될 것이라고 생각한다. 대부분의 행동주의자들도 아마 이에 동의할 것이며 왜 이렇게 오래 걸리는지 의아해하고 있을 것이다.

나는 실제로 무엇을 강화하고 있는가

아마도 인문주의자들이 행동주의에 대해 가장 반대하는 점은 사회의 모든 것이 의도에 의해 운영될 수 있고 또 그렇게 되어야 한다는 메시지가 담겼다는 우려에 있을 것이다. 이미 많은 부분이 그렇게 운영되고 있지만 잘못 운영되고 있다. 나는 이것이 근거 없는 두려움이라고 생각한다. 스키너가 쓴 소설 《월든 II(Walden II)》처럼 행동주의 원리에 따라 만들어진 상상 속 사회는 전적으로 우연한 강화의 결과로 설계되었다. 하지만 생물학자로서 내 의견으로는 이런 사회는 제대로 작동하지 않는다. 상상 속에 존재하거나 실제로 존재하는 이상적인 사회는 때때로 지위 갈등 같은 생물학적 현상을 고려하지 않는데, 우리는 결국 사회적 동물이므로 서열 체계를 확립해야만 한다. 집단 내에서 지위를 향상하려는 경쟁, 즉 단지 승인되거나 정해진 경로만이 아니라 '모든' 경로를 통해 이루어지는 경쟁은 결코 피할 수 없으며 실제로 중요한 사회적 기능을 수행한다. 유토피아에서든, 말의 무리에서든, 충분히 정리된 위계 구조는 갈등을 낮추는 효과가 있다. 우리는 자신의 지위를 알고 있는 한 이를 증명하기 위해 다른 누군가에게 으르렁

거릴 필요가 없다. 나는 적어도 장기적 관점에서 보면 개인과 집단의 지위, 그리고 여러 인간의 욕구와 성향은 장기적인 강화 계획에 의해 성취되거나 무시되기에는 너무 복잡한 것이라고 생각한다.

결국 행동주의자들을 괴롭히는 것은 사회에서 강화 원칙이 효과적일 수 있는 수많은 상황을 인식하면서도 우리가 고집스럽게, 어리석게, 끊임없이 잘못된 방법을 선호하고 있다는 사실이다. 예를 들어, 우리를 호의적으로 대해 주길 '바라는' 국가에 무기나 원조를 제공하는 것을 떠올려 보자. 다른 사람에게 보상을 주면서 자기에게 이익을 기대하는 것은 대체로 작동하지 않는다. 심지어 가장 단순한 수준에서도 역효과가 난다. "그녀가 나를 파티에 초대한 목적은 나에게 선물을 받으려는 것일 뿐이야. 나는 그녀가 싫어", "오늘 틸리 아줌마가 이상하게 친절하셨어. 이 늙은 여우가 이번에는 무슨 꿍꿍이인지 궁금해." 또한 나는 우리가 잘못된 행동을 하는 국가에게 강경한 태도를 취하는 것도 더 나은 선택이라고 보지는 않는다. 만약 그들이 전혀 상관하지 않는다면? 애초에 우리를 분노하게 만들 의도였다면?

물론 이것이 지나치게 단순한 생각일 수 있다는 것은 알고 있지만, 모든 클리커 트레이너들이 효과가 없을 것이라 장담하는 방식으로 한 국가가 계속 행동하는 것도 단세포적이라고 생각한다. 한 국가로서뿐만 아니라 개인으로서도 우리는 끊임없이 스스로에게 트레이너의 근본적인 질문을 던져야 한다. 나는 실제 무엇을 강화하고 있는가?

강화 법칙은 강력한 도구다. 이 법칙은 일부 사람들이 생각하는 것보다 훨씬 더 다양한 목적으로 사용된다. 실제로 사람들은 다른 사람들의 기대 이상으로 다재다능하다. 강화를 사용한다는 것은 지속적인 변화, 지속적인 의사 교환, 지속적인 성장의 과정에 참여하고 있다는 뜻이다. 사람은 이러한 교감의 이원적 속성, 즉 양방향적 본질을 인식하게 된다. 다른 사람에 대해 더 잘 알게 되고, 필연적으로 자신에 대해서도 더 많이 알게 된다. 트레이닝은 자신의 내면과 외면을 동시에 갖추어야 하는 과정이라 할 수 있다. 누가 트레이너이고 누가 트레이닝을 받는가? 둘 다 변하고 둘 다 학습한다.

일부 사람들은 강화 이론을 개인이나 사회를 통제, 조작, 제한하는 방법이라고 평가하기도 했다. 그러나 종의 변화가 개별 유전자에서 시작되어야 하는 것처럼 사회적 변화는 개인의 변화에서 시작되어야만 한다. 개인에게 이익이 되는 것으로부터 시작되는 변화 말이다. 사회적 변화는 위에서 지시할 수 없다. 적어도 오래 지속되지 않는다(조지 오웰의 《1984》는 생물학적으로 틀렸다). 생명체는 음식과 안식처를 가질 권리뿐만 아니라 강화 환경을 가질 권리를 가진다. 강화를 사용하고 이해하는 것은 개인적인 경험이지만 이는 모두에게 이익을 줄 수 있다. 이는 우리 각자가 삶의 기계적인 측면이 아니라 모든 행동의 풍부하고 멋진 다양성을 경험하고 인식하며 향상할 수 있도록 해 준다.

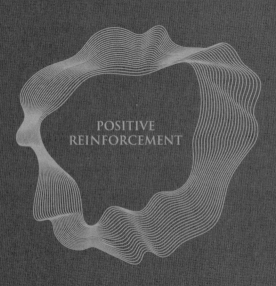

POSITIVE
REINFORCEMENT

6장

새로운 테크놀로지
클리커 트레이닝

클리커 트레이닝
열풍

    1984년에 이 책《가르치기의 결(원제: 돈슛더도그Don't Shoot the Dog)》의 초판이 출판되었을 때는 응용 행동 분석이 아직 보편화되지 않았다. 30년간의 돌고래 트레이닝은 다른 분야에서 응용되지 않았다. 기업을 비롯한 조직 환경에서는 행동 분석을 성공적으로 사용하고 있었지만, 학계는 트레이닝 받지 않은 사람들이 그들의 과학을 쉽게 이해하고 사용할 수 있는 방법을 내놓지 못하고 있었다. 그런데 반려견 보호자들 사이에서 변화가 일어나기 시작했다. 엄청나게 재능 있고 영향력 있는 개 행동학자인 수의사 이안 던바Ian Dunbar가 반려동물을 키우는 사람들에게 강압적이지 않고 행동을 기반으로 하는 교육을 가르치고 이에 대한 글을 쓰면서 반려견을 키우는 보호자들에게 이 책을 추천하고 있었다.

    1960년대, 클리커를 사용해 개를 교육하자고 처음 제안한 것은 스키너였다. 그러나 나는, 1992년 5월, 샌프란시스코에서 열린 행동분석학회 모임에 있었던 트레이너들과 과학자들의 패널 토론과 함께 클리커 트레이닝이 시작되었다고 생각한다. 그로부터 며칠 뒤, 나는 개 트레이너인 개리 윌크스, 해양 포유동물 트레이너인 잉그리드 샬렌베르거Ingrid Shallenberger와 함께 반려견 트레이너 250명을 대상으로 '돈숏더도그!' 세미나를 개최했다. 개리가 잡화상에서 구한 작은 플라스틱 클리커는 마커 신호로서뿐만 아니라 훌륭한 티칭 도구가 되었다. 사람들은 클리커를 좋아하게 되었다. 이 개 트레이닝 세미나는 다른 세미나들로 이어졌다. 내 생각에는 이러한 공개 세미나, 그리고 개리와 잉그리드가 제작한 책, 비디오 영상, 인터넷 활동이 클리커 트레이닝 운동의 시발점인 것 같다.

세미나에 참석한 이들이 모두 전문적인 트레이너는 아니었다. 변호사, 파일럿, 경찰관, 교사, 컴퓨터 프로그래머, 경영인, 치과 의사, 의사, 신문기자도 있었다. 어쨌든 다들 생동감 넘치는 흥미, 엄청난 에너지, 분석적 사고 방식을 가진 사람들이었고 이들은 다시 다른 사람들을 가르치기 시작했다. 곧 수천 명이 클리커 트레이닝을 시도했고 우리가 전파하는 것 이상으로 클리커 트레이닝은 널리 확산하였다.

버지니아에 사는 젊은 두 여성은 클리커를 활용해 반려견에게 30가지 재주를 가르치는 과정을 담은 비디오 영상물을 제작했는데 밖에 내보내 달라고 종을 치는 것 같은 쉬운 행동부터 다른 개에게 과자를 전달하는 매우 어려운 행동까지 다양한 행동을 교육하는 방법이 총망라되어 있었다. 시애틀의 스티브 화이트라는 경찰관은 경찰견 교육을 담당하고 있었는데 경비견 교육을 위한 클리커 트레이닝 시스템을 개발했다. 그의 교육을 이수한 경비견 한 마리는 처음 야간 순찰을 나간 날 범죄자 세 명을 검거했다. 클리커 트레이닝을 받은 개들의 특징 중 하나인 꼬리 흔들기를 이 녀석도 일하는 내내 보여 줬다. 텍사스의 로즈마리 베스닉Rosemary Besenick은 휠체어를 타는 장애인들에게 안내견을 교육하는 방법을 가르치기 시작했다. 개 애호가들은 클리커로 쇼링 행동show-ring behaviors[58]을 가르쳐 웨스트민스터 도그 쇼Westminster Dog Show에서 우승했다.

텍사스에 사는 캐슬린 위버Kathleen Weaver도 경찰견 트레이너이자 고등학교 컴퓨터 교사였는데 클리커 트레이너들을 위한 온라인 사이트를 개설하자마자 2,000명이 가입했다. 클리커 트레이너들은 웹사이트를 만들고 이를 통해 질문과 아이디어를 교환했다. 몇몇 행동 분석가들은 인터넷으로 활동 영역을 옮겨 사람들의 문제 해결을 돕고 전문 용어를 설명해 주었다. 이들 중 으뜸은 스키너의 첫 대학원생이었던 과학자 메리언 브렐랜드 베일리Marian Breland Bailey와 그녀의 남편 밥Bob이었다. 베일리 부부는 동료 과학자들과 새로운 대중들로부터 존재를 인정받으면서 인터넷 클리커 동호회에 아낌없이 시간과 노력을 쏟아부었다.

뉴멕시코의 천문학자인 헬릭스 페어웨더Helix Fairweather는 엄청나게 증가하는 관련 자료들 중 가장 중요하고 유용한 게시물 리스트를 보관하는 웹사이트를 개설하고 이른바 '책임자'로서 자료를 관리하고 있다. 뉴욕주 북부에서 승마 지도를 하며 말 트레이너로 일하는 알렉산드라 커랜드Alexandra Kurland는 말을 위한 클리커 트레이닝법을 개발했다. 여기에는 공격적인 말

---

58 도그쇼에 출전한 개가 무대에 올라가 정지 자세를 유지하고 있는 행동이다.

의 재교육을 포함해 모든 종의 말을 대상으로 한 교육 방법과 온갖 유형의 과업들이 담겨 있다.

새로운 클리커 트레이너들은 자신의 성과를 인터넷으로 공유했다. 별도로 트레이닝 기술을 습득한 적이 없는 사람들이 자기 반려견에게 자동차 열쇠나 TV 리모컨 찾아오기, 장작 옮기기, 냉장고를 열어서 적절한 음료수, 그러니까 샐러드드레싱이 아니라 정확하게 탄산음료를 찾고 냉장고 문을 닫은 후 지시한 사람에게 가져다주기 등을 가르치고 있었다. 이후 유명했던 인터넷 사이트인 '도전, 핫도그Hot Dog Challenge'가 개설되었다. 개가 핫도그를 먹지 않고 통째로 보호자에게 가지고 오도록 교육할 수 있을까? 물론 가능하다. 자신의 성취를 과시하고 싶어 하는 사람들은 치즈버거도 가능하다고 자랑한다. 물론 모든 치즈버거가 사람이 먹기에 너무 납작해질 수는 있다.

이런 일들은 기존 과학의 새로운 응용일 뿐만 아니라 인터넷이라는 새로운 과학 기술의 발전 덕분에 가능했다. 인터넷이 아니었다면 물리적으로 불가능했을 것이다. 과연 한 대학원 수업에 그렇게나 많은 학생들이 수강하거나 많은 사상가들이 직접 대면해서 효과적으로 의사소통할 수 있었을까? 캐나다의 클리커 트레이너인 다이애나 힐리어드Diana Hilliard가 말한 바와 같이 우리는 인터넷을 통해 일종의 '글로벌 맨해튼 프로젝트[59]'를 진행하고 있다. 우수한 두뇌들이 모여 하나의 기술을 놓고 협력하는 것 말이다.

---

59 미국에서 2차 세계대전 중 원자폭탄을 개발하기 위해 진행된 맨해튼 프로젝트를 비유적으로 사용한 표현이다.

강화 교육의 장기적 부수 효과
: 장난기, 지능, 친화성…

클리커 트레이닝의 열풍으로 이전에는 상상할 수 없었던 몇 가지 장기적이고 더 일반적인 효과가 나타나기 시작했다. 1981년 나는 《뉴욕 과학 아카데미New York Academy of Sciences》에 발표한 논문에서 사람들이 소위 돌고래의 특징이라고 규정하는 속성들, 즉 장난기, 지능, 호기심, 인간에 대한 친화성 등은 돌고래 자체의 특징이라기보다는 그들을 교육하는 방식에 더 기인한다고 지적했다. 이제 나는 그 직접적인 증거들을 가지고 있다. 포지티브 강화물과 마커 신호를 사용해 행동을 형성한 개, 말, 북극곰, 심지어 물고기에 이르는 모든 생명체가 장난기 있고, 지적이고, 호기심을 가지고 우리에게 관심을 두게 된다.

물고기는 믿지 못하겠는가? 나는 관상어로 유명한 시클리드cichlid가 원형 고리를 통과하고 목표물을 따라 헤엄치도록 행동을 형성한 적 있다. 깜빡이는 손전등 불빛을 마커 신호로 사용했을 뿐이었다. 흔히 오스카oscar라고 불리는 이 물고기는 길들이기 쉽고 지능이 높다고 알려져 있긴 하지만 이렇게까지 하는 물고기를 본 적은 없었다. 이 물고기는 사람의 관심을 끌기 위해 물을 튀기고 수조 뚜껑을 탕탕 치거나, 유리 너머로 어린아이들과 코를 마주 대었으며, 개가 다가오면 지느러미와 아가미를 펼쳐서 공격하는 척하며 위협을 해 일약 우리 집의 인기 스타가 되었다. 살아 있는 약 5년 동안, 이 시클리드는 강화 교육을 더 이상 받지 않은 지 한참이 지났음에도 놀라울 정도로 장난기 많고, 지적이고, 호기심 많고 친근했다. 물론 그 덕에 모든 먹이를 공짜로 얻었다.

장기적 효과
: 오래전 학습 기억해내기

클리커 트레이닝의 또 한 가지 장기적 효과는 어떤 종이든 한번 학습한 행동은 잊지 않는다는 것이다. 15년 전 나는 돌고래들이 이렇다는 것은 알았지만 다른 종도 그런지는 확신할 수 없었다. 하지만 지금은 더 많이 알고 있다. 전통적인 훈련법을 고수하던 개 훈련사들은 클리커 트레이닝으로 바꾼 뒤 개가 학습한 것을 얼마나 잘 유지하는지를 목격하고 매우 놀란다. 클리커 트레이닝은 교정 위주의 훈련과 달리 행동을 계속 재교육하고 다듬고 연마할 필요가 없다. 일단 행동이 만들어지면 영원히 지속된다. 내가 아는 한 이를 증명하는 공식적인 데이터는 없지만[60] 나는 이러한 높은 기억 유지율이 포지티브 강화물을 사용하는 교육과 혐오 자극을 사용하는 교육 간의 차이일 뿐만 아니라 마커 신호를 사용하는 교육과 단순히 일차 강화물만을 사용하는 교육 간의 근본적인 차이 중의 하나라고 생각한다.

---

60 이 책이 발간된 이후, 클리커 트레이닝의 효과를 검증하는 연구가 다수 이루어졌다. 개나 말을 대상으로 여러 유형의 과제 학습에서 유의미한 효과가 있음이 확인되었고, 사람의 몸에서 암세포를 탐지하는 개를 육성하는 교육에서도 활용되었다. 최근에는 기존 훈련법과 비교해 클리커 트레이닝이 효과가 있는지 단순히 검증하는 것에서 나아가, 교육 과제의 복잡성, 먹이 보상과 연계 방식, 사회적 교감 방식과의 상호작용 등을 종합적으로 비교 분석하는 연구들이 이루어지고 있다.

내가 좋아하는 에피소드가 하나 있다. 어느 저녁, 나는 오촌 조카들을 즐겁게 해 주기 위해 아이들이 키우는 고양이가 피아노를 치도록 가르쳤다. '좋아good'라는 말을 마커 신호로, 작은 햄 조각을 일차 강화물로 사용하면서 고양이가 피아노 의자에 앉아 앞발 하나로 건반을 건드리는 행동을 형성했다. 고양이는 대부분 5분이면 교육이 된다. 고양이는 자신에게 먹이를 주도록 사람을 교육하는 것을 좋아한다. 그날 이후, 누구도 고양이에게 피아노를 치라고 하지 않아 고양이는 그 행동을 하지 않았다. 그런데 2년이 지난 어느 날 아침에 내 사촌이 전화를 걸어 놀라운 이야기를 해 주었다. 전날 밤 아래층에서 누군가 피아노를 치고 있는 것 같아 깼는데 살펴보니 거실 문이 난방을 위해 닫혀 있었고 거실 안쪽 피아노 의자 위에 평소 위층 침실에서 자던 고양이가 앉아 있었다고 한다. 야옹거리며 문을 긁는 평소의 행동이 효과가 없자 간식을 얻기 위해서가 아니라 자기가 좋아하는 잠자리로 가기 위해 예전에 배웠던 요구 행동을 보여준 것이었다. 그 시도는 성공적이었다.

학습의 가속화

클리커 트레이닝에서 새롭게 주목할 만한 또 다른 요소는 학습의 가속화가 동반된다는 점이다. 유능한 클리커 트레이너들, 특히 타고난 트레이너들은 전통적인 훈련법으로는 몇 개월 또는 몇 년이 걸릴 행동을 단 며칠 만에 만들어 낸다. 이제까지 내가 알고 있는 가장 명확한 성공 사례는 개 복종 훈련 대회 분야인데, 이 분야는 전통적인 훈련법이 아주 표준화되어 있고 평가 과정도 매우 정형화되어 있다. 사람들은 수십 년간 매우 정교한 일련의 행동들을 개발, 평가해 왔다. 따라서 약간의 변화도 현저하게 드러난다.

전통적인 트레이닝 과정으로는 초보자를 위한 대회Novice competition에 참가할 참가견을 가르치는 데는 보통 1~2년, 누구나 참가할 수 있는 오픈 대회Open competition 준비에 다시 1~2년, 가장 최상위 수준인 유틸리티 대회 Utility competition까지 또 1~2년이 걸린다. 하지만 이제 사람들은 클리커 트레이닝으로 훨씬 짧은 시간 내에 동일한 동작을 하도록 개를 가르치고 있다. 3단계까지의 모든 대회를 약 1년 만에 끝낸 사람도 있다. 또 다른 보호자는 자신의 암컷 오스트레일리안 캐틀 독Australian cattle dog에게 '엎드려', '이리와', '앉아' 등 유틸리티 대회에서 사용하는 수신호를 3분 만에 가르쳤다. 또 다른 여성은 열 살짜리 아이리시 세터Irish setter를 단 3주 동안 가르쳐 아주 높은 점수로 초보자 대회 예선 세 개를 통과했다. 이 품종은 지능 면에선 명성이 떨어지는 편인데도 말이다. 그 개는 곧 나이가 들어 무지개 다리를 건넜는데, 보호자는 조금 더 일찍 이 멋진 의사소통 방법을 알았으면 좋았을 거라며 아쉬워했다. 클리커 트레이닝은 트레이너와 교육 대상 양쪽 모두의 학습을 가속한다.

일각에서는 이러한 초고속 학습의 사례가 증언에 지나지 않는다고 일축하지만, 나에게는 이 사례들이 진단 도구가 되었다. 전통적 방법을 사용하는 경험 많은 트레이너들이 클리커 트레이닝으로 '크로스오버crossover[61]'를 할 때면 그리고 몇 달이 걸리던 교육이 단지 일주일, 아침나절, 또는 몇 분

---

61 활동이나 스타일이 두 가지 이상의 분야에 걸친 것을 말한다.

만에 이루어졌다고 흥분해서 말할 때면, 나는 그들이 일하는 것을 보지 않고도 클리커 트레이닝의 기본 요소 두 가지를 학습했을 것이라고 꽤 확신할 수 있다. 첫째, 그들은 클리커를 누르는 타이밍을 완전히 터득했을 것이고, 둘째, 잘게 쪼갠 행동 단계마다 빠른 속도로 기준을 높이는 개념도 파악했을 것이다. 덧붙여서, 이제 막 클리커를 사용한 트레이너가 이 기술을 올바르게 잘 사용하고 있다는 것을 알려 주는 또 다른 지표는 트레이너가 다른 종에게도 자연스럽게 클리커 트레이닝을 시도하는 것이다. "나는 아침에 내 말에게 세 가지 행동을 가르친 다음, 집에 와서 개, 고양이, 기니피그에게 클리커 트레이닝을 했어." 클릭!

클리커 트레이닝의 빠른 교육 속도를 확인할 수 있는 데이터가 있으면 좋지 않을까? 현역 연구진들이 복종 훈련 대회 커뮤니티의 풍부한 데이터베이스들을 이용해 전통적인 훈련 방법과 이 새로운 기술을 과학적으로 비교하길 기대해 본다.

클리커 치우기
: 클리커는 트레이닝 과정에만 필요하다

클리커 트레이닝의 개념에 반대하는 사람들이 자주 하는 말 중의 하나는 교육 대상에게 평생 클릭 소리와 먹이를 보상으로 주면서 살고 싶지는 않다는 것이다. 물론 이것은 오해다. 클릭 소리는 행동을 유지하는 본질적 속성이 아니다. 이미 배운 신호와 강화물이 그 역할을 한다. 클릭 소리는 오직

'트레이닝'을 위한 것이다. 일단 학습자가 트레이너가 가르치려고 한 것을 학습하면 클리커를 치울 수 있다. 그러나 트레이너가 어떤 새로운 행동을 '설명'해야 할 필요가 있다면 다시 클리커를 사용할 수 있다. 클리커로 아주 구체적인 정보를 소통할 수 있기 때문이다.

내 친구 패트리샤 브루잉턴Patricia Brewington은 제임스James라는 이름의 페르슈롱Percheron 말을 키운다. 그녀와 남편은 클리커로 제임스가 망아지였을 때부터 사람 태우기, 마차와 썰매 끌기, 숲에서 통나무 끌어 내리기 등을 교육했다. 제임스가 충분히 교육되자 클리커와 먹이 보상은 더 이상 필요하지 않았다. 제임스는 많은 음성 신호와 수신호를 알았고 지시에 따랐다. 제임스는 일을 잘했을 때 칭찬과 쓰다듬기를 강화물로 받는 것을 확실히 즐겼다. 또한 얼음 조각, 공 가지고 놀기, 코로 썰매 종 울리기, 헛간으로 들어가기, 헛간에서 나오기, 사람들이 하는 일 지켜보기 및 수많은 일상생활 속 강화물들도 즐겼다.

어느 날, 제임스의 발에 종양이 생겼다. 수의사는 발을 주기적으로 물로 적셔 주어야 한다고 했고 패트리샤는 따뜻한 물 한 양동이를 준비해 옆에 두고 양동이에 제임스의 발을 넣었다. 제임스는 발을 뺐다. 패트리샤는 다시 발을 넣고 제임스는 또 뺐다. 제임스는 아주 덩치가 큰 말이었고 패트리샤는 작은 체구의 여성이었다. 신체적 힘으로는 불가능했다. 패트리샤는 평소 절대 말을 꾸짖지 않았다. 무엇을 해야 할까? 그녀는 클리커를 가지고 헛간으로 돌아와 제임스의 발을 양동이에 넣고는 클리커를 딸깍 눌렀다. 패트리샤는 강화 교육을 하는 트레이너들이 종종 그러하듯, 제임스의 반응이 "오호호호! 내 발을 양동이 안에 두라는 의미군요. 아, 알았어요"라고 표현한 것 같았다며 당시 상황을 묘사했다. 거래를 성사하기 위한 당근은 필요하지 않았다. 제임스는 단지 그녀가 무엇을 원하는지 이해하지 못했을 뿐, 일단 이해하자 주저 없이 행동으로 옮겼다.

클리커 트레이닝과 창의성

나는 돌고래 트레이닝을 하는 동안 '창의적인 돌고래: 참신한 행동을 위한 트레이닝The Creative Porpoise: Training for Novel Behavior'이라는 제목으로 하와이 해양생물공원에서 겪은 일들을 설명하는 논문을 발표했다. 이 학술 논문은 오퍼런트 조건화에 대한 학생들의 흥미를 높이기 위해 매년 여러 교수들이 수업에 사용하면서 심리학 수업의 고전이 되었다. 앞서 말했듯이 그때는 새로운 행동을 만들어 내는 능력이 돌고래 고유의 능력인지 아니면 트레이닝 시스템 덕인지 확실하지 않았다. 이제 나는 창의성, 또는 적어도 실험 정신과 진취성이 클리커 트레이닝으로 얻을 수 있는 고유의 부산물이라고 확실하게 이야기할 수 있다. 트레이너에게는 물론 학습자에게도 해당된다.

조건화된 강화물로 교육받은 학습자는 일종의 게임에 참여하고 있는 셈이다. 트레이너가 클리커를 누르게 할 행동을 생각해 내는 게임이다. 누구든 이 게임을 하는 아이를 보게 되면 게임이 아이가 학습을 하고 싶게 만든다거나 아이가 생각하게 만든다고 주저 없이 말할 수 있을 것이다. 동물도 그럴까?

나는 경기장에서 아름다운 암컷 아라비안 말이 지시에 따라 귀를 쫑긋 세우도록 클리커 트레이닝을 받는 모습을 녹화한 적이 있다. 그러면 무대 위에서 기민해 보이기 때문이다. 말은 클리커의 클릭 소리가 곡물 한 움큼을 의미한다는 사실도, 또 자신의 행동이 트레이너가 클리커를 누르도록 만든다는 사실도 분명히 알고 있었다. 그리고 이것이 자신의 귀와 관련 있다는 것도 알아챘다. 말은 머리를 꼿꼿이 세운 채 귀를 하나씩 돌려보았다. 귀 하나는 앞으로 다른 하나는 뒤로 움직였고, 이어서 반대로 했다. 그러고는 토끼처럼 양쪽 귀를 양옆으로 털썩 떨어뜨렸는데 나는 말이 일부러 그렇게 할 수 있다는 것도 미처 몰랐다. 마침내 두 귀가 동시에 앞쪽으로 움직였다. 클릭! 아하! 이때부터 이 말은 귀를 똑바로 세웠다. 이 모습은 매력적이었지만 동시에 슬펐다. 우리는 평소 말에게 뭔가를 생각하거나 창의적으로 행동하라고 요구하지 않지만 그들은 그렇게 하기를 좋아하는 것 같았기 때문이다.

클리커로 교육받은 개를 키우는 일부 보호자들은 개의 자주성과 실험성에 익숙해져서 개가 트레이닝 과정에서 이미 배운 것이든 새것이든 '행동을 보여줄' 것이라 믿는다. 많은 클리커 트레이너는 내가 '상자로 할 수 있는 101가지 놀이'라고 별명 붙인 게임을 한다. 상자 대신 의자, 공, 인형도 괜찮다. 이 게임은 우리가 하와이 해양생물공원에서 돌고래의 '창의성'을 개발하기 위해 했던 것과 기본적으로 동일한 절차로 진행되는데 개가 교육 세션마다 새로운 방식으로 어떤 물건을 다루면 클리커를 눌러 주는 방식이다. 예를 들어, 바닥에 두꺼운 종이 상자를 놓고 개가 상자를 밀면서 방을 돌아다닐 때까지 냄새를 맡으면 그리고 코로 상자를 치면 클리커를 누른다. 그 다음에는 상자를 미는 것은 더 이상 클릭 소리를 받지 못하지만, 앞발로 건드리거나 옆으로 뛰어넘는 것, 마침내 상자 안으로 들어가는 행동은 효과가 있음을 알려 준다. 개는 상자를 끌거나 물어서 옮길 수도 있다. 어떤 개는 자기 장난감을 모두 가져와 상자 안에 넣기도 했다. 클릭! 내 반려견, 보더 테리어는 흥미로운 상자로 극적인 장면을 만들어 내기 위해 상자를 뒤집어쓴 채 돌아다녔다. 방에 있던 사람들 모두가 웃음을 터뜨렸고 이 모습에 개도 즐거워했다. 어떤 개들은 돌고래만큼 영리하게 새로운 아이디어를 만들어 낸다. 돌고래처럼 개와 말은 이 도전적인 클리커 게임을 좋아하는 것 같다.

두려움으로부터의 자유

클리커 트레이닝 분야 안팎에서 가장 많은 논쟁이 일어나는 부분은 처벌이 없다는 점이다. 오래전부터 사람들은, 심지어 일부 심리학자들도 여전히 좋은 행동은 칭찬하고 나쁜 행동은 처벌해야 하며, 그래야 그 중간에서 완벽함이 생긴다고 주장해 왔다. 그러나 사실 전통적인 방식의 훈련을 하는 사람들의 문제점 대부분은 이러한 처벌 때문에 직접적으로 발생한다.

앞서 이야기했던 암컷 아라비안 말은 원래 귀를 쫑긋 서게 만들려고 전통적인 훈련법을 쓰다가 결국 대회에 출전할 수 없게 된 상태였다. 때때로 마구간 뒤편에서 채찍으로 맞았기 때문에 채찍이 위험하다는 것을 알고 있던 그 말은 사람들이 머리 부근에서 채찍을 휘두르자, 귀를 뒤로 눕히게 되었고 벌을 많이 받을수록 이 행동은 심해졌다. 이 행동은 기민해 보이기는커녕 아주 이상해 보였다. 그래서 치료 차원에서 클리커 트레이닝을 받게 된 것이었다.

클리커 트레이너들은 트레이닝 세션 동안 원하는 행동에 대한 강화와 원하지 않는 행동에 대한 처벌 또는 교정을 섞을 경우 문제가 생긴다는 것을 발견하고 있다. 나타나는 문제는 다음과 같다. 첫째, 학습이 '보통' 속도로 퇴보한다. 즉 느려지면서 학습의 가속화가 중단된다. 둘째, 조심하지 않으면 교육 대상이 학습을 완전히 중단한다. 배우고 '싶어 하는 것'을 멈추는데, 이는 더 나쁜 상황이다. 아이들이 등굣길에 꾸물거리면서 마지못해 억지로 학교에 가는 것처럼 개도 교육 상황에서 행동을 보이기를 꺼리는 모습을 보일 수 있고 스트레스를 받을 수도 있다. 이런 개들은 숨을 헐떡이거나 하품을 하는데[62] 이 뜻은 상황을 피하고 싶다는 것이다. 그러나 클리커로 교육을 받은 개들이 트레이닝 세션을 자발적으로 시작하고, 트레이닝 장소로 열심히 달려가는 모습을 보여 주는 것은 드문 일이 아니다.

클리커 트레이너들이 절대 "안 돼"라고 말하지 않는 것은 아니다. 물론 테이블에 올려 둔 먹이를 노리는 개를 질책하거나 혼잡한 인도에서는 리드줄을 채워 개를 제지할 수 있다. 단지 우리는 학습 도구로서 벌, 또는 그것의 완곡한 표현인 '교정correction'은 피한다. 트레이닝 세션 동안 동물은 자유롭게 모험하고, 생각하고, 강화받을 수 있는 행동을 스스로 만들려고 한다. 잘못 생각해도 괜찮다. 최악의 상황이라 해봐야 클릭이 없는 것뿐이니 말이다. 이 안전한 무대에서 학습자들은 자신이 할 수 있는 최고의 행동을 보여줄 방법을 빠르게 발견하고, 이는 멋진 결과로 이어진다.

---

62 특별히 뛰었거나 잠이 오는 상황에 아닌데, 숨을 헐떡이거나 하품하는 것은 스트레스의 표현이다.

학습과 재미

끊임없이 보고되는 클리커 트레이닝의 '부작용'이 있다. 학습자의 전반적인 행동이 변하는 것이다. 벌을 받거나 교정 중심의 훈련을 받은 동물은 문제를 피하고자 최소한의 것을 수행하는 법을 배운다. 이런 학습자들은 '좋은 군인' 같다. 지시받은 것을 하지만 절대 자진해서 하지는 않는다. 이 경우 학습자는 겉으로는 복종하고 있을지는 몰라도, 트레이너 또는 다른 권위자가 원하는 것보다는 자신이 하는 것과 개인적 삶에 훨씬 더 많은 관심을 가진다. 따라서 그들은 집중력을 방해하는 요소들에 취약할 뿐만 아니라 방해받기를 '바란다.' 게다가 이런 학습자들은 너무 강하게 몰아붙이거나 벌을 많이 주면 화를 내거나 그만둔다. 이는 대부분의 반려견, 직원, 학생들에게서 볼 수 있는 행동 양상이다.

이와는 대조적으로 클리커 트레이닝은 트레이너와 교육 대상 모두에게 재미있다. 놀이는 중요한 요소다. 나는 심한 인지 장애를 가진 10대 소녀가 새 행동에 대한 보상으로 주어진 클릭 소리에 웃으면서 클리커를 보고 '놀이'라고 수어로 말하는 모습을 본 적이 있다. 그녀의 교사는 그녀가 이 수신호를 안다는 사실을 처음 알았다고 했다. 클리커 트레이너들은 동물들이 놀이 행동을 보이는 것을, 이제 그들이 어떤 행동이 강화되고 있는지 의식적으로 인식하게 됐다는 신호로 받아들이는 법을 배우게 된다. 클리커 트레이너들이 표현하길 '전구에 불이 들어오면' 개들은 생기 넘치게 뛰어다니며 짖고, 말들은 의기양양하게 활보하며 머리를 꼿꼿이 치켜들고, 코끼리들은 요란스럽게 원을 그리며 뛰어다닌다. 그들은 행복하고 신이 난다. 그것 자체로 강화되는 것이다. 이 사건은 예측할 수 있고 재현할 수 있으며 생리적 변화도 동반된다는 점에서 앞으로 활발하게 연구될 영역이라 여겨진다.

동물이 이 수준에 도달하면, 클릭 소리는 엄청난 가치를 지니게 된다. 여기에는 먹이보다 훨씬 더 큰 '가치'가 있다. 클릭 소리와 이 소리를 만들어 내는 물건 둘 다가 강화물이 된다. 예를 하나 들자면, 데비 데이비스 Debbie Davis는 장애인들에게 자신의 서비스견[63]을 클리커로 교육시키는 법을 알려 준다. 그녀도 휠체어를 타는데 자신의 서비스견은 고양이 정도 크기의 작은 품종 파피용-papillon이다. 그녀의 개는 작지만 꽤 쓸모 있어서 연필을 가져다주고, TV 리모컨을 찾아오고, 건조기에서 빨래를 꺼낼 수 있었다. 트레이닝 클래스에 데려가면 이 작은 개는 데비의 무릎에서 내려와서 의자 아래를 돌아다니다가 사람들의 교육 도구 가방에서 클리커들을 훔쳤다. "엄마! 이거 많이 가져도 나쁠 건 없죠? 그죠?"

사람을 위한
클리커 트레이닝

학습 법칙도 물리학 법칙처럼 우리 모두에게 적용되지만, 이 응용을 시각화하기란 쉽지 않다. 초보 클리커 트레이너들은 자주 머쓱한 웃음을 지으며 "이게 아이들에게 효과가 있을까요? 배우자는요?"라고 묻는다. 물론

---

63 안내견, 청각장애인, 도우미견 등 장애를 가진 사람들과 일상생활을 같이 하며 그들의 편의를 돕는 개

가능하다. 하지만 먼저 방법부터 배워야 한다. 예를 들어, 좋아하지 않는 행동에 대해선 침묵하고 우리가 좋아하는 행동을 기다렸다가 강화하는 것은 직관적이지 않기 때문에 다소 연습이 필요하다.

반려동물과 함께 클리커 트레이닝을 경험하는 것이 출발점으로 삼기 아주 좋다는 것이 밝혀졌다. 사람들은 자신이 이해한 것을 일반화하기 시작했다. 세미나 참가자들은 다음과 같은 의견을 낸다.

"저는 반려견을 괴롭히던 짓을 그만두었어요. 그런데 제가 여전히 아이들에게는 같은 짓을 하고 있다는 걸 깨달았어요!"

"한때 병원 직원들을 지시와 교정으로 관리했습니다. 이제 저는 행동형성과 강화를 사용해요. 그 뒤로 이직률이 '0'으로 떨어졌어요."

"이것은 우리 개에게도 좋은 일이었지만 물론 저에게도 좋았어요. 제 인생의 모든 사람을 대하는 방식이 바뀌었거든요."

클리커 트레이닝은 매우 단순하고 직관적이어서 사람들에게 지적인 통찰력뿐 아니라, 다양한 행동적 상황을 넘나들며 적용할 수 있는 새로운 전략 세트를 제공한다.

오늘날 클리커 트레이닝 커뮤니티에서는 이런 응용의 전환이 일반화되었다. 고등학교 교사, 대학 교수, 특수 교육 교사, 물리 치료사, 보육원 교사와 같이 가르치는 직업을 가진 클리커 트레이너들이 자기 일에 이 기술을 사용한다. 다양한 발달 장애나 신체 장애를 가진 자녀를 둔 부모들도 새로운 기술을 활용해 아이들과 무엇을 하고 있는지를 나와 공유하고 있다. 한 어머니는 행동형성과 강화를 사용해 고기능 자폐증high-functioning autistic을 가진 딸에게 적절한 사회적 대화법을 가르치고 있다. 부모들은 장애를 가진 아이들에게 강화물과 마커 신호를 사용해 음식 먹기부터 옷 입기, 걷고 말하기까지의 기술들을 향상시켜 주고 있다.

강화 트레이닝을 이해한다고 해도 신체적 또는 뇌신경학적 손상은 치료할 수 없고, 숙련된 전문가만이 제공할 수 있는 도움을 대체할 수도 없다. 그러나 모든 사람의 삶을 더 편하게 만들 수는 있다. 부모들은 의도치 않게 부적절한 행동을 강화하는 대신 적절한 행동을 형성하는 법을 배우고 있다. 예를 들면, 시끄러움이 아니라 조용함을 강화하고, 짜증이 아니라 놀이를 강화한다. '자기 아이들을 동물처럼 대하는 것'이라는 흔한 공격적 편견은 틀렸다. 클리커 트레이닝은 그 대상이 동물이냐 사람이냐에 관한 것이 아니다. 더 나은 가르치기와 교육 방법에 관한 것이다.

무엇보다, 효과적으로 행동을 형성하는 사람이 되기 위해 박사 학위를 딸 필요도 없다. 얼마 전 딸네 가족과 함께 외출을 마친 뒤 운전해서 집으로 돌아오는 길에 14개월 된 손자가 소리를 지르기 시작했다. 아이는 울고 있지 않았다. 단지 차에 타고 있는 시간이 길어졌고 카시트에 갇혀 있는 것에 항의하려고 아주 큰 소리를 내고 있을 뿐이었다. 집까지는 아직 20분이 남아 있었다. 뒷좌석에 앉아 있던 일곱 살짜리 큰 손자가 동생이 조용히 하는 시간이 길어지도록 강화함으로써 침착하게 이 소란을 처리했다. 큰 손자의 미소가 마커 신호였고, 막대사탕을 한 번 핥게 해 주는 것이 강화물이었다.

나는 최근 50여 명의 교육자들을 대상으로 행동형성과 강화에 대해 강의하면서 그들에게 대상을 선택해 행동형성 프로젝트를 해보라고 제안했다. 언어병리학자인 샤론 에임즈Sharon Ames는 자신의 세 살 반된 쌍둥이 자매를 선택했다. 그녀는 쌍둥이들이 저녁 여덟 시면 잠자리에 들었으면 했는데, 매일 밤 이들을 재우는 데 세 시간 이상이나 걸렸다. 그녀는 이들을 제시간에 재우는 것을 행동형성 도전 과제로 삼았다.

샤론은 강화물로 1페니 동전을 보여 주고 아이들의 유리 저금통 안에 넣었다. 아침에 쌍둥이들은 각자 상으로 이 동전들을 받을 수 있게 했다. 첫날밤 아이들은 잠자리에 들기까지 각 단계마다 클릭 소리와 1페니 동전을 받았다. 욕조에 들어가면 클릭, 나오면 클릭, 잠옷을 입으면 클릭 등등. 그런 다음, 방에 불이 꺼진 뒤, 샤론이 방에 돌아올 때마다 아이들이 침대 위에 있으면, 물론 처음에는 자고 있지 않아도 그냥 침대 위에만 있으면 클릭 소리와 함께 1페니도 주었다.

첫날 밤, 샤론은 30분 동안 1분에 한 번씩 방에 들어갔다. 즉, 클리커를 30번 눌렀다. 이후 한 시간 동안은 5분에 한 번씩 방에 들어갔는데 그때쯤이면 아이들이 잠들어 있었다. 둘째 날 밤, 그녀는 강화 계획을 10분 단위로 바꿨고 아이들은 한 시간도 안 돼서 잠이 들었다. 셋째 날이 되자 쌍둥이들은 바로 잠이 들었다. 쌍둥이들이 침대에 가서 잠이 드는 데 걸린 시간은 3일 만에 세 시간에서 20분 정도로 줄어들었고 이 상태는 지속되었다. 쌍둥이들은 "우리 클리커 게임 더 하면 안 돼요?"라고 말할 정도로 클리커를 좋아했다. 물론, 샤론과 남편을 위한 강화물로서 충분한 수면은 그야말로 잭팟이었다.

샤론네 가족은 클리커 트레이닝을 일상생활에 포함시켰다. 샤론이 내게 말하길, 클리커는 아주 가끔씩 사용하되 강화물은 더 큰 것을 사용하는 것이 더 효과적임을 알게 되었다고 했다. 샤론의 어머니가 가끔씩 아이들을 봐주셨는데 샤론은 어머니에게 쌍둥이들에게 클리커를 사용하는 방법을 보여 드렸다. 이후, 반려견 한 마리를 입양하게 된 샤론의 어머니가 개의 몇 가지 행동 문제로 불평하자 샤론은 "클리커를 써 보는 게 어때요?"라고 말했다.

샤론의 어머니는 미심쩍은 눈빛으로 이렇게 말했다. "그래, 그 방법이 아이들에게는 훌륭하지. 하지만 개에도 효과가 있을 것이라고 생각하는 거니?"

사람에게 적용한
추가 사례

나는 이 책을 쓰면서 사람들에게 적용할 수 있는 새로운 두 가지 방법을 개발하는 데 참여하고 있다. 하나는 비행 트레이닝에 클리커를 사용하는 것인데 이 경우 헤드셋에 꽂는 전자 '블랙박스' 클리커를 사용한다. 클릭 소리가 더 정확할 뿐 아니라 다른 방법으로는 얻기 힘든 행동을 강화할 수 있다. 예를 들어, 조종사는 계기판을 확인하기 위해 고개를 돌릴 때 의도치 않게 조종 장치도 함께 돌리지 않도록 조종 장치에서 잠시 손을 떼야 한다. 하지만 우리는 자동차 운전을 배우면서 '절대로' 운전대에서 손을 떼지 말라고 배워 왔다. 이미 학습한 행동을 무효로 만드는 '행동없애기untraining'는 새 행동을 가르치는 것보다 훨씬 힘들다. 말로 상기시키거나 교정하는 것은 너무 오래 걸리고 더디다. 반면 클릭 소리는 두 손을 최소한으로 들어 올리는 것도 표시해 줄 수 있고 이를 영원히 기억하게 만든다.

또한 비행 교관은 수강생의 주도성 및 적절한 판단력에 클릭 소리를 줄 수도 있다. 예를 들어 지시를 받기 전에 계기판을 훑어본 것 같은 행동은 강화받을 만하다. 이렇게 클리커는 비언어적인 행동이 일어나는 순간에 그 행동을 비언어적으로 보상한다. 파일럿이자 이 프로젝트의 개발자인 내 아들 마이클 프라이어Michael Pryor는 계기 비행[64] 같은 기술을 학습하는 데 클리커를 사용하면 역량이 더 빨리 형성되고 학습한 것이 아주 잘 유지되는 것으로 보인다는 예비 데이터를 보고했다. 이 프로젝트가 시작된 이후 내가 대화를 나눠본 모든 조종사는 모의 비행 장치로 돌아가 다시 훈련할 필요 없이 계기 비행 자격과 기술을 유지할 수 있다는 가능성에 큰 관심을 기울이기 시작했다.

클리커 트레이닝은 또한 학생에게 훨씬 더 즐겁다. 마이클은 "사람들은 클릭 소리를 얻지 못하면 무엇인가 해야 한다는 생각에 이런저런 행동을 더 많이 합니다. 자신이 하고 있어야 할 일을 알아내기 위해 더 열심히 노력하지요. 그리고 나서 클릭 소리가 나면, '승리'의 기쁨을 짜릿하게 느낍니다. 누군가의 고함을 듣는 것보다 훨씬 낫죠"라고 이야기한다.

두 번째 프로젝트는 매사추세츠주Massachusetts 사우스버러Southborough에 위치한 뉴잉글랜드 아동센터New England Center for Children의 컨설팅 업무다. 500명의 직원과 200명의 학생이 소속된 이 센터는 발달 장애, 특히 자폐 아동을 지원하는 미국의 대표적인 센터 중 하나다. 우리는 자폐증이나 다른 발달 장애 진단을 받은 아동들에게 이벤트 마커(때로는 클리커, 때로는 다른 것)의 사용 가능성을 조사하고 있었다. 센터의 젊고 열정적인 교사들은 대개 대학에서 교육학이나 관련 분야를 전공한 이들로 장애 아동들을

---

64 시계 비행에 대응하는 개념으로 구름에 들어가거나 날씨가 안 좋을 경우를 대비해 계기판에 의존해 비행하는 법

24시간 내내 1대 1로 돌보고 있었다. 이들은 센터에서 행동 분석 및 응용에 대해 강도 높은 현장 실습을 받았다. 클리커는 적어도 초반에 이들의 기술을 향상시켜 주었는데, 말로 하는 언어에 반응할 수 없거나 하지 않는 아이들에게는 확실한 긍정적 피드백을 제공하고 교사들에게는 그들만의 타이밍과 기준 상향 조정에 대해 피드백을 해 주었다.

1년 반 동안의 컨설팅은 초기 관찰 결과의 일부를 문서화할 수 있을 것이라는 큰 희망을 주었다. 우리는 장애 아동들에게 습관적으로 가르치는 일부 행동들이 좋아하는 간식과 함께 마커 신호를 사용할 때 도움이 된다는 것을 알게 됐다. 이런 행동에는 향상된 신체적 기술, 향상된 눈 맞춤, 참여하려는 의지 그리고 지시에 따르기가 포함될 수 있다. 내가 함께 일했던 교사들 일부는 아주 쉽게 흥분하는 아동을 대상으로 이 닦기, 머리 자르기, 체온 재기 같은 기본 절차들에 대한 저항을 줄이거나 없애기 위해 클리커 트레이닝을 했다. 그리고 때때로 아이들은 정말 즐거워 보였다.

나는 이런 사례들 중 '어떤 것도' 과학적으로 받아들여질 수 있는 기준에 부합한 것으로 증명된 바가 없다는 것을 강조하고 싶다[65]. 이 탐구에 관심을 가진 강력한 연구 중심 기관인 뉴잉글랜드 센터 덕분에, 클리커 트레이닝은 일화적이고 기술적인 사용에서 벗어나 데이터 기반의 학습이론과 적용에 이바지할 수 있게 되었다.

그다음은 무엇일까? 트레이너들은 행동분석학회(ABAAssociation for Behavior Analysis)에 참여하고 연례 회의에서 논문을 발표하고 심포지엄을 열

---

65 이 책이 발간된 이후 오늘까지 많은 관련 연구 결과들이 쏟아져 나오고 있다.

고 있다. 한편 트레이닝 커뮤니티는 그 과학을 더욱더 깊이 연구하고 있고 일부는 고급 학위를 취득하기 위해 학교로 다시 돌아가기도 한다. 우리는 이전에는 단지 직관적으로만 사용하던 유창성, 반응 시간, 행동 추가 같은 추상적 개념을 정의하고 인식하는 법을 배우고 있다.

나는 행동분석학회를 통해서 클리커 트레이너들이 목격한 많은 현상을 학교 수업에서 공유하고 있는 연구자와 교육자 집단을 발견하며 흥분하고 있다. 그들이 개발한 교육 방법은 정밀 교수법, 직접 교수법이라고 불린다. 놀랍도록 효과적인 기술이다. 나는 초등교육 현장 중 하나로서, 켄트 존슨 Kent Johnson 박사가 설립하고 조안 로빈스Joanne Robbins 교장이 운영하는 모닝 사이드 아카데미Morning-side Academy라는 시애틀Seattle의 한 실험 학교를 방문 한 적이 있다. 이 학교는 한 번에 단 60명의 학생만 받는데, 학생 대부분은 주의력 결핍 장애, 과잉 행동 또는 학습 장애 진단을 받았다. 학업 수준이 적어도 2년 이상 부진한 경우에만 입학이 허가된다. 모닝사이드 아카데미 는 등록금이 상당히 비싸지만, 학생이 1년간 2학년 이상 향상되는 진척이 없다면 등록금 전액을 환불해 준다. 그런데 이 학교는 등록금을 환불한 적 이 한 번도 없었다.

이런 성과를 얻기 위해 학교는 어떤 노력을 기울일까? 학교는 아이들이 학업 성취를 위해 알아야 할 모든 것을 작은 단계로 쪼갰다. 그리고 아이들 은 저마다의 수준에 맞게 각 단계를 매우 짧은 수업 시간 동안 하나씩 학습 한다. 성과는 자체 강화적이다. 즉 자신의 이전 시간 기록을 갱신하고 자신 의 기술 수준을 계속 올린다. 또한 컴퓨터 사용이나 컴퓨터 게임 같은 강화 물로도 보상받을 수 있다. 물론 이 모든 것은 단계적으로 올라가는 점진적 강화 계획에 기반한다.

때때로 아이의 교육에 존재하는 작은 틈이 끝없는 문제를 일으킨다. 비록 쉽게 고칠 수 있는 것들이라도 간과할 수 없다. 나는 한 교실에서 아홉 살 소년이 클릭 소리를 얻기 위해 최대한 빠르게 0에서 9까지 숫자를 1분간 반복해서 멋지게 써 내려가는 모습을 보았다. 그 소년은 영리했는데도 어째서인지 학교 시스템은 아이에게 숫자를 정확하고 빠르게 쓰는 법을 가르치는 데 실패했다. 트레이닝 속 작은 결함이 결국 마음에 드는 소녀의 전화번호를 적는 것부터 수학 문제풀이 같은 미래의 경력까지 악몽으로 만든 것인지도 몰랐다. 그러니 지금 바로잡아야 한다.

물론 이것은 오페란트 조건화의 교육적 응용 사례 중 극히 일부에 지나지 않는다. 모닝사이드의 교육 모델은 확산되고 있다. 존슨 박사와 그의 동료 T. V. 조 라잉Joe Layng 박사는 강화 이론을 적용한 보다 큰 규모의 프로그램을 시카고의 학교 시스템에서 운영하고 있다. 그 밖에도 관련된 프로그램의 사례는 많다.

나는 바라고 기대한다. 학교 시스템의 변화로 그들이 실제 효과를 보인다면 그건 부분적으로 과학의 덕분일 것이고, 라잉이나 존슨 같은 혁신가 덕분이자 부분적으로 부모들 덕분일 것이다. '어떤 것을' 이루려면 스스로 뭔가를 해야 한다. 그저 전문가를 고용해 "우리 개를 고쳐 주세요", "우리 아이를 고쳐 주세요", 혹은 심지어 "학교 시스템을 고쳐 주세요"라고 말할 수만은 없다. 우리 자신이 바로 중요한 1차 트레이너다. 클리커 트레이닝은 직접 참가해 즐기는 스포츠다.

전 세계의
클리커 트레이닝

나는 이 과학 분야에 대한 대중의 태도가 지난 15년 사이에 상당히 바뀌었다고 믿는다. 여전히 스키너라는 이름만 들어도 흥분해 대는 사람들이 있다. 이들은 그 이름에 소설 《멋진 신세계Brave New World》[66], 정신 조종, 전기 충격 등이 혼합된 이미지를 떠올린다. 그러나 이런 사람들보다 포지티브 강화의 개념에 편안해하는 사람들이 훨씬 더 많다.

물론 일부 사람들은 그저 입으로만 포지티브 강화를 찬양한다. 인터넷 클리커 리스트Internet Clicker List의 창립자인 캐슬린 위버가 지적하듯, 클리커 트레이너들은 클리커 트레이닝이라는 용어에 단순히 클릭 소리를 사용하는 것 이상의 많은 의미를 부여한다. 스스로를 '긍정적' 트레이너 또는 '동기부여' 트레이너라고 부르는 소위 클리커 '사용자'들은 특정 행동을 그들이 골랐다는 표시를 하기 위해서 클리커라는 도구를 빌려올 수 있다. 그러나 그들은 곧 처벌, 물리적 강압 같은 전통적인 훈련 방식에 사용되는 모든 혐오적 도구를 사용하게 된다.

반면 클리커 트레이너들은 어떤 종류의 자극도 마커 신호로 사용할 수 있다. 그들은 클리커 자체에 미신 같은 마법을 엮지 않는다. 또한 클리커 트레이너들은 처벌의 강도를 점점 높이는 것 같이 효과가 없는데도 효과가 있을 것이라는 잘못된 믿음에 기반한 행동을 의식적으로 피한다. 이들의

---

66 문명이 극도로 발달해 과학이 모든 것을 지배하게 된 세계를 담은, 영국의 소설가 A. L. 헉슬리의 미래 소설이다.

284

도구 상자에는 행동형성, 포지티브 강화 그리고 관련 오페란트 조건화 법칙이라는 온갖 장비가 갖추어져 있다. 그들은 아동 또는 성인, 말 또는 개, 혹은 다른 어떤 동물과도 함께 일하며 우리가 클리커 트레이닝이라고 부르는 기술의 혜택, 즉 빠른 학습, 긴 지속 기간, 행복감, 참여하는 학습자, 순수한 즐거움 등을 누리는 사람이다.

어쩌면 이 새 기술을 다루고 있는 수많은 사람의 마음속에 '클리커 트레이닝'이라는 말보다 이 접근법에 대한 더 특별하고 포괄적인 이름이 떠오를 것이다. 그렇게 되길 바란다. 그 최후의 이름이 영어가 아닐 수도 있겠다. 인터넷 덕분에 클리커 트레이닝은 글로벌 트렌드가 되었다. 클리커 리스트 사이트에 어느 날에는 핀란드에서 클리커 대신 순록 뼈로 만든 호루라기(금속 호루라기는 입술을 얼어붙게 한다)로 썰매견을 교육하는 트레이너의 이야기가, 다음 날에는 보스니아에서 푸들 강아지를 키우는 사람이나 싱가포르의 수의사 이야기가 올라온다. 또한 영국 여성이 애완용 고슴도치에게 물건을 가져오도록 가르친 이야기도 올라온다. 1998년 나의 옛 웹사이트(www.dontshootthedog.com)에는 한 달간 적어도 40개 이상의 국가에서 15만 명이 '접속'한 기록이 있다.

공유되는 이 모든 의사소통, 실험, 발견 속에는 흥분감이 가득하다. 어떤 기술이라도 발달 초기에는 상당히 비슷한 모습일 수밖에 없다. 비행기나 라디오도 초창기에 그랬다. 우리는 개척자다. 우리가 어디로 가게 될지 아직 모른다.

《생각의 전염Thought Contagion》의 저자인 아론 린치Aaron Lynch는 통신 공학의 과학에서 기술의 확산과 관련된 특수한 의사소통에 대해 다음과 같이 이야기한다. 기술이 빠르게 확산하려면 다음의 세 가지 특성이 있어야 한다. 쉬워야 하고, 사용자에게 가시적인 이득이 있어야 하며, 작은 진전으로도 배울 수 있어야 한다. 클리커 트레이닝은 여기에 딱 들어맞는다. 분명히 개를 키우는 사람들에게 일어났던 일이다. 전통적인 방식으로 훈련된 개의 행동을 보면 사람들은 "몇 년은 걸렸을 거야. 저렇게 할 수 없어" 또는 "우리 개는 절대 똑똑하지 않아"라고 말하는 경향이 있다. 이와 대조적으로 사람들은 클리커로 교육된 개의 행동을 보면 "어떻게 했어요? 나도 할 수 있어요? 좀 보여 주세요. 나도 해 볼게요"라며 감탄한다.

새로운 사용자 집단마다 어떤 특별한 이벤트가 사람을 매료시킬지 미리 알 수는 없다. 매일매일 수십 명의 사람이 모이는 큰 규모의 승마장에서 일하던 알렉산드라 커랜드의 말과 고객들은 온갖 새로운 기술을 엄청난 속도로 배웠다. 하지만 구경꾼들은 그녀가 말에게 물건 찾아오기를 가르치기 전까지 클리커를 '그 괴상한 딸깍이'라며 완전히 무시했다. 말이 개처럼 장난감을 찾아오자 갑자기 마구간의 모든 사람이 물건을 찾아오는 말을 가지고 싶어 안달이 났다. "어떻게 했어요? 나도 할 수 있어요?"

최근 이메일에서 알렉산드라는 이렇게 말했다. "일단 밖으로 나온 마법사 지니를 다시 램프 속에 넣을 수 없잖아요? 이제는 돌이킬 수 없어요. 아주 재미있어질 거예요."

나는 지니와 램프에 대한 그녀의 생각이 맞길 바란다.

나는 재미에 대해서도 그녀가 맞다는 것을 안다. 교육은 늘 재미있다.

용어 정리

- **간헐적 강화 intermittent reinforcement** | 행동을 불규칙하게 또는 가끔씩만 강화하는 것. 이런 강화 계획을 간헐적 강화 계획이라 한다. 고정 강화와 변동 강화가 이에 속한다. 상응하는 개념은 연속적 또는 지속적 강화이다.
- **강화 reinforcement** | 행동의 반응이나 빈도, 강도를 유발하고 증가시키는 자극. 다시 말해 미래에 그 행동이 다시 일어날 가능성을 증가시켜 주는 것 또는 높여 주는 자극을 제시하는 것. 포지티브 강화와 네가티브 강화가 있다.
- **강화 계획 schedule of reinforcement** | 강화를 언제, 어떻게 줄 것인지를 결정하는 것
- **강화물 reinforcer** | 어떤 행동이 이전보다 강하게, 더 자주, 혹은 더 세게 나타나도록 만드는 것이라면 모두 강화물이라 한다. 특히 강화물은 어떤 행동이 일어난 이후에 제시된다는 것이 중요한 특징이다. 개인에 따라, 상황에 따라 상대적이다. 물건, 음식, 표정, 소리 등 어떤 자극이라도 행동을 강화하는 역할을 한다면 강화물이 될 수 있다. 포지티브 강화물과 네가티브 강화물이 있다. 강화인, 강화제, 강화자극으로도 번역된다.
- **고정 강화 계획 fixed schedule of reinforcement** | 미리 정해 둔 시간 또는 횟수마다 강화하는 것. 강화를 받지 못하는 행동이 있다는 점에서 간헐적 강화를 주는 방법에 포함된다. 단, 강화를 언제 받고, 언제 받지 않을지가 일정한 규칙성을 가지고 있어 변동 강화 계획과 다른 효과를 가진다.
- **고전적 조건화 classical conditioning** | 연관에 의한 학습. 중립 자극(원래는 아무 의미도 없는 것)이 무조건 자극과 반복적으로 짝지어 제시되면서 차츰 무조건 자극과 같은 반응을 일으키게 된다. 파블로프의 개가 종소리에도 침을 흘리게 된 것이 고전적 조건화 되었기 때문이다. 고전적 조건형성이라고도 한다.

- **뇌물주기 bribing** | 교육 대상에게 어떤 행동을 하도록 요구하기 전에 보상부터 먼저 보여 주는 것. 보상이 없으면 행동하지 않는 부작용이 생긴다.
- **네가티브 negative** | 오페란트 조건화에서 사용되는 용어로, 네가티브는 뭔가를 제거하거나 빼는 마이너스(-)를 의미한다. 보통 부정으로 많이 번역되고 있는데 정확한 의미는 뺀다는 뜻이며 부적, 음성으로 번역되는 것이 더 정확하다. 혼동을 막기 위해 이 책에서는 외래어를 그대로 썼다.
- **네가티브 강화 negative reinforcement** | 행동이 다시 일어날 가능성을 증가시키기 위해서 혐오적인 무언가를 제거하는 것. 불쾌한 기분을 피하고자 어떤 행동을 더 많이 자주 하도록 만드는 것을 말한다. 부정 강화로 많이 알려졌지만, 부적 강화 또는 음성 강화가 더 정확한 번역이다. 혼동을 막기 위해 이 책에서는 네가티브라는 외래어를 그대로 썼다.
- **네가티브 강화물 negative reinforcer** | 불쾌한 소리, 한 대 치기, 눈살 찌푸리기처럼 대상이 피하고 싶어 하는 것
- **네가티브 처벌 negative punishment** | 행동이 다시 일어날 가능성을 줄이기 위해 동물이 원하는 뭔가를 제거하는 것. 부정 처벌로 많이 번역되고 있으나, 부적 처벌, 음성 처벌이 더 정확한 번역이며 이 책에서는 혼동을 막기 위해 외래어를 그대로 썼다.
- **마커 신호 marker signal** | 클리커, 호루라기 등 특정 행동에 표시를 하는 신호를 말한다. 표시 신호라고도 하고, 외래어 그대로 마커 시그널로도 번역된다.
- **무조건 자극 unconditioned stimulus** | 학습이나 교육 없이 자연적으로 반응을 일으키는 자극. 일차 자극이라도 한다.
- **다른 행동 차별 강화 Differential Reinforcement of Other behavior** | 없애고 싶은 행동만 제외하고 다른 행동에만 강화를 주는 것. 타행동 차별 강화라고도 하고 영어로는 DRO라고 줄여서 부른다.
- **변동 강화 계획 variable schedule of reinforcement** | 불규칙적으로 강화하는 것. 어쩌다 한 번씩 무작위로 또는 예상치 못한 순간에 강화하는 방식으로 연속 강화 계획과 대비되는 개념이다.
- **변별 자극 discriminative stimulus** | 어떤 행동이 강화를 받게 될 것인지 혹은 강화를 받지 않게 될 것인지를 알려주는 자극
- **소거 extinction** | 과거에 계속 강화를 받아서 일어나던 특정 행동이 더 이상 강화를 받지 못하면서 그 행동의 강도나 빈도가 줄어드는 과정
- **소거 폭발 extinction burst** | 과거에 강화가 주어지던 행동이 더 이상 강화가 주어지지 않으면 초반에 더 증가하는 현상. 소거 격발이라고도 한다.

- **습관화 habituation** | 바로 옆에 차가 지나가는 모습이나 기차 소리 같은 어떤 자극에 처음에는 반응하지만, 자극에 반복적으로 노출되면서 혐오적이거나 유쾌한 경험 없이 더 이상 자극에 반응하지 않게 되는 과정. 자극에 무뎌지고 익숙해지는 것을 말한다.
- **역순 체인 backward chain** | 순서가 있는 행동을 가르쳐야 할 때, 제일 먼저 마지막 동작을 가르친 다음 끝에서 두 번째 동작을 가르치고 두 행동을 연결한다. 점차 새 동작을 연결해 나가되 각 동작을 앞서 배운 동작의 앞에 붙인다.
- **연결 자극 bridging stimulus** | 행동과 무조건 자극 간의 시간 차를 연결해 주는 조건 자극 또는 신호. 올바른 행동과 먹이 강화물(또는 다른 강화물) 사이의 시간 차를 연결해 줄 수도 있고 부적절한 행동과 조건화된 처벌 conditioned punishment 사이의 시간 차를 연결해 줄 수도 있다.
- **연속 강화 continuous reinforcement** | 행동이 일어날 때마다 항상 강화물을 주는 것. 상응하는 개념은 간헐적 강화이다.
- **연속적 접근 successive approximation** | 최종 행동을 형성하기 위해 현재 수준에서 이루어지고 있는 행동에서부터 점진적이고 단계적으로 여러 수준의 행동을 설정하고 한 수준 행동의 식별이 다음 단계의 식별이나 행동습득을 이루게 함으로써 마침내 최종 목표 행동을 학습하게 하는 것
- **오페란트 조건화 operant conditioning** | 행동주의 심리학의 이론으로, 특정 행동이 그 행동의 결과들과 연합되어 이루어지는 학습을 말한다. 즉, 생명체가 긍정적인 결과를 가져오는 행동은 계속 수행하고 부정적 결과를 낳는 행동들은 피하도록 학습하게 될 때 발생한다. 시행착오에 의한 학습으로 불린다. 조작적 조건화 또는 조작적 조건형성으로 번역된다.
- **이벤트 마커 event marker** | 특정 '사건'에 표시를 해 주는 어떤 것. 이 책에서는 클리커나 호루라기가 주로 이벤트 마커로 사용된다. 이벤트 표시물이라고도 번역된다. 학습자에게 어떤 행동이 강화되고 있는지를 정확하게 확인시켜 주는 동시에 그 이상의 역할을 한다.
- **일반화 generalize** | 특정한 대상에 관한 사고나 연구의 결과를 그것과 유사한 대상에 적용하는 것. 행동주의 심리학에서는 특정한 자극에 조건화된 반응이 유사한 자극이 주어졌을 때도 발생하는 경우를 의미한다.
- **일차 강화물 primary reinforcer** | 유기체의 생리적(일차적) 욕구를 직접적으로 충족시켜 주는 강화물로, 학습하지 않아도 본능적으로 알아서 확보하려는 것들이다. 굶주린 동물에게 먹이, 목마른 동물에게 물, 피로한 동물에게 잠 등이 대표적인 일차 강화물이다.
- **자극 stimulus** | 행동적 반응을 일으키는 것
- **자극 통제 stimulus control** | 어떤 행동이 특정 자극이 주어질 때만 일어나고 다른 자극에 대

해서는 일어나지 않는 상태. 변별 교육을 통해 행동이 변별 자극의 영향을 받으면 그 행동을 자극 통제 아래 있다고 표현한다.

- **전위 행동 displacement behavior** | 스트레스, 공포, 갈증, 욕구 불만 상황에 있는 동물이 하는, 이와 전혀 관련 없어 보이는 제3의 행동
- **조건화 conditioning** | 학습 이론이나 행동주의에서 사용되는 용어로 학습되는 것을 말하며 연관이나 강화에 의한 트레이닝이나 행동의 변화 과정을 의미한다. 조건형성이라고도 한다.
- **조건화된 강화물 conditioned reinforcer** | 처음에는 아무 의미 없는 소리, 불빛, 동작 같은 신호의 형태지만, 특정한 경험과 반복적으로 연결되면서 강화물로 작용하게 되는 것. 조건 강화물이라고도 한다.
- **조건화된 자극 conditioned stimulus** | 무조건 자극과 연합하여 조건 반응을 유발하게 된, 즉 강화적 속성을 지니게 된 자극으로 조건 자극, 이차 강화물이라고도 한다.
- **차별 강화 reinforcement of other behavior** | 강화하지 않을 때가 있다는 점에서 간헐적 강화 계획의 한 유형으로 일부의 행동 반응만 의도적으로 선택하여 강화하는 것이다. 선택적 강화 계획이라고도 한다.
- **처벌 punishment** | 강화의 반대 개념으로, 어떤 행동을 멈추게 하거나 약화하는 것을 말한다. 흔히 처벌이라고 하면, 꾸중을 듣고, 벌을 서고, 매를 맞는 장면을 떠올린다. 물론 이런 것도 처벌의 종류지만 심리학에서 말하는 처벌은 특정 행동을 멈추게 혹은 적어도 약하게 하는 것을 말한다. 포지티브 처벌과 네가티브 처벌이 있다.
- **처벌물 punisher** | 어떤 행동의 결과로 주어질 때 그 행동의 강도를 감소시키는 것. 전형적인 처벌물에는 비난, 벌금, 그리고 체벌 등이 있다. 처벌인으로도 번역된다.
- **클리커 트레이닝 clicker training** | 포지티브 강화를 기반으로 한 트레이닝 법
- **포지티브 positive** | 오페란트(조작적) 조건화에서 사용되는 용어로 뭔가를 더하는 것을 의미한다. 정적, 양성으로도 번역된다.
- **포지티브 강화 positive reinforcement** | 행동이 다시 일어날 가능성을 증가시키기 위해 동물이 원하는 뭔가를 더하는 것. 받으면 기분이 좋아져서 특정 행동을 더욱 많이, 자주 하도록 만드는 것을 포지티브 강화라고 한다. positive는 긍정의 의미보다는 더한다는 플러스(+)를 의미한다.
- **포지티브 강화물 positive reinforcer** | 포지티브 강화를 하기 위해 사용하는 모든 것이 포지티브 강화물이다. 누군가 맛있는 음식을 주고, 등을 토닥토닥해 준다면 기분이 좋아져서 하고 있던 행동을 더 많이, 자주 하게 되는데, 이때 제공되는 음식이나 신체 접촉 등이 포지티브 강화물로 활용된 것이다.

290

- **포지티브 처벌 positive punishment** | 행동이 다시 일어날 가능성을 없애거나 줄이기 위해 혐오적인 무언가(자극)를 더하는 것
- **표시 mark** | 구별하거나 명확하게 하기 위한 것. 올바른 행동을 '표시'한다는 말은 행동이 올바를 때, 올바른 행동을 한 정확한 순간을 명확하게 알려 준다는 의미다.
- **표시어 marker word** | 음성 연결 자극을 말한다. 예를 들어, 개에게 "예스" 뒤에는 먹이 보상이 즉시 뒤따라온다는 것을 가르칠 수 있다. 여러 차례 반복한 다음, 이 "예스"는 올바른 행동을 표시하는 데 사용할 수 있다.
- **학습 이론 learning theory** | 학습이 이루어지는 기제를 설명하는 이론. 어떤 행동이 왜, 어떻게 지속되고 중단되는지에 대하여 설명해 주는 이론을 통틀어 학습 이론이라 한다. 고전적 조건화와 조작적 조건화가 여기에 속한다.
- **행동주의 behaviorism** | 심리학의 대상을 의식에 두지 않고, 관찰 가능한 객관적 행동에 두는 입장. 행동주의 이론에 따르면 개인의 행동 대다수는 학습을 통해서 형성 및 수정될 수 있다. 행동은 자극과 반응의 관계로 이루어지는데, 특정 행동을 끌어낼 수 있는 적절한 자극을 제시하고 그에 알맞은 반응을 강화시키는 과정에서 학습이 이루어진다.
- **행동 체인 behavior chain** | 특정한 순서대로 수행되는 여러 행동들의 연속체. 순서가 있는 행동을 가르쳐야 할 때, 전체 과정을 작은 부분들로 쪼갠 다음 첫 번째 동작부터 순서대로 하나씩 가르쳐 연결하는 것. 행동 연쇄라고도 한다.
- **행동형성 shaping** | 최종 목표 행동을 기준으로, 쉽게 강화할 수 있는 간단한 행동부터 차츰 목표 행동에 가깝도록 강화하며 가르치는 과정. 조형, 쉐이핑이라고도 한다.

가르치기의 결

초판 1쇄 인쇄 2025년 1월 1일
초판 1쇄 발행 2025년 1월 10일

지은이 | 카렌 프라이어
옮긴이 | 조은별, 김소희
발행인 | 김소희
발행처 | 페티앙북스
편집고문 | 박현종
편집 | 김소희
교정 교열 | 프루프 앤
디자인 | 디자인다은
마케팅 | 김하연

주소 | 서울시 서초구 반포대로 122 107호
전화 | 02.584.3598 **팩스** | 02.584.3599
이메일 | petianbooks@gmail.com
블로그 | www.PetianBooks.com
인스타그램 | www.instagram.com/PetianBooks
ISBN | 979-11-955009-9-4 (03190)